Alfred Magaziner

Die Wegbereiter

Aus der Geschichte
der Arbeiterbewegung

Volksbuchverlag

Der Beitrag »Damit unsere Greise nicht mehr betteln gehen«
stammt von Friedrich Adler

Umschlag von Georg M. Prechtl

© 1975 by Volksbuchverlag Ges. m. b. H. Wien
Printed in Austria
Druck Gutenberg Wiener Neustadt
ISBN 3-85341-039-1

Inhalt

Vorwort des Verlages

Die in der nachfolgenden Einleitung von Edgar Schranz angestellten Überlegungen, der älteren Generation — den »Senioren von heute« — in Form von Einzelporträts führender Funktionäre der Arbeiterbewegung den Werdegang des politischen und besonders des sozialpolitischen Fortschritts in Österreich näherzubringen sowie der publizistische Erfolg der Artikelserie in der Zeitschrift des Verbandes der österreichischen Rentner und Pensionisten veranlaßte zu der Frage, ob diese Lebensgeschichten großer Frauen und Männer nur für jene von Interesse seien, die heute durch einen gesicherten Lebensabend die Früchte der Kämpfe der Vergangenheit ernten.

Warum sollte Leben und Wirken der Wegbereiter einer sozialen Problemen aufgeschlossenen Gegenwart nicht auch für die mittlere und junge Generation von Bedeutung sein, die doch auch Nutznießer des sozialen Aufstieges sind? Schließlich beschränken sich die sozialpolitischen Errungenschaften nicht nur auf die Alterssicherung, sondern erfassen den ganzen Bereich des Arbeitslebens, ja des Familienlebens. Schon vor der Menschwerdung setzt die öffentliche Fürsorge ein, und sie begleitet den Menschen nach der Geburt in Form sozialen und arbeitsrechtlichen Schutzes das ganze Leben hindurch.

Der Proletarier ist zum mündigen Staatsbürger geworden und auf dem Wege, mitbestimmender Wirtschaftsbürger zu werden. Die Arbeitgeber haben in ihrer großen Mehrzahl erkannt, daß es auch für die Produktivität ihrer Betriebe vorteilhaft ist, den Arbeitnehmer als Mitarbeiter zu werten, und die Wirtschaft insgesamt hat die Bedeutung der gegenüber den Selbständigen immer größer werdenden Zahl unselbständig Erwerbstätiger als Konsumenten erkannt. Innerhalb eines halben Jahrhunderts hat unser Gesellschaftssystem einen grundlegenden Wandel erfahren. Was früher die heutigen »Senioren« erträumten von der Zukunft Fernen, »daß Brot und Arbeit uns gerüstet stehn, daß unsre Kinder in der Schule lernen, daß unsre Greise nicht mehr betteln gehn«, ist Wirklichkeit geworden.

Wie sich das vollzog und welche Männer und Frauen entscheidend dazu beitrugen, das verdient Menschen jeder Altersstufe bekanntgemacht zu werden. Geschichte ist kaleidoskopartiges Wiedererstehen der Vergangenheit. Je einprägsamer Bildauswahl und Darstellung sind, desto wirkungsvoller der Eindruck. Rückblendend zieht die Vergangenheit vor dem geistigen Auge des Lesers vorbei.

Für die meisten Menschen ist eine Schrift wie diese, das Leben großer Vorbilder durch das Einfühlungsvermögen des Verfassers lebensnah und trotz der Kürze prägnant darstellend, sicherlich lesenswerter als ein Geschichtsbuch. Was für die Senioren zum Teil Erinnerung ist, kann für die ihnen nachgefolgten Generationen Ansporn sein, das Ihre zur Sicherung und zum weiteren Ausbau der sozialen Errungenschaften beizutragen. Gerade ein geschichtlicher Rückblick zeigt, daß sozialer wie jedweder Fortschritt keine Selbstverständlichkeiten sind, sondern immer nur der Preis für Mühen und Opfer.

Die österreichische Arbeiterbewegung in der Monarchie und in der Zwischenkriegsperiode war nicht nur von Idealismus getragen, ihre Bedeutung in theoretischer Hinsicht und in bezug auf die Persönlichkeiten reichte weit über die Grenzen Österreichs hinaus. Daran erinnert zu werden, kann für die Gegenwart und Zukunft nur von Nutzen sein.

Fritz Klenner

Einleitung

Erfahrungen und Erlebnisse in meiner beruflichen und politischen Praxis regten mich dazu an, mir selbst die Frage zu stellen, wie und wo man den Menschen heute den Werdegang des politischen, besonders des sozialpolitischen Fortschritts Österreichs näherbringen könnte. Es wurde mir bewußt, daß es am besten wäre, wenn im Mittelpunkt der Darstellung nicht Gesetze, sondern Menschen stünden, die als Visionäre, als Pioniere und Gestalter der Sozialpolitik — oft unter schweren persönlichen Opfern — für unsere Zeit die soziale Sicherheit erkämpft haben. Ich war überzeugt, daß Einzelporträts das zähe Ringen um eine neue soziale Wirklichkeit am wirksamsten verdeutlichen könnten. Die nächste Überlegung galt der Frage, welche Menschengruppe diese Thematik besonders interessieren würde. Die Antwort war eindeutig: Die ältere Generation, die Senioren von heute, denen die sozialpolitischen Erfolge einen halbwegs sorglosen Ruhestand gesichert haben.

So kam es, daß ich in einem Gespräch mit Alfred Magaziner eine Artikelserie in der Zeitschrift des Verbandes der österreichischen Rentner und Pensionisten, *Rentner und Pensionist,* anregte, die unter dem Titel *Aus der Geschichte der Arbeiterbewegung* erscheinen sollte. Magaziner erklärte sich bereit, Einzelporträts der Menschen zu gestalten, die durch ihre Ideen und ihr Wirken auf sozialpolitischem Gebiet das Antlitz unseres Landes verändert und Österreich viel menschlicher gemacht haben. Die Gesamtheit dieser Darstellung könnte und sollte ein Gemälde werden, welches das wechselvolle Schicksal unserer Arbeiterbewegung widerspiegelt. Aus vielem, das schon legendär geworden oder in Vergessenheit geraten war, würde eine Geschichte der österreichischen Sozialdemokratie werden, dargestellt durch seine Vertreter und Verfechter und mit der Sozialpolitik im Mittelpunkt. Die Serie begann. Das Echo war groß, die Reaktionen der Leser waren durchaus positiv. Wer kannte auch schon jenen Friedrich Adler, dessen Artikel vorangestellt wurde? Das Gedicht — aus dem Französischen übersetzt, 1848 geschrieben —, das in dem Artikel zitiert wurde, gibt in knappster Form die sozialpolitischen Vorstellungen der Arbeiter vor etwa 130 Jahren wieder und beweist den internationalen Charakter der Arbeiterbewegung. Victor Adler, der — dem ursprünglichen Gedanken des Anregers der Serie entsprechend — nur als Sozialpolitiker dargestellt wurde, zeigte sich den Lesern in einem neuen Licht. Für sie war bisher Victor Adler vor allem der große Einiger der Bewegung gewesen; jetzt sahen sie in dem Armenarzt und Sozialdemokraten einen der Wegbereiter der Sozialpolitik. Die besondere Betonung des Werkes von Ferdinand Hanusch ergab sich aus der Thematik und der Zielgruppe der Leser. Otto Bauer kannte man als großen Staatsmann, als einen der bedeutendsten Politiker der Zwischenkriegsjahre und als Theoretiker. Der Artikel der Serie zeigte im Porträt Bauers, wie aus einem an sich mißlungenen Versuch der Sozialisierung ein ungemein wichtiger sozialpolitischer Fortschritt entstanden ist.

So fügte sich ein Name an den anderen. Die Serie wurde zu einem Ganzen: Aus vielen Steinen formte der Verfasser das faszinierende Gebäude einer großen Bewegung, dessen Bogen sehr weit gespannt war. Die Faszination wurde dadurch erreicht, daß vor allem Ereignisse und Tatsachen, halb oder ganz vergessen, von der Geschichtsschreibung übersehen, in Erinnerung gerufen und lebendig gemacht wurden.

Daraus ergaben sich aber Beschränkung und Einschränkung. Männer und Frauen, die durch ihr Wirken in der Zweiten Republik in aller Erinnerung waren, konnten — wollte man den Rahmen nicht sprengen — noch nicht behandelt werden.

Die Serie geht weiter. Der erste Teil, der die Wegbereiter der Sozialpolitik und — darüber hinaus — der im gesamten sozialen, weil sozialdemokratischen Politik darstellt, erscheint nun in Buchform. Anlaß genug, dem Verfasser dafür zu danken, daß er es meisterhaft verstanden hat, die längst vergangene ebenso wie die von ihm selbst erlebte Geschichte der Arbeiterbewegung ins Licht der Gegenwart zu rücken. Damit sind die Wegbereiter unserer Idee, unserer Bewegung zu neuem Leben erweckt worden. Man kann nur hoffen, daß diesem ersten Teil bald ein zweiter folgen wird.

Edgar Schranz

Damit unsere Greise nicht mehr betteln gehen!

VON FRIEDRICH ADLER

In einem Hinterzimmer der Wiener »Arbeiter-Zeitung« in der Rechten Wienzeile hatten sich am Abend des 20. März 1912 die Redakteure versammelt, um dem Leiter des gewerkschaftlichen Teiles, Dr. Adolf Braun, in anspruchsloser und wenig zeitraubender Weise, wie er es für angemessen hielt, zu seinem fünfzigsten Geburtstag zu gratulieren. In seiner Dankrede erzählte Adolf Braun, wie er zum Sozialismus gekommen und welche entscheidende Rolle es gespielt, als er als junger Student, vom Arbeiterbildungsverein eingeladen, einen Vortrag zu halten, im Vereinslokal auf dem Alsergrund an der Wand, in großer Schrift gemalt, den Vers las:

»Was wir begehren von der Zukunft Fernen?
Daß Brot und Arbeit uns gerüstet stehn,
Daß unsre Kinder in der Schule lernen,
Daß unsre Greise nicht mehr betteln gehn!«

Diese Zeilen machten auf ihn so starken Eindruck, daß er an diesem Abend beschloß, zeit seines Lebens nur mehr der Sache der Arbeiterklasse zu dienen.

An die Erzählung dieser Episode erinnerte ich mich in späteren Jahren recht oft, wenn ich immer wieder sah, wie Adolf Braun ohne Rast und Ruh den Entschluß seiner Jugendzeit, der Arbeiterbewegung alle seine Kraft zu widmen, geradezu vorbildlich bis an sein Lebensende (1929) verwirklichte. Seine Hingabe an diese Arbeit erschien mir stets charakteristisch für die Motive, die für die ersten Generationen der Vorkämpfer der Arbeiterklasse maßgebend waren. In diesem Zusammenhang erwähnte ich diese Episode in einer der letzten Reden, die ich im Winter 1945/46 vor meiner Rückkehr nach Europa in New York gehalten habe. Auch die Zuhörer dieses Vortrages interessierten sich für diese Reminiszenz, und als nach Schluß der Versammlung eine größere Gruppe von ihnen zusammenstand, fragte einer aus der jüngeren Generation: »Von wem ist eigentlich dieser Vers?«

Ich mußte bekennen, daß ich mir zwar den Wortlaut gemerkt, aber weder wisse, aus welchem Gedicht noch von welchem Dichter er stamme. Und ebenso wie mir ging es den anderen österreichischen Freunden, die anwesend waren. Sie kannten den Vers, aber keiner erinnerte sich an den Namen des Dichters. Nur einer sagte schüchtern: »Ist es denn nicht aus einem Gedicht von Georg Herwegh?« Diese »literarhistorische« Frage kam mir wieder in Erinnerung, als ich einige Jahre später, wieder in Europa, in Adelheid Popps »Jugendgeschichte einer Arbeiterin« auf den Ursprung der — wie sich im folgenden zeigen wird — falschen Behauptung, daß der Vers von Herwegh herrühre, stieß. Jeder, der diese »Jugendgeschichte« liest, wird August Bebel zustimmen, der in dem Vorwort, das er dem — in den ersten zwei Auflagen anonym erschienenen — Büchlein mit auf den Weg gab, sagte: »Ich habe selten mit tieferer Bewunderung eine Schrift gelesen als die unserer Genossin!« Am Schluß dieser Jugendgeschichte, die das erstemal schon 1910 erschien, ist nun auch »der schöne Spruch Georg Herweghs, der so oft bei Arbeiterfesten die Wände schmückt«, zitiert, und dann erklärt: »Wer wahrhaft den Willen hat, mitzuhelfen, daß Herweghs Worte zur Wirklichkeit werden, darf vor keiner Schwierigkeit zurückschrecken.«

Diese Bemerkung brachte mir in Erinnerung, daß ich vor mehr als vier Jahrzehnten zufällig bei einem Gespräch zugegen war, in dem Adolf Braun anregte, Adelheid Popp möge den Schluß ihres Manuskriptes der »Jugendgeschichte« allgemeiner gestalten, als sie es ursprünglich niedergeschrieben. Ich glaube also fast mit Sicherheit schließen zu dürfen, daß die »Ernennung« Herweghs zum Dichter des Verses »Was wir begehren von der Zukunft Fernen?« nicht

Adelheid Popp zur Last fällt, sondern der Überzeugung Adolf Brauns, daß der für ihn so bedeutungsvoll gewordene Vers nur von diesem großen Freiheitsdichter des deutschen Sozialismus stammen könne. Die wirkliche Herkunft des Verses war schon völlig in Vergessenheit geraten, als Adelheid Popp und Adolf Braun ihn zitierten; sie wurde erst wieder festgestellt, als Andreas Scheu in seinen Lebenserinnerungen, die 1923 unter dem Titel »Umsturzkeime« erschienen, über sie berichtete. Ich habe damals dieses ebenso reizvolle wie wichtige Buch mit wirklicher Freude gelesen. Aber an Scheus Mitteilungen über den Verfasser des Verses konnte ich mich beim besten Willen nicht mehr erinnern, als ich in der New-Yorker Versammlung danach gefragt wurde. Erst jetzt, als ich das Buch wieder zur Hand nahm, schlug ich durch Zufall gerade jene Seite auf, in der der Vers abgedruckt und die Umstände geschildert sind, die erklären, wieso er gerade in Wien so populär werden konnte. Andreas Scheu, der im großen Hochverratsprozeß in Wien 1870 als einer der Hauptangeklagten wegen seiner Tätigkeit in der ersten großen Arbeiterbewegung in Österreich verurteilt worden ist, war vorher — Ende der sechziger Jahre — Sekretär der ersten »Arbeiter-Industrieausstellung«. Aus dem Buch von Andreas Scheu erfahren wir, wann und wo der Vers zum erstenmal in Wien bekannt wurde und daß dessen programmatische Tendenz schon bei diesem Anlaß hervortrat. Wir verstehen nun auch, wieso der Vers, während er in Wien durch lange Jahre Aufmerksamkeit erregte, in Deutschland ganz unbekannt blieb. Ferner erfahren wir von Scheu, daß der Vers aus einem französischen Gedicht stammt sowie — wenn auch nicht ganz genau, so doch hinreichend — den Namen des Dichters (Gustave Leroy) und des Übersetzers ins Deutsche (Adolf Strodtmann). Aber bezüglich der Frage, welchem Gedicht von Gustave Leroy der Vers entnommen ist, macht er keine Andeutung. Das Suchen nach diesem Gedicht stieß zunächst auf erhebliche Schwierigkeiten, dann fand sich doch die Quelle. Diese Gedichtsammlung erschien in Hamburg unter dem Titel »Die Arbeiterdichtung in Frankreich. Ausgewählte Lieder französischer Proletarier. In dem Versmaß der Originale übersetzt und mit biographisch-historischer Einlei-

tung versehen, nebst einem Anhang Victor Hugoscher Zeit-
gedichte. Von Adolf Strodtmann«.

Das Buch ist schon 1863, also in der Zeit des großen Auf-
schwunges der sozialistischen Bewegung durch Lassalles
Gründung des »Allgemeinen deutschen Arbeitervereines«,
der im folgenden Jahre die Gründung der »Internationalen
Arbeiter-Assoziation« durch Marx folgte, erschienen und
zeigt schon durch die Sprache, die es führt, durchaus einen
großen Optimismus, der damals die Arbeiterbewegung erfüllte. Dieses Buch ist heute vergessen. Strodtmann bezeichnet Gustave Leroy als einen der anerkanntesten Volksdich-
ter. Von Leroy stammt denn auch die weitaus größte Zahl
der Gedichte, die er übersetzt hat. Bei jedem der Gedichte
von Gustave Leroy ist nach seinem Namen auch sein Beruf
angegeben: Nähkastenarbeiter.

Das Buch ist heute eine Rarität geworden, aber in größeren Bibliotheken noch zu finden. Damals, als Scheu einem
der Gedichte vier Zeilen entnahm, war es neu, und er hat
mit dem ihm eigenen Scharfblick eine Stelle ausgewählt, die
er für seine Zwecke verwendbar hielt. In seinen Lebenserinnerungen »Umsturzkeime« bezeichnet Andreas Scheu die
vier Zeilen, die er ein halbes Jahrhundert vorher in der
Wiener »Arbeiter-Industrieausstellung« auf lange hinaus
populär gemacht hat, als mehr als bescheidene Forderungen.
Sie werden ihm sicher schon damals bescheiden erschienen
sein, vor allem relativ zu den revolutionären Parolen, mit
denen sie in dem Revolutionslied Leroys verknüpft waren.
So heißt es dort:

»Verbrennt den Thron, auf dem die Schmach gesessen /
Auf dem Verrath erschlug den Julikampf! / Verbrennt den
Thron! / Mag Seid' und Holz im Feuerbrand verderben: /
Das Königthum erwärmt uns anders nicht!«

Schon wegen dieses Bekenntnisses zur Republik wäre das
Gedicht vom Titel bis zum Schluß unter den Hochverrats-
paragraphen der Habsburgischen Monarchie gefallen. Die
vier Zeilen, die Scheu ausgewählt, blieben also aus guten
Gründen inkognito. Aber wir wollen nicht übersehen, daß
die Forderungen, die in den vier Zeilen formuliert sind,
nicht nur 1848, als das Gedicht erschien, sondern noch zwei
Jahrzehnte später, als Scheu sie populär machte, sehr reale

14

Wünsche der Arbeiterklasse zum Ausdruck brachten, daß zum Beispiel das Reichsvolksschulgesetz, das dem Analphabetismus in Österreich schließlich ein Ende machte, noch im Werden war, und daß auch heute noch darum gekämpft werden muß, »daß Brot und Arbeit uns gerüstet stehen«.[1]

---

1 Der Erstdruck dieses Artikels ist im »Arbeiterkalender 1954«, Wien, erschienen.

Bernhard Bolzano, Priester und Frühsozialist

Er war ein außergewöhnlicher Mensch, dieser der Aufklärung verschriebene österreichische katholische Priester. Er fiel auch aus dem Rahmen dessen, was man in Österreich später unter christlicher Sozialbewegung verstand, denn deren Vorkämpfer waren der Romantik verschrieben, dieser der Aufklärung feindlichen Philosophie, die mit ins Mittelalter gerichtetem Blick vom Ständestaat schwärmte. Eine Schwärmerei, die bei den Christlichsozialen nachwirkte, 1934 zur bösen Realität wurde und noch bis zum heutigen Tag in unserer großen bürgerlichen Sammelpartei, der ÖVP, nachwirkt.

Dieser Priester lebte vor mehr als 100 Jahren. Er schrieb einmal: »Ich bin der Meinung, daß wir unmöglich besser tun können, als wenn wir nach dem Beispiel, das uns Jesus gegeben, auch jetzt noch die wahre Ursache von allen Übeln, die uns drücken, in der Unwissenheit und in den Vorurteilen, oder mit anderen Worten: im Mangel an Aufklärung suchen.«

Der Geistliche, der in der Zeit Metternichs wirkte, hatte kein leichtes Leben. Er war, wie wir zeigen werden, ein wahrer Märtyrer.[2]

Bolzano kam am 5. Oktober 1781 in Prag als Sohn eines aus Italien in die böhmische Hauptstadt eingewanderten Kunsthändlers zur Welt. Die Mutter stammte aus einer Prager Kaufmannsfamilie. Bernhard studierte an der Universität seiner Geburtsstadt Mathematik, Philosophie und Theologie. Obwohl er in der Mathematik am besten abschnitt, hielt er die Theologie für seine echte Berufung und wurde im 24. Lebensjahr zum Priester geweiht. Damals wurde von dem österreichischen Kaiser Franz I. an allen Universitäten der habsburgischen Länder das Lehrfach Religionswissenschaft eingeführt. Bolzano erhielt 1805 diese Lehrkanzel an der Prager Universität. Die Regierung hatte das Lehrfach geschaffen, damit die Studenten zu braven Untertanen erzogen würden; Bolzano aber glaubte, er könnte seine Stellung dazu benützen, um humanitäre Reformen zu propagieren. Dieser Widerspruch mußte zu einem Zusammenstoß führen, und wer schließlich dabei den Kürzeren ziehen mußte, war von vornherein klar.

Der erste Konflikt erfolgte schon nach ein paar Monaten. Bolzano wurde plötzlich seines Lehramtes enthoben. Nun war aber der Erzbischof von Prag, der Fürst Wilhelm Salm, selbst ein aufgeklärter Mann, der die Tradition Josephs II. pflegte. Er war mächtig genug, um die Wiederanstellung Bolzanos durchsetzen zu können. Vierzehn Jahre lang konnte nun Bolzano an der Universität und über sie hinaus wirken. Die Reden, die er zur Erbauung der Studenten hielt, waren im damaligen Prag eine Sensation.

Nach Bolzano war die Urkirche eine evangelische »Brot- und Liebesgemeinschaft«. Reinhold Knoll gibt in einem im Rahmen der »Studien zur Geschichte der österreichisch-ungarischen Monarchie« erschienenen Buch[3] die folgende Zu-

---

2 Eine Schilderung des Lebenslaufes dieses Mannes finden wir in dem 1965 vom Verband österreichischer Volkshochschulen in Wien herausgegebenen, von Dr. Hans Altenhuber und Dr. Aladar Pfniß zusammengestellten Sammelband »Bildung — Freiheit — Fortschritt« / Gedanken österreichischer Volksbildner.
3 »Zur Tradition der christlichsozialen Partei« (Verlag Böhlau, Wien 1973).

sammenfassung von den sozialreformatorischen Ideen und Forderungen Bolzanos:

● Der Wohlfahrtsstaat ist nicht allein durch Caritas oder private Fürsorge zu begründen. Die Aufhebung aller erblichen Vorrechte und Lasten ist die erste Voraussetzung zum sozialen Staat.

● Kinderbeihilfen für mittellose Eltern und Schulzwang bis zum 14. oder 15. Lebensjahr bei unentgeltlichem Unterricht und anschließende Berufsberatung. Politische Gleichberechtigung für Frauen.

● Fortbildung Berufstätiger in Feiertagsschulen, Schaffung öffentlicher, dem lokalen Wirtschafts- und Kulturcharakter angepaßter Bibliotheken; öffentliche Beihilfen für Aus- und Weiterbildung zu für die Gesellschaft notwendigen Leistungen; staatliche Kunst- und Wissenschaftspflege.

● Gemeindeärzte für Hygiene, unentgeltliche prophylaktische Krankenbehandlung, Epidemiespitäler mit Pflichtcharakter.

● Wirtschafts- und Kreditlenkung des Staates, Staatsmittel gegen Arbeitslosigkeit wie Staatszuschüsse zur Erzeugung lebensnotwendiger Güter. Bei öffentlich notwendigen und wichtigen Arbeiten, die aber für Privatunternehmungen unrentabel sind, staatliche Kostenbeteiligung.

● Auf Sozialethik begründete Einschränkung des Privateigentums, wenn dem Gemeineigentum ein nachweisbarer Nachteil entsteht; daraus hätte ein öffentliches Eigentum dort stattzuhaben, wo an allen Gegenständen öffentliches Interesse vorherrscht.

Man wird wohl nicht leugnen können, daß diese sechs Programmpunkte stark sozialreformerisch waren, man darf wohl auch sagen, daß sie sozialistische Einschläge haben. Ruft man sich in Erinnerung, daß diese Forderungen in der ersten Hälfte des vorigen Jahrhunderts verfochten wurden, und zwar von einem katholischen Theologen, dann kann man dem Manne, der sie formuliert hat, seine Bewunderung nicht versagen.

Der von der Aufklärung geprägte Bolzano erwartete die von ihm verlangten Reformen von der Kraft des Geistes. Das machte ihn zum Vorläufer und Vorbild der späteren Volksbildner. Er schrieb mit voller Überzeugung: ».. . alles, was lebt, soll hören, daß es die Unvernunft, die bloße Unvernunft der Menschen sei, die alles Übel erzeugt, und nicht die Ursache der Übel in etwas, das noch viel schlimmer wäre, in ihrer Bosheit suchen — alles, was lebt, soll wissen, worin die Ursache aller Übel liegt, damit auch vor ihr sich in acht nehmen und mit vereinter Kraft sie bekämpfen können. Soviel wir also nur immer vermögen, meine Freunde, soweit sich nur unsere Stimme erstreckt, so weit und breit müssen wir es zu verkünden suchen, daß nur Unwissenheit die Mutter von allen Übeln sei.«

Bolzano sollte erfahren, daß nicht alle Leute daran interessiert waren, die Unwissenheit des Volkes zu beseitigen. Ansichten über die Staatsverfassung, wie er sie hatte, wollte die weltliche Obrigkeit nicht verbreitet wissen. Und seine Auffassung vom Katholizismus verurteilte die damalige kirchliche Obrigkeit als Ketzertum. Deshalb wurde er ausgerechnet am Weihnachtsabend des Jahres 1819 zum zweitenmal, und diesmal endgültig, aus dem Lehramt entlassen.

Noch schlimmer war es, daß ihm jede Arbeit in staatlichen Forschungs- und Lehrämtern unmöglich gemacht wurde. Immerhin gewährte ihm der Staat ein Gnadengehalt, das war aber so winzig, daß er nicht davon leben konnte. Es kam aber noch ärger, die Kirche hängte ihm einen Prozeß an, der sich durch fünf qualvolle Jahre dahinzog. Er kam aber durch und schrieb in der Folge zwei Bücher, eine vierbändige »Wissenschaftslehre«, die als sein Hauptwerk bezeichnet wird, sowie »Athanasia oder Gründe für die Unsterblichkeit der Seele«. Er war dazu imstande, weil sich eine wohlhabende Frau, Anna Hoffmann, um ihn kümmerte. Als Frau Hoffmann 1842 starb, war es Bolzanos Bruder, der wie der Vater einen Kunsthandel in Prag betrieb, der für den kränklich gewordenen Gelehrten sorgte. Der betätigte sich nun in der böhmischen Gesellschaft der Wissenschaften und schrieb noch ein philosophisches Werk »Paradoxien des Unendlichen«.

Das Erscheinen dieses Buches hat er nicht mehr erlebt, denn es wurde erst 1851 dem Publikum gedruckt vorgelegt. Der Verfasser war am 18. Dezember 1848 gestorben, nachdem er noch eine letzte, große Enttäuschung erlebt hatte, die Niederschlagung der Revolution dieses Jahres.

Karl Scherzer,
ein edler Jünger Gutenbergs

Es sind die Buchdrucker und Schriftsetzer gewesen, die wohl als eine der ersten Gruppen von arbeitenden Menschen in Österreich versucht haben, durch die Gründung von Solidaritätsorganisationen für Zeiten der äußersten Not vorzusorgen. Schon 1824 gab es in Linz eine Kranken- und Sterbekasse für Buchdrucker. Als weitaus leistungsfähiger erwies sich der Unterstützungsverein für erkrankte Buchdrucker und Schriftgießer, der am 1. August 1842 in Wien gegründet wurde. Allerdings konnte der Verein an den elenden Arbeits- und Lohnverhältnissen in den Buchdruckereien nichts ändern. Als normale tägliche Arbeitszeit galten 12 Stunden, es wurde aber auch ohne besondere Entschädigung nicht selten 14 Stunden gearbeitet. Und die Bezahlung war, wie gesagt, elend.

Erst im Revolutionsjahr 1848 wurde darangegangen, diese Verhältnisse zu ändern. Es gab Versammlungen in den Betrieben, und plötzlich fanden sich auch Führer dieser Arbeitergruppe, unter denen der Schriftsetzer Karl Scherzer der bedeutendste war. Ein Forderungsprogramm wurde entworfen, das von einem achtgliedrigen Ausschuß dem Gremium, der Organisation der Unternehmer, übergeben wurde. Darin wurden ein angemessener Lohntarif, Beschränkung der Lehrlingszüchterei, Verbot der Frauenarbeit, ein zehnstündiger Arbeitstag und der freie Sonntag verlangt. Nach einigem Zögern gaben die Unternehmer nach. Es war Revolutionsstimmung in Wien, und es genügte, daß die Arbeiter dem bremsenden Vorsteher des Gremiums eine Katzenmusik machten, um diesen zum Rücktritt und die anderen Prinzipale zum Einlenken zu bringen.

Ein besonderer Erfolg war die Aufhebung der Sonn- und Feiertagsarbeit. Der 6. August 1848 war der denkwürdige erste Sonntag, an dem in den Wiener Druckereien nicht mehr gearbeitet wurde.

Nach der Niederschlagung der Revolution gingen diese Errungenschaften zeitweilig wieder verloren. Die Konterrevolution konnte aber die entscheidende Tatsache, daß die österreichische Arbeiterschaft die Bühne der Geschichte betreten hatte, nicht mehr rückgängig machen.

Der Mann, der in dem stürmischen Jahr der hervorragendste Sprecher der graphischen Arbeiter gewesen ist, Karl Scherzer, verdient aus mehrfachen Gründen eine ausführliche Würdigung. Er war schon seiner Abstammung nach ein Rebell. Seine Ahnen, Patrizier in der reichsunmittelbaren Stadt Eger, waren Protestanten und mußten während der Gegenreformation die Heimat verlassen. Der Vater Karl Scherzers, der sich 1796 in Wien niedergelassen hatte, mußte erfahren, daß der Widerspruchsgeist in seinem Sohn, aus dem er einen Beamten machen wollte, noch recht lebendig war. Der junge Mensch suchte seinen eigenen Weg und erlernte das Buchdruckerhandwerk.

Der begüterte Vater dürfte sich mit dem Eigensinn des Sohnes ausgesöhnt haben, denn Karl Scherzer konnte weite Studienreisen machen, die ihn nach Südtirol, Deutschland, Belgien, Holland, Frankreich, England, Schottland und Irland führten. Er konnte dabei das eigene Fach von allen Seiten studieren, Sprachen lernen und wichtige Verbindungen anknüpfen.

Auch der Plan des schließlich nach Wien Heimgekehrten, eine moderne Buchdruckerei und eine entsprechende Buchhandlung zu errichten, läßt nicht auf Mittellosigkeit schließen. Es kam aber nicht dazu, weil die mißtrauischen Behörden die notwendige Bewilligung versagten. Scherzer zog sich mißmutig zurück, beschäftigte sich mit wissenschaftlichen Studien und mit der Leitung eines Großhandelshauses. Er war schon drauf und dran, wieder in Ausland zu gehen, diesmal aber für immer, als die Revolution ausbrach.

Wie hervorragend die Rolle war, die Karl Scherzer in der nun aufflammenden Bewegung der Drucker und Setzer spielte, geht daraus hervor, daß ihm seine Berufskollegen nach der Durchsetzung der anfangs geschilderten Forderungen einen silbernen Ehrenbecher mit dem Buchdruckerwappen feierlich übergaben. Das war am 24. April des Revolutionsjahres; sechs Tage später forderte Scherzer in einer Versammlung im Sperl-Saal die Wiener Buchdrucker auf, sowohl einen Typographenverein wie auch eine Typographenlegion zu bilden. Da sich die graphischen Arbeiter als Künstler fühlten, meinten sie, die Typographenlegion müßte bei der Arbeiterschaft die gleiche Rolle spielen wie die Akademische Legion bei den Bürgern. Der Hut der Legionäre trug als Abzeichen das Buchdruckerwappen. Der »Gutenbergverein«, wie die Typographenvereinigung genannt wurde, bildete sich im September. Er lebte nicht lange. Scherzers Ruf war inzwischen auch ins Ausland gedrungen, wie seine Ernennung zum Ehrendoktor der Philosophie durch die Universität Gießen beweist.

Nach der Niederschlagung der Revolution ging Scherzer wieder ins Ausland; zwischen 1852 und 1855 bereiste er Zentralamerika. Heimgekehrt, wurde er prompt vor ein Kriegsgericht gestellt. Angekreidet wurde ihm die Teilnahme an der Arbeiterbewegung, die Gründung des Vereines »Gutenberg« sowie eine die österreichischen Verhältnisse kritisierende Rede in London. Die Strafe, die schließlich ausgesprochen wurde, war verhältnismäßig mild. Das Urteil lautete ursprünglich auf acht Wochen Kerker, wurde jedoch auf acht Tage Hausarrest herabgesetzt. Anderen Achtundvierzigern wurde, wie man weiß, weitaus böser mitgespielt.

Nun widmete sich Scherzer ganz der Wissenschaft. Er publizierte viel und machte sich einen so guten Namen, daß er aufgefordert wurde, an der Erdumseglung der Fregatte »Novara« teilzunehmen. Diese wissenschaftliche Expedition der österreichischen Kriegsmarine war im wörtlichen Sinne eine Umsegelung. Denn so konservativ war das damalige Österreich, auch wenn es eine wissenschaftliche Unternehmung durchführte, daß die Weltreise der »Novara« die letzte derartige Fahrt war, die ein Segelschiff durchführte. Neben dem 21 Bände umfassenden Werk »Reise der ö. Fregatte Novara«, das von der Akademie der Wissenschaften herausgegeben wurde, erschien dann eine populäre Schilderung der Reise von Karl Scherzer.

Bemerkenswert ist, daß das »Österreich-Lexikon« wohl die wissenschaftliche Tätigkeit und auch die spätere diplomatische Aktivität Scherzers festhält, seiner Bedeutung als früherem Arbeiterführer aber nicht mit einem Wort gerecht wird. Die ist festgehalten in der von Eduard Narozy verfaßten und zur Feier des einhundertfünfunzwanzigjährigen Bestandes der Gewerkschaft Druck und Papier von dieser herausgegebenen, 560 Seiten umfassenden Jubiläumsschrift.[4]

Für seine wissenschaftliche Tätigkeit wurde Scherzer vielfach geehrt, er bekam einen hohen Orden und wurde geadelt. Als Dr. Karl Ritter Scherzer, der die Buchdruckerinsignien in seinem Wappen trug, ist er dann noch viel gereist, wurde Ministerialrat und wirkte nacheinander als Generalkonsul in Smyrna, London und Genua. Hoch angesehen, ist er mit 82 Jahren gestorben. Er gehört unter denen, die sich um den sozialpolitischen Fortschritt in Österreich bemüht haben, wohl zu den eigenartigsten Gestalten und verdient es sicher, daß man sich seiner erinnert.

4 »125 Jahre Druck und Papier 1842 bis 1967«, Wien 1967.

Andreas Scheu
An der Wiege
zweier Arbeiterparteien

Zu den imponierendsten Gestalten der Frühzeit der österreichischen Arbeiterbewegung gehört der Vergolder und Modelleur Andreas Scheu, Sohn eines aus dem Rheinland stammenden Schreinermeisters und einer Ungarin. Am 27. Jänner 1844 im Wiener Bezirk Margareten geboren, war er, wie viele Wiener, sozusagen von Geburt an prädestiniert, ein Internationalist zu werden. Und so finden wir den hochbegabten jungen Arbeiter schon sehr früh gemeinsam mit seinen beiden kaum weniger hervorragenden Brüdern Joseph und Heinrich in den Reihen der erwachenden österreichischen Arbeiterbewegung. Man kann Andreas Scheu vieles nachrühmen und hat es auch getan, aber eines wurde über seinen anderen Leistungen doch übersehen: daß er nämlich in Österreich einer der ersten war, die eine Forderung auf die Tagesordnung stellten, die zu den wichtigsten der proletarischen Bewegung überhaupt werden sollte. Es ist ein Jahrhundert her, daß in Wien öffentlich nach einer

Altersversorgung der arbeitenden Menschen verlangt wurde. Sie war in dem schon erwähnten Vers von Leroy enthalten, den Andreas Scheu 1869 der Arbeiter-Industrieausstellung in Wien als Parole verwendet hatte:

»Was wir begehren von der Zukunft Fernen?
Daß Brot und Arbeit uns gerüstet stehn;
Daß unsre Kinder in der Schule lernen;
Daß unsre Greise nicht mehr betteln gehn.«

Es war kein Zufall, daß der vom Wiener Arbeiterbildungsverein in das Vorbereitungskomitee der Arbeiter-Industrieausstellung als Schriftführer entsandte Andreas Scheu einen Vers aus einem Gedicht als Parole der Ausstellung verwendete. Denn er las mit Vorliebe Gedichte und schrieb auch selbst eine ganze Reihe. Für die Qualität seiner Prosa zeugt seine Selbstbiographie »Umsturzkeime«, eine wichtige Quelle für die Erforschung der Frühgeschichte der Arbeiterbewegung.

In der Arbeiterbewegung setzte sich Andreas Scheu rasch durch, er wurde einer ihrer beliebtesten Versammlungsredner und arbeitete an ihren ersten Publikationsorganen mit. Den Behörden war der junge, eifrige Agitator natürlich nicht besonders sympathisch. Mehr als einmal wurde er verhaftet. So war er denn auch unter den Opfern, als die in der Donaumonarchie Maßgebenden nach der großen ersten Massenkundgebung der Wiener Arbeiter im Dezember 1869 zu einem vernichtenden Schlag gegen die proletarische Bewegung ausholten. Mehr als 20.000 Menschen hatten sich an dem denkwürdigen 13. Dezember vor dem Parlament versammelt und eine Deputation gewählt, die dem Ministerpräsidenten Taaffe eine Bittschrift überreichte, in der das Koalitionsrecht, Vereins-, Versammlungs- und Pressefreiheit sowie die Einführung des allgemeinen, gleichen und direkten Wahlrechts verlangt wurden. Zwei Tage später legte Taaffe dem Reichsrat den Entwurf eines Koalitionsgesetzes vor, das auch in der Folge beschlossen wurde, übergab aber gleichzeitig die Petition der Arbeiter dem Staatsanwalt. Daraufhin wurden 16 Führer der Arbeiterbewegung, unter ihnen auch Andreas Scheu, verhaftet. Der große Hochverratsprozeß, der am 4. Juli 1870 begann und zwölf

Tage dauerte, führte unter anderem zur Verurteilung von Andreas Scheu und drei anderen Angeklagten zu je fünf Jahren Gefängnis. Allerdings wurden die vier schon Ende Februar 1871 auf Grund einer Amnestie entlassen. Ein paar Monate später nahm die Polizei Scheu in Budapest fest, fünf Monate dauerte die Untersuchungshaft, die Strafe, zu der er schließlich verurteilt wurde, betrug 14 Tage Arrest.

Verfolgungen und Schikanen haben den populären Arbeiterführer nicht gebrochen; daß er schließlich der Heimat den Rücken kehrte, hatte andere Ursachen.

In der Bewegung gab es damals eine scharfe Auseinandersetzung über deren Aufgaben und Methoden. Die einen, zu denen Scheu gehörte, wollten eine selbständige und international ausgerichtete Bewegung. Sie orientierten sich an Karl Marx und Ferdinand Lassalle. Andere meinten, die Bewegung solle sich mit den Liberalen verbünden und lieber großdeutsch orientieren. Es kam zum offenen Bruch, der später zur Spaltung, und als dann auch noch die Anarchisten eindrangen, bis zur völligen Zerrüttung führte. Noch war es nicht soweit. Ja, es gelang Scheu, einen seiner schärfsten Gegner als einen Unwürdigen zu entlarven. Der Mann — es handelte sich um Oberwinder — hatte unterschlagen, Fälschungen begangen und an arbeiterfeindlichen Blättern mitgearbeitet. Dies wurde ihm in einer Gerichtsverhandlung nachgewiesen.

Ein Parteitag (er fand in Neudörfl am 6. April 1874 statt) führte auch zu einer Einigung, zu einem gemeinsamen Programm und zur Bildung einer Sozialdemokratischen Partei. Man kann Neudörfl als Vorläufer des Parteitages von Hainfeld bezeichnen, obwohl dort, wie die Folge zeigen sollte, der Riß nicht wirklich geheilt wurde. Das Programm von Neudörfl enthielt neun knapp gefaßte Forderungen, von denen die siebente sich mit sozialpolitischen Fragen beschäftigte. Verlangt wurde die Einführung eines Normalarbeitstages, Einschränkung der Frauen-, Verbot der Kinderarbeit und die Einführung eines Fabriksinspektorates. Man war damals wahrhaft bescheiden.

Andreas Scheu nahm an dem Parteitag noch teil, verabschiedete sich aber bald danach von seinen österreichischen Genossen. Er wandte sich nach England, wo er sofort die

Verbindung mit der dortigen Bewegung aufnahm. Es dauerte einige Zeit, bis er im fremden Boden Fuß fassen konnte. Scheu, der in Schottland Leiter der Entwurfsabteilung einer Möbelfabrik geworden war, gewann den bedeutenden Maler und Schriftsteller William Morris zum Freund. Und als dieser 1884 zur Bildung einer Socialdemocratic Federation in England aufforderte, stand unter dem ersten Aufruf auch die Unterschrift von Andreas Scheu.

Später beteiligte sich Scheu in Schottland an der Gründung der dortigen »Arbeiterliga«. Als 1893 in Zürich ein Internationaler Sozialistenkongreß tagte, war Andreas Scheu bei der Tagung einer der Vertreter der englischen Arbeiter. In Zürich traf er auch seine Brüder wieder: Heinrich, der in der Schweizer Bewegung wirkte, und Joseph, den Komponisten des Liedes der Arbeit und ersten Musikkritiker der Wiener »Arbeiter-Zeitung«.

Seine alten Tage verbrachte der Veteran der internationalen Arbeiterbewegung, der an der Wiege zweier ihrer bedeutendsten Parteien gestanden ist, im Schweizer Städtchen Rapperswil. Dort ist er am 29. August 1927 gestorben.

Acht Tage vor seinem Tod sagte er zu Friedrich Adler: »Ich fürchte nicht den Tod, ich kann nichts mehr leisten, das muß ich den Jungen überlassen. Meine Sorge ist, ob die Begeisterung der Jugend auch so groß ist, wie es die unsere war.«

So hat er, der in seinen Anfängen eine so großartige und in die Zukunft wirkende Formulierung für Grundanliegen der sozialistischen Bewegung von einem anderen geborgt und in die Heimat verpflanzt hat, am Ende seiner Tage die ewige Besorgnis der scheidenden Generation um die neue formuliert. Ewig und berechtigt, wie die einen meinen; durchaus unberechtigt, wie die anderen behaupten.

Victor Adler als Sozialpolitiker

Victor Adler ist als der Einiger der österreichischen Arbeiterbewegung, als der große Führer und Lehrer des österreichischen Proletariats in die Geschichte eingegangen. Darüber werden die außerordentlichen Leistungen dieses Großen auf dem Gebiet der Sozialpolitik und seine Bemühungen als Sozialhygieniker von der Nachwelt nicht mehr so gewürdigt, wie sie es eigentlich verdienen würden.

Es ist hier nicht notwendig, die Biographie Victor Adlers zu wiederholen; es sei nur darauf hingewiesen, daß er sich schon als Gymnasiast zur Arbeiterbewegung hingezogen fühlte. Nach dem Hochverratsprozeß gegen Andreas Scheu und andere Führer der jungen österreichischen Arbeiterbewegung im Jahre 1870 kam der damals achtzehnjährige Adler mit seinem Freund Engelbert Pernerstorfer in die Redaktion der Zeitung der Sozialdemokraten und übergab dort einen für die Inhaftierten bestimmten Geldbetrag. Der Vater des jungen Mannes sah solches nicht gern, es gab häusliche Auseinandersetzungen, und bei einer solchen soll das Familienoberhaupt der Gattin einmal zugerufen haben: »Dein Sohn wirft mir vor, daß ich ihn verhindere, eingesperrt zu werden.«

Dabei hatte sich Victor Adler ursprünglich gar nicht vorgenommen, ein Politiker zu werden. Er studierte Medizin und hatte vor, als Gewerbeinspektor zu arbeiten. Deshalb hat er auch im Sommer 1883 eine Studienreise durch Deutschland, England und in die Schweiz unternommen, deren Frucht ein umfangreicher und gründlicher Bericht war.[5] Der Bericht gefiel dem Handelsministerium aber nicht. Das scheint begreiflich, bedenkt man, daß schon ganz am Anfang das Hauptwerk von Karl Marx, »Das Kapital«, zitiert wurde. Denn Marx hat sich in dessen erstem Band sehr ausführlich mit den Berichten der englischen Fabriksinspektoren beschäftigt. Später wird in dem Bericht noch Friedrich Engels erwähnt, und vom englischen Gewerkschaftsbund ist ebenfalls des öfteren die Rede. Der junge Arzt bekam den angestrebten Posten als Gewerbeinspektor nicht und wurde stattdessen der Einiger und Führer der Sozialdemokratie.

In dem knappen Programm, das auf dem von ihm einberufenen Einigungsparteitag von Hainfeld 1888/89 beschlossen wurde, findet sich ein bedeutungsvoller Satz, der auf die späteren sozialpolitischen Bemühungen hinweist: »Das Proletariat politisch zu organisieren, es mit dem Bewußtsein seiner Lage und seiner Aufgabe zu erfüllen, es geistig und physisch kampffähig zu machen und zu erhalten, ist daher das eigentliche Programm der Sozialdemokratischen Arbeiterpartei Österreichs...«

Auch als Parteiführer hat Victor Adler keineswegs das Interesse an der Entwicklung der Gewerbeinspektion verloren. Er schrieb regelmäßig in der »Arbeiter-Zeitung« über ihre Berichte und hat auch Verbesserungen dieser Einrichtung durchgesetzt. So wurde im Budgetausschuß des Abge-

5 Er ist im fünften Heft von »Victor Adlers Aufsätze, Reden und Berichte«, die 1925 im Verlag der Wiener Volksbuchhandlung vom sozialdemokratischen Parteivorstand herausgegeben wurden, zu finden.

ordnetenhauses am 10. Mai 1908 ein Antrag von ihm angenommen, der eine weitgehende Reform vorsah. Unter anderem wurde damals die Anstellung von hygienisch gebildeten Ärzten und weiblichem Aufsichtspersonal verlangt.

Die Weiterentwicklung des Gewerbeinspektorates war aber nur eine unter vielen Fragen, mit denen sich der Sozialpolitiker Adler zu beschäftigen hatte. Eine der wichtigsten unter ihnen war die Bekämpfung der Arbeitslosigkeit. Die Sozialdemokraten vertraten den Standpunkt, daß der Staat die Pflicht habe, durch öffentliche Arbeiten die Arbeitslosigkeit möglichst einzuschränken. Und Victor Adler formulierte in der Sitzung des Niederösterreichischen Landtages vom 2. Jänner 1902 diesen Gedanken so:

»Meines Erachtens sind der Staat, das Land, die Gemeinde verpflichtet, dasjenige zu tun, was sie leisten können. Es können nämlich jene Arbeiten im Interesse der öffentlichen Fonds, überhaupt alle öffentlichen Arbeiten, die zu machen sind, nach Möglichkeit auf diese Zeit der Krise konzentriert werden. Wir haben ja eine große Anzahl solcher Arbeiten, und ich würde sehr wünschen, daß die großen Arbeiten im Interesse der Sanitätspflege, die in Wien und Niederösterreich zu machen sind, beschleunigt würden.«

Arbeit für die Arbeitslosen, sicher eine der wichtigsten Forderungen. Aber es gab doch auch Menschen, die ihr Leben lang gearbeitet hatten, jedoch nie die Möglichkeit gehabt hatten, für ihr Alter vorzusorgen. Ihnen gehörte die Sorge der Sozialdemokratie nicht weniger als denen, die noch arbeiten konnten, wenn es überhaupt Arbeit für sie gab. Es war im Februar 1903, als Victor Adler in Massenversammlungen in und vor der Volkshalle des Wiener Rathauses es als eine Schmach bezeichnete, daß man um die Alters- und Invaliditätsversicherung überhaupt noch kämpfen müsse. Der Kampf dauerte aber noch Jahrzehnte. Und Victor Adler erhob immer und immer wieder seine Stimme in diesem Ringen.

Am 3. Juni 1908 warnte er im Abgeordnetenhaus vor dem Sturm, »der in den weitesten Schichten der Arbeiterschaft sicher drohen würde«, wenn in dieser Frage weiter nichts geschehe. Im selben Monat reklamierte er — wieder in einer Massenversammlung in der Volkshalle — die Altersversicherung der Arbeiter als ein Recht, für dessen Durchsetzung sie niemals aufhören würde, zu kämpfen.

Victor Adler wußte aber nur zu gut, daß die Lebensbedingungen des Proletariats im allgemeinen und die Arbeitsbedingungen in so manchem Wirtschaftszweig im besonderen das Leben vieler Arbeiter so verkürzten, daß das Problem der Altersversorgung für sie gar nicht entstehen konnte. Er hat sich deshalb ständig mit Fragen der Sozialhygiene beschäftigt. Schon 1892 schrieb er über den Zusammenhang zwischen Sozialpolitik und einer verheerenden Seuche, der Cholera. Später beschäftigte er sich mit der staatlichen und kommunalen Gesundheitspflege, den Wiener Krankenhäusern und ganz besonders mit der Tuberkulose.

Mit einem verhältnismäßig raschen Erfolg endete der Kampf um das Verbot der Verwendung des höchst gefährlichen weißen Phosphors. Das giftige Zeug wurde vor allem von der Zündholzindustrie gebraucht. Dieser Kampf begann mit einem Dringlichkeitsantrag, der am 17. Juni 1908 von Adler und anderen Sozialdemokraten im Abgeordnetenhaus eingebracht wurde, und endete mit einem entsprechenden Gesetz, das am 26. März 1909 beschlossen wurde.

Das letztemal hat sich der große Führer der österreichischen Arbeiterschaft mit Fragen der Volksgesundheit beschäftigt, als in den letzten Jahren des Ersten Weltkrieges der Wirkungskreis eines neuen Ministeriums, eines Ministeriums für Volksgesundheit, geregelt werden sollte. Victor Adler sollte im Abgeordnetenhaus darüber berichten, eine schwere Herzattacke machte ihm das jedoch unmöglich. Ein Jahr später hat das Leiden, das ihn an der Erfüllung dieser Aufgabe gehindert hatte, das Leben dieses großen Mannes beendet.

Anton Hueber
Ein Ziegelbub macht Geschichte

In Brünn hat er schon als Schulbub auf Baustellen Ziegel tragen müssen, weil zu Hause das Geld bitter notwendig gebraucht wurde. In Wien hat er dann bei Tag das Drechslerhandwerk erlernt und in den wenigen Ruhestunden politische Schriften gelesen, an Geheimzirkeln teilgenommen und versucht, Bomben anzufertigen. Als er aber am 9. Juli 1935 in der Nacht des Austrofaschismus starb, wurde sein Name weit über Österreichs Grenzen hinaus mit Respekt genannt. Denn Anton Hueber war ein lebendiges Denkmal des Aufstieges seiner Klasse geworden, den auf die Dauer auch der Faschismus nicht rückgängig machen konnte.

Obwohl schon früh politisch festgelegt, begann der in Pilsen geborene, hartköpfige Mann erst als Dreißigjähriger die Tätigkeit, die ihn an die Spitze der österreichischen Gewerkschaftsbewegung führen sollte. Zuerst organisierte er seine engeren Kollegen, schuf den Fachverein der Holzdrechsler und trat als Obmann an dessen Spitze. Kurze Zeit später war er schon Schriftführer des österreichischen Gewerkschaftskongresses. Er war aber nie ein »Nur-Gewerkschafter«. Genau erfaßte er die Bedeutung des Zusammenhanges zwischen Sozialdemokratischer Partei und Gewerkschaft. Und in der Politik gehörte er keineswegs zu den immer und unbedingt Maßvollen. Der Radikale schlug bei ihm wohl durch, als er auf dem Parteitag von 1894 Victor Adler Verrat vorwarf, weil dieser sich gegen die Idee wendete, zur Durchsetzung des allgemeinen, gleichen und direkten Wahlrechtes den Generalstreik als Waffe anzuwenden. Man war bei Auseinandersetzungen damals in der Arbeiterbewegung keineswegs zimperlich. Schließlich dürfte es die Anhänger der Generalstreikidee, wie Hueber und Ellenbogen, auch nicht gefreut haben, wenn Victor Adler den Generalstreik als Generalunsinn bezeichnete.

Solche Auseinandersetzungen führten wohl zu Spannungen, da aber die Lehre der Zeit vor Hainfeld nicht vergessen, die Einheit der Bewegung als wertvolles Gut, ja als ihre Voraussetzung erkannt war, kam es immer wieder zum einträchtigen Zusammenwirken. Eine Zusammenarbeit, die stets fruchtbarer werden mußte, da sich beide Zweige der Bewegung immer kräftiger entwickelten. So kam es denn dann dazu, daß auch die Massen Partei und Gewerkschaft als Einheit auffaßten, was sich selbst im täglichen Sprachgebrauch niederschlug. Man redete nicht von Partei und Gewerkschaft, sondern von der gewerkschaftlichen und politischen Organisation. Die »gewerkschaftliche« hatte, als im Jänner 1895 Hueber zu ihrem Sekretär bestellt wurde, rund hunderttausend Mitglieder. 1907 zählten die Mitgliedsverbände der Gewerkschaftskommission, wie die Spitzenorganisation damals hieß, bereits eine halbe Million Mitglieder.

Dieses Wachstum war die Konsequenz unermüdlicher Organisationsarbeit, die der Sekretär der Kommission meisterhaft verstand, und gewaltiger schwerer Arbeitskämpfe, die er mit der für ihn kennzeichnenden Zähigkeit führte. 1899 gab es in Brünn einen Textilarbeiterstreik, der zwei Monate dauerte, 1901 waren 65.000 böhmische Bergarbeiter im Ausstand. Um für solche Massen während so lange währender Kämpfe die notwendigen Streikunterstützungen aufzubringen, mußten in ganz Österreich und in Deutschland große

Solidaritätsaktionen, bei denen gesammelt wurde, organisiert werden.

Hueber hatte früh gelernt, daß die Macht der Arbeiterschaft in ihrer Zahl liegt. Um sie aber im Kampf zur Geltung bringen zu können, mußte sie zusammengefaßt, ja zusammengeballt werden. Diese Einsicht machte den Sekretär der gewerkschaftlichen Spitzenorganisation zum Zentralisten. Zuerst einmal kam es ihm darauf an, die vielen kleinen, örtlichen und verstreuten Fachvereine in Berufsverbänden zusammenzufassen. Für sie entwarf er Mustersatzungen und Streikregelungen, wodurch er von vornherein Einheitlichkeit in die ganze Bewegung brachte. Durch die Zentralisierung der Streikunterstützungen und der Statistik stärkte er den Einfluß der Zentrale auf die einzelnen Verbände. Man kann sich ohne viel Phantasie vorstellen, daß solches nur durch eine sehr starke Persönlichkeit durchgesetzt werden konnte.

Allerdings und leider, wie man sagen muß, gab es in der Bewegung Entwicklungstendenzen, mit denen auch ein Hueber nicht fertigwerden konnte. Diese Tendenzen erwuchsen aus den nationalen Spannungen, die damals die österreichisch-ungarische Monarchie zerrissen. In der österreichischen Arbeiterbewegung bewirkten sie die nach dem Streit zwischen den Gemäßigten und Radikalen folgenschwerste Spaltung: Die tschechischen Sozialisten spalteten sich ab. Im März 1897 entstand in Prag eine eigene Zentrale der tschechischen Gewerkschafter. Selbst die notwendige Solidarität der Gewerkschaftsmitglieder der beiden Nationalitäten in den Betrieben litt unter dem Streit, der später sehr heftige Formen annahm. Besonders Hueber, der mit seiner ganzen Zähigkeit und Dickköpfigkeit an der Einheit festzuhalten versuchte, wurde das Ziel heftiger tschechischer Angriffe. Es ist die Frage, ob eine geschmeidigere Haltung Huebers das Unheil, das möglicherweise zum späteren Zerfall des großen Donaustaates mit beigetragen hat, hätte vermeiden können. Zum Charakter des Mannes, der seine Auffassung auch in der Gewerkschaftsinternationale durchzusetzen wußte, hätte eine nachgiebigere Politik nicht gepaßt.

Vorsicht und Bedächtigkeit waren ihm allerdings durchaus nicht fremd. Dafür zeugt der Aufruf an die Gewerkschaftsfunktionäre im Jahre 1914, in dem er etwaigen Versuchen der Behörden, die Tätigkeit der Gewerkschaften einzuschränken, durch die Mahnung zur strengen Beachtung gesetzlicher Bestimmungen und des Rahmens, in dem sich die Arbeit der Organisationen abzuwickeln hatte, vorzubeugen empfahl.

Im Land gehörte während des Krieges seine Sorge der Erhaltung der Organisationen, international versuchte er, Verbindungen zu den französischen und italienischen Gewerkschaften aufrechtzuerhalten.

Der große Organisator der österreichischen Gewerkschaftsbewegung erlebte noch den Aufstieg seiner Klasse in der Ersten Republik. Unter seiner Führung erkämpfte die mächtig angewachsene Gewerkschaftsbewegung in engster Gemeinschaft mit der Sozialdemokratischen Partei die bahnbrechenden sozialen Reformen der Zwischenkriegszeit. Bis 1934 blieb er als Vorsitzender des Bundes Freier Gewerkschaften auf seinem Posten. Im Ruhestand mußte der nunmehrige Ehrenpräsident dieses Bundes den Untergang der österreichischen Demokratie und die Zerschlagung seines Lebenswerkes mitansehen. Ein Jahr nach dieser Tragödie ging der wahrhaft große Sohn des Volkes dahin. Er hat sein Werk aber nur scheinbar überlebt. Denn es ist, als die Freiheit wieder ins Land kam, größer und mächtiger denn je wiedererstanden.

Heinrich Braun
Ein Leben für den Sozialismus

Von Heinrich Braun, dem Schwager Victor Adlers, sagt Julius Braunthal in seinem Werk »Victor und Friedrich Adler«,[6] er hat »die Begeisterung für den Sozialismus in ihm (Victor Adler) entfacht«.

Braun war schon Sozialist, als er als Student im Jahre 1874 dem Studenten Victor Adler im Wiener Café Griensteidl begegnete. Er hatte die Schriften des deutschen Arbeiterführers Lassalle gelesen und widmete seine Doktorarbeit einem Sozialisten, dem Verfasser einer »Geschichte des Materialismus«, Albert Lange.

Während Victor Adler in der österreichischen Arbeiterbewegung tätig war, wendete sich Heinrich Braun nach Deutschland, wo er sich mehr und mehr sozialpolitischen Problemen zuwandte. Diese Fragen bearbeitete er auch in der im Jahre 1883 gegründeten Zeitschrift »Die Neue Zeit«, einem gemeinsamen Unternehmen des Verlegers Dietz und

6 Verlag der Wiener Volksbuchhandlung, 1965.

der Redakteure Karl Kautsky, Wilhelm Liebknecht und Heinrich Braun. Aber Braun blieb nicht in der Redaktion, sondern begnügte sich später mit der Stellung eines gelegentlichen Mitarbeiters. Nun versuchte der Hochbegabte, zuerst in Halle und dann in Jena, eine akademische Laufbahn einzuschlagen. In Halle konnte er nicht Dozent werden, weil dort an der philosophischen Fakultät nur Angehörige der evangelischen Glaubensgemeinde zugelassen wurden, in Jena scheiterte er daran, daß er als Mitbegründer der »Neuen Zeit«, also als Sozialist, bekannt war. Man betrachtete ihn als Anarchisten, von dem man erwartet, daß er Bomben wirft. So wurde gegen einen Kandidaten gearbeitet, gegen dessen wissenschaftliche Qualität und Persönlichkeit es keinen ernsten Einwand gab.

Von der Universität ausgeschlossen, schuf sich Braun ein eigenes Betätigungsfeld. Es war wieder eine Zeitschrift, das »Archiv für soziale Gesetzgebung und Statistik«, Zeitschrift zur Erforschung der gesellschaftlichen Zustände aller Länder. Unter der Herrschaft des deutschen Sozialistengesetzes, das geschaffen worden war, um die Sozialdemokratie zu vernichten, war das ein kühnes Unterfangen. Brauns Kühnheit ging aber noch weiter. Er wollte damals, im Jahr 1888, Mitarbeiter ohne Unterschied der politischen Einstellung sammeln, sie mußten nur erstklassige Fachleute sein. Und es gelang, es gelang so überraschend gut, daß Braun schon zwei Jahre später an die Herausgabe einer weiteren Zeitschrift, des »Sozialpolitischen Centralblatts«, denken konnte. In dieser Wochenschrift sollte das ganze Gebiet der praktischen Volkswirtschaft behandelt werden. Beide Organe dienten aber in Wahrheit dem gleichen Zweck, nämlich, den Zusammenhang zwischen den wirtschaftlichen Verhältnissen und den anderen Bereichen des Lebens aufzudecken, und zu zeigen, wie das Vordringen des Kapitalismus Wirtschaft und Kultur umgestaltete. Damit wurden die Arbeiterfrage, das Leben der Arbeiter im Kapitalismus, in den Mittelpunkt gestellt. Probleme des Wirtschaftslebens wurden ebenso aufgerollt wie solche der Hygiene, der sozialen Fürsorge, der Erziehung und Bildung sowie der Gesetzgebung.

Natürlich gab es Angriffe gegen die Zeitschriften. Wie

sollte das anders sein in einer Zeit, in der schon von der Einführung der Sonntagsruhe der Untergang der deutschen Industrie befürchtet wurde!

Heinrich Braun war wie sein sozialistisches Vorbild Ferdinand Lassalle tief von der Notwendigkeit der Verbindung von Geist und Arbeit überzeugt. Daher war für ihn der Gedanke so naheliegend, Hilfe für seine Bestrebungen auch bei Intellektuellen zu suchen, die sich nicht zur Sozialdemokratie bekannten. Er fand sie auch im Kreis der sogenannten »Kathedersozialisten«; das waren Gelehrte von Ruf, die verlangten, daß der Staat eingreifen möge, um die durch den Kapitalismus geschaffenen Lebensbedingungen der Arbeiter und dadurch die Klassengegensätze zu mildern. Dazu gehörten Leute wie die berühmten Nationalökonomen Lujo Brentano und Werner Sombart, zu denen Braun sehr enge Verbindungen hatte. Für die Bestrebungen dieser Sozialreformer waren die Zeitschriften, die Heinrich Braun geschaffen hatte, ein ausgezeichnetes Forum. Freilich, nicht mit allem, was von den Kathedersozialisten kam, konnte sich Heinrich Braun einverstanden erklären. So war für ihn die von Historikern und Nationalökonomen vertretene Idee einer unpolitischen Sozialpolitik ein hölzernes Eisen, das weder brennt noch glüht. Ihm schien das eine seltsame Verwechslung von unparteiisch und parteilos. Parteilos war Braun, obwohl er in seinen Zeitschriften nicht nur seine eigene Richtung zu Wort kommen ließ, keineswegs. Er war ein Sozialdemokrat und verschwieg es nie, sondern bemühte sich sehr, den Intellektuellen den Sozialismus und die Bestrebungen der Sozialdemokratie verständlich zu machen. Er war der Meinung, daß gerade die besten Köpfe bei der Änderung der Zustände in der Wirtschaft und im Staat gebraucht würden. Ein Mensch mit Witz machte die Bemerkung: Am Eingang der Sozialdemokratischen Partei steht Heinrich Braun im Gehrock, um alle geistigen Menschen zum Eintritt aufzufordern.

Einer von denen, die er unbedingt gewinnen wollte, war Werner Sombart. Als 1897 dessen Schrift »Sozialismus und seine Bewegung« erschien, wollte ihn Braun dazu bewegen, der Partei beizutreten. Sombart ließ sich aber von der Notwendigkeit eines solchen Schrittes nicht überzeugen.

Freilich hatte Braun bei seinem Bestreben, Geist und Arbeit in dieser Weise zueinanderzubringen, nicht nur auf der einen Seite mit Ablehnung und Unverständnis zu kämpfen. Auch in der deutschen Sozialdemokratie hielt man wenig von seinen Bemühungen. Man mißtraute den Akademikern und fürchtete wohl auch, daß sie die Bewegung ihrer eigentlichen und ursprünglichen Zielsetzung entfremden würden.

Heinrich Braun mußte nicht nur diesen einen Fehlschlag hinnehmen. Es steht aber fest, daß er mit seinen Zeitschriften und durch den Einfluß, den er auf geistig aufgeschlossene Kreise ausübte, mächtig zur Entwicklung der Sozialpolitik in Deutschland und Österreich, also damit zur Besserstellung der arbeitenden Menschen beigetragen hat. Er lebte für seine Sache nicht nur mit dem Verstand, sondern auch mit dem Herzen. Wie großherzig er war, davon zeugt eine Tat, die nach Österreich herüberspielte und seinem Jugendfreund und Schwager Victor Adler galt.

Es ist bekannt, daß Victor Adler für die österreichische Sozialdemokratische Partei und besonders für die »Arbeiter-Zeitung« sein ganzes ererbtes Vermögen geopfert hat. Das war aber nicht unerschöpflich. 1895 stand die »Arbeiter-Zeitung« (damals schon Tagblatt), obwohl sich der Absatz gut entwickelt hatte, vor dem finanziellen Zusammenbruch und Victor Adler vor dem persönlichen Bankrott. Heinrich Braun war zu dieser Zeit dabei, das »Sozialpolitische Centralblatt« zu verkaufen. Ursprünglich verlangte er für die angesehene Zeitschrift 100.000 Mark. Als er aber von dem Notstand in Wien hörte, schlug er sie für 70.000 Mark unter der Bedingung los, daß das Geld für die Deckung der Schulden Victor Adlers flüssiggemacht werde.

Diese Tat rundet das Charakterbild eines Mannes ab, der seinen eigenen Weg zum großen Ziel suchte und dabei nicht nur einmal zu seinen Weggefährten in Gegensatz geriet. Trotzdem hat aber seine Frau und Biographin, Julie Braun-Vogelstein, ein richtiges Urteil gefällt, wenn sie ihr im Jahre 1967 über ihn erschienenes Buch »Heinrich Braun — Ein Leben für den Sozialismus« überschrieb.[7]

7 Deutsche Verlagsanstalt, Stuttgart 1967.

Ludwig Bretschneider, der Organisator der ersten Maikundgebung

Jedesmal, wenn Österreichs Sozialisten zur Maifeier rüsten, sollen sie sich des Mannes erinnern, der die allererste große Maikundgebung der Wiener Arbeiter organisierte. Sie lebt in der Geschichte weiter als eine Demonstration, in der sich Kühnheit und realitätsbewußte Nüchternheit zu jener Einheit verbanden, die für die österreichische Arbeiterbewegung so charakteristisch werden sollte. In der Frühzeit der Bewegung kam diese Verbindung in machtvollen, jedoch stets geordnet verlaufenden und gerade durch ihre wuchtige Ruhe beeindruckenden Demonstrationen zum Ausdruck. Doch diese Kundgebungen zustande und stets zum vorbedachten würdigen Ende zu bringen, dazu brauchte es ein wahres Organisationstalent. Dieses wuchs der österreichischen Sozialdemokratie aus dem Arbeitervolk des Landes zu; es kam aus der Wiener Vorstadt. Dort, wo jetzt auf der Rechten Wienzeile 97 die Drukkerei »Vorwärts« steht, stand das Geburtshaus von Ludwig

August Bretschneider. Als er am 22. August 1860 als Sohn eines Zeugmachers zur Welt kam, war die väterliche Adresse noch Wienstraße Nr. 87. Ringsum gab es damals noch Felder, und über die Wien führte der Stärkemachersteg.

Nachdem er die Volks- und Bürgerschule besucht hatte, kam der junge Bretschneider zu einem Bildhauer in die Lehre. Als Gehilfe wurde er mit einem der frühen Pioniere der österreichischen Arbeiterbewegung, Ferdinand Leißner, bekannt, der ihn bald für die Sozialdemokratie gewann. Es dauerte nicht lange, und Victor Adler zog ihn in den Kreis seiner engsten Mitarbeiter. Als 1886 die »Gleichheit« (die Vorläuferin der »Arbeiter-Zeitung«) gegründet wurde, übernahm es Bretschneider, als Redakteur und Verwalter an dem Blatt mitzuwirken. Der Gassenladen in der Gumpendorfer Straße Nr. 79, in dem die »Gleichheit« (wenn sie nicht gerade beschlagnahmt war, offen, und wenn sie konfisziert war, illegal) verkauft wurde, ist während des Ausnahmezustandes ein Zentrum der Bewegung gewesen. Wurde Bretschneider beim Verkauf einer beschlagnahmten Nummer des Blattes erwischt, so mußte er in den Arrest.

Der zum Zeitungsverwalter gewordene Bildhauergehilfe erkannte bald, daß die Spaltung der Arbeiterbewegung in »Gemäßigte« und »Radikale« die Kraft des österreichischen Proletariats lähmte. Deshalb gehörte er — so wie Karl Kautsky, Bardorf, Gehrke und sein alter Freund Leißner — zu dem kleinen Kreis, der für den 2. Juni 1882 nach Wien eine Konferenz einberief, die eine Einigung herbeiführen sollte. Der Versuch mißlang; aber 1888 beteiligte er sich an der Seite Victor Adlers unermüdlich an der Vorbereitung des Hainfelder Parteitages, der endlich die Einigung herbeiführen sollte.

Der Einigung folgte die großartige Feier des 1. Mai 1890. Die Verantwortung für ihr Gelingen lag voll und ganz in den Händen von Bretschneider. Victor Adler saß im Gefängnis, die hohe Obrigkeit hatte sich eingebildet, damit die Mai-Bewegung geköpft und die Demonstration unmöglich gemacht zu haben. Das war eigentlich eine Riesendummheit, die zu einem Riesenunglück hätte führen können, wenn die Massen durch diesen Streich wirklich »kopflos« geworden wären. Davon war aber keine Rede. Bretschneider schuf aus verläßlichen Genossen eine Ordnerorganisation und entwarf den Aufmarschplan. Die Massen begriffen instinktiv, worum es ging; entschlossen verließen sie die Arbeitsstätten, folgten den Weisungen der Ordner, fügten sich zu mächtigen Marschkolonnen zusammen und zogen diszipliniert ihres Weges. Es gab keine Ausschreitungen, keine Zusammenstöße. Es war ein Demonstrations-, ein Kampftag, aber auch ein Feiertag der Arbeit. Wiens Arbeiter hatten die Straße erobert, und die Partei hatte ihren Generalstabschef gefunden, der nun jahrzehntelang ihre Aufmärsche vorbereitete.

Aufmärsche und Demonstrationen waren damals wichtige Waffen im Arsenal der jungen Bewegung, die die Straße brauchte, um ihre Forderungen der Welt bekannt zu machen. Von diesen Forderungen war eine der grundlegenden die nach dem allgemeinen, gleichen und direkten Wahlrecht.

Jahrelang hat die Wahlrechtsbewegung die Arbeiterschaft beschäftigt. Hier wurde zum erstenmal das Recht der Arbeiter auf Mitbestimmung im Staate angemeldet, durch sie wurde die parlamentarische Demokratie in Österreich auf die Tagesordnung gesetzt. Im Sommer 1893 wurde der Kampf um das allgemeine, gleiche und direkte Wahlrecht durch eine Kundgebung auf dem Wiener Rathausplatz eingeleitet. Daß sie keinesfalls ein isoliertes Einzelereignis sei, das man bald wieder vergessen könne, machte Bretschneider durch eine Parole klar, die er damals prägte und die jahrzehntelang nicht aus den Gedächtnissen verschwand: »Keine Ruhe in Österreich, bevor das allgemeine, gleiche und direkte Wahlrecht erkämpft ist!« Und so war es auch. Das wichtigste Instrument im Wahlrechtskampf wurde die »Arbeiter-Zeitung«, die Nachfolgerin der »Gleichheit«, die es seit dem Juni 1889 nicht mehr gab. Sie war in den drei Jahren ihres Bestehens fünfundvierzigmal beschlagnahmt worden. Bei der »Arbeiter-Zeitung«, die am 12. Juli 1889 gegründet wurde, bekleidete Bretschneider die schwierige Position des verantwortlichen Redakteurs. Seine wichtigste Aufgabe war, sicherzustellen, daß die Zeitung auch dann, wenn sie konfisziert wurde, zu den Lesern kam. Das Preßgesetz machte es zur Pflicht, mit der Verbreitung des Blattes erst zu beginnen, wenn ein Pflichtexemplar an den Pressestaatsanwalt abgesendet worden war. Bretschneider sorgte dafür, daß die Kolporteure ihre Packen hatten, wenn das Pflichtexemplar zum Staatsanwalt geschickt wurde. War es soweit, entfernten sie sich eilig. So wurde fast jede Konfiskation ein Schlag ins Wasser.

Selbstverständlich war Bretschneider auch dabei, als am 28. November 1905 eine Viertelmillion Menschen über die Ringstraße zog, um für das allgemeine Wahlrecht zu demonstrieren.

Bretschneider hat aber der Partei nicht nur als verantwortlicher Redakteur gedient, er war auch Sekretär der Landesparteiorganisation Niederösterreich. Und weil ein Vertrauensmann der Sozialdemokratie damals in allen Sätteln gerecht sein mußte, wurde er auch als Versammlungsredner eingesetzt und hat sich auch da bewährt. Nicht zuletzt deshalb, weil er seine Zuhörer auch zum Lachen zu bringen wußte.

Nach unzähligen Zählkandidaturen für das Kurienparlament, die nur der Propaganda dienten, ist er nach der Eroberung des allgemeinen Wahlrechts im niederösterreichischen Wahlkreis Lilienfeld ins Abgeordnetenhaus gewählt worden. Ein zweitesmal wurde er 1911 gewählt. Er war auch Mitglied der Provisorischen Nationalversammlung der Ersten Republik. Dann hat er 1919 im Viertel ober dem Wienerwald kandidiert und hatte auch da Erfolg. Dies wiederholte sich im gleichen Wahlkreis noch zweimal, dann gab er wegen seines Alters die Arbeit im Parlament auf.

Selbstverständlich hat Bretschneider auch dem Parteivorstand angehört, denn er verfügte nicht nur über eine außergewöhnliche Erfahrung, sondern war für die Jüngeren und Nachkommenden die Verkörperung der Parteigeschichte schlechtweg.

Als am 4. August 1929 die Stunde des letzten Abschieds für ihn schlug, war sein Lebenswerk schon schwer bedroht. Dessen Zertrümmerung durch den Faschismus erleben zu müssen, ist ihm erspart geblieben.

Ferdinand Skaret
Aufstieg eines Tischlers

»Immer stand er in der vordersten Reihe; niemals wollte er ganz vorn gesehen werden.« Dies stand am 10. September 1932 in der Wiener »Arbeiter-Zeitung«, als sie dem ehemaligen Obmann des Holzarbeiterverbandes, Parteisekretär, Wiener Gemeinderat, Parlaments-Abgeordneten und Mitglied des Exekutivkomitees der Sozialistischen Internationale, Ferdinand Skaret, zu seinem 70. Geburtstag ihren Gruß entbot.

Der Mann, der teils nacheinander, teils nebeneinander diese vielen wichtigen Funktionen ausübte, ist am 10. September 1862 in Reichenberg als Kind eines Webergehilfen zur Welt gekommen. Über seine ersten Jahre ist wenig überliefert, doch wir wissen, wie armselig das Leben der Weber der damaligen Zeit war. Vielleicht war es ein sozialer Aufstieg innerhalb der Arbeiterklasse, als der Sohn eines Webers das Tischlerhandwerk erlernte. Wie es damals üblich war, ging der junge Geselle auf die Walz und kam 1880 nach

Wien, wo er sich sogleich der Arbeiterbewegung anschloß. Er tat bei der Gründung des Tischler-Fachvereines mit, und als aus dem Verein eine Gewerkschaft der Tischler wurde, übernahm Skaret die Funktionen des Sekretärs der Organisation und des Redakteurs der wöchentlich erscheinenden »Tischlerzeitung«. So sehr erwarb er sich in diesen Funktionen das Vertrauen seiner Kollegen, daß sie ihn — als Anfang der neunziger Jahre durch den Zusammenschluß kleinerer Branchengruppen der Holzarbeiterverband entstand — als Obmann an dessen Spitze stellten.

Man kann sich vorstellen, daß es nicht leicht war, die früheren kleinen Vereine zur Aufgabe ihrer Selbständigkeit zu bringen, so vorteilhaft die Gründung des großen Verbandes, der später eine der mächtigsten Gewerkschaften Österreichs war, auch für die Mitglieder gewesen ist. Und auch die Führung einer solchen umfassenden Organisation kann in den Anfängen nicht gerade leicht gewesen sein. Es gehörten Organisationstalent und die Kunst der Menschenbehandlung dazu.

Es war selbstverständlich, daß Skaret die Holzarbeiter auch nach außen vertrat, er war Mitglied der Gewerkschaftskommission, wie die Dachorganisation der Freien Gewerkschaften in jener Zeit hieß, und vertrat 1893 die Österreicher auf dem Ersten Internationalen Holzarbeiterkongreß in Zürich. Bei der innigen Verbindung der gewerkschaftlichen mit der politischen Bewegung der österreichischen Arbeiterschaft braucht es uns nicht zu wundern, daß Skaret auch noch bei einem zweiten Kongreß, der um die gleiche Zeit in Zürich stattfand, als Delegierter auftauchte: bei dem der Sozialistischen Arbeiter-Internationale.

Auf dem Kongreß wurde eine Frage diskutiert, die in der internationalen sozialistischen Bewegung immer wieder aufgeworfen wurde: die Frage des Generalstreiks. Auf dem Kongreß der Internationale in Brüssel, der 1891 stattfand, gab es eine Debatte, die sich um einen holländischen Antrag drehte, in dem es hieß, daß »eine etwaige Kriegserklärung mit einem Aufruf des Volkes zur allgemeinen Arbeitseinstellung beantwortet« werden solle.[8]

8 Julius Braunthal: »Geschichte der Internationale«, 1. Band, Verlag Dietz' Nachf., Berlin/Bonn 1961.

Von den sechzehn Parteidelegationen des Kongresses stimmten nur drei — die holländische, die englische und die französische — für den Antrag. Alle übrigen hielten es für unmöglich, einen Krieg durch einen Generalstreik zu verhindern. Zwischen 1891 und 1893 hatte sich aber etwas ereignet, das die Einstellung der internationalen sozialistischen Bewegung zum Massen- und zum Generalstreik grundlegend änderte. In Belgien hatte es nämlich im Verlaufe der Wahlrechtsbewegung Massenstreiks gegeben. Und diese Streiks waren erfolgreich gewesen. Sie hatten, wie Braunthal schreibt, den belgischen Arbeitern »die Tore aufgesprengt, die ihnen den Zutritt zum Parlament verschlossen hatten«.

Das mußte auf die in Zürich anwesenden Österreicher großen Eindruck machen. Noch dazu war es ein Österreicher, der für den Kongreß eine entsprechende Resolution entwarf, in der es hieß, daß ein Generalstreik in einzelnen Industrien »unter bestimmten Umständen eine sehr wirksame Waffe nicht bloß im wirtschaftlichen, sondern auch im politischen Kampf« werden könnte. Es war Karl Kautsky, der diesen Satz formulierte, derselbe Karl Kautsky, der auf dem Einigungsparteitag von Hainfeld durchgesetzt hatte, daß die österreichische Sozialdemokratie den Kampf um das allgemeine, gleiche und direkte Wahlrecht zu einer ihrer großen Aufgaben machte. Die Parole des Generalstreiks ist dann auch während des großen Ringens um das Wahlrecht ständig aufgetaucht. Es war vor allem Wilhelm Ellenbogen, der sich für diese Kampfmethode einsetzte, während Victor Adler sie klar und deutlich ablehnte.

Ob der Delegierte Ferdinand Skaret damals wohl ahnte, wie sehr er in den Mittelpunkt der Auseinandersetzungen rücken sollte? Erstens wurde Skaret in der Folge in den Parteivorstand gewählt, der ständig mit dieser Frage beschäftigt war, zweitens hatte Skaret mit anderen Sozialdemokraten die undankbare Aufgabe, trotz des überall geltenden Privilegienwahlrechts, das die Arbeiter ausschloß, als Kandidat bei Gemeinde- und Landtagswahlen aufzutreten. Man nannte diese aussichtslosen Kandidaturen Zählkandidaturen, ihre Funktion bestand aber weniger darin, die wenigen Stimmen von Wahlberechtigten zu zählen, die ihnen zufielen, sondern darin, für die Partei zu werben. Denn jede Versammlung, in der ein sozialdemokratischer Kandidat auftrat, wurde automatisch zu einer politischen Kundgebung, in der sich die Partei in der Öffentlichkeit bemerkbar machen konnte.

Im Jahre 1906 gelang es Skaret sogar, trotz des Privilegienwahlrechts im Wiener Bezirk Rudolfsheim ein Gemeinderatsmandat zu erobern und so zu dem kleinen Häuflein zu stoßen, das im Wiener Rathaus den Scharen des christlichsozialen Bürgermeisters Lueger gegenübertrat. Er hat siebzehn Jahre lang dem Gemeinderat angehört, die Eroberung des Wiener Rathauses durch die Sozialdemokratie nach dem Zusammenbruch der österreichisch-ungarischen Monarchie erlebt und ist erst 1923 aus der so gewaltig verwandelten Kommunalbehörde wieder ausgeschieden.

In den Jahren 1897 und 1901 hat Skaret auch für den Reichsrat kandidiert, hatte aber dabei kein Glück. 1898 wurde er auf dem Linzer Parteitag der Sozialdemokratie zum Parteisekretär gewählt und so direkt in die Mitte des Wahlkampfes und der Diskussionen um die Methoden, mit denen er geführt werden sollte, gestellt. Als das allgemeine Wahlrecht glücklich durchgesetzt war, kandidierte Skaret ein drittesmal in Rudolfsheim für den Reichsrat und wurde nun auch gewählt. Er hat als Parlamentarier die Monarchie überdauert und wirkte dann bis 1930 im Nationalrat der Republik Österreich weiter an der Gesetzgebung mit.

Der Führung der Internationale hat Ferdinand Skaret ebenfalls lange Zeit angehört. Im Jahre 1900 wählte man ihn in die Exekutive der Zweiten Internationale, die unterging, nachdem die Herrschenden Europa mit blinder Leichtfertigkeit in die Katastrophe des Ersten Weltkriegs hatten taumeln lassen. Er war auch in der neuen Internationale tätig.

Im Jahre 1932, als sich bereits dunkle Wolken über Österreich und Europa zusammengezogen hatten, ist Skaret aus dem aktiven politischen Leben ausgeschieden. Am 3. Jänner 1941 ist er, mitten im Toben des Zweiten Weltkriegs, gestorben.

Karl Höger,
ein sehr streitbarer Buchdrucker

In der Arbeiterbewegung aller Nationen hat es immer Vorsichtige und Stürmische, auf Alltagsfragen Konzentrierte und Weitersehende gegeben. Wenn auch die einen wie die anderen mit guten Argumenten die Berechtigung ihres Standpunktes und Verhaltens begründen konnten, so ist es doch immer so gewesen, daß es weder den einen noch den anderen jemals gelungen ist, sich hundertprozentig durchzusetzen, ohne die Bewegung zu spalten. Zu den Drängern und Stürmern hat Karl Höger stets gehört.

Ihm genügte es nicht, daß sich die Gewerkschaft der Buchdrucker der Alltagssorgen der Kollegen annahm. Er wollte, daß diese sich am Kampf der Sozialdemokratie um eine bessere Gesellschaftsordnung beteiligen. Das hat ihn, der sich bereits lange vor dem Hainfelder Einigungsparteitag unter seinen Berufskollegen als sozialdemokratischer Sprecher betätigte, in viele Auseinandersetzungen verwickelt. Er war aber deshalb auch vielen behördlichen

Verfolgungen ausgesetzt. Es ist ihm aber trotz aller Hemmnisse schließlich doch gelungen, die bei ihrer gewerkschaftlichen Tätigkeit bereits ein wenig bequem gewordenen Buchdrucker ins Lager der Sozialdemokratie zu bringen.

Einen Begriff davon, wie das geschah, gibt Karl Blecha im Sammelband »Werk und Widerhall«.[9]

Höger, der am 3. Oktober 1847 in Wien zur Welt kam, mußte bereits im Alter von zwölf Jahren »in die Lehre gehen«, wie der Wiener Volksmund das ausdrückt. Später ist er dann dafür eingetreten, daß kein Bub vor dem 14. Lebensjahr in einem Betrieb beschäftigt werden dürfe. Mädchen sollten seiner Meinung nach erst nach Erreichung der Pubertät zu Lohnarbeit herangezogen werden. Er verlangte auch, daß Vierzehn- bis Sechzehnjährige nur sechs Stunden und Sechzehn- bis Achtzehnjährige nur acht Stunden im Tag arbeiten sollten. Das waren 1883 kühne, man kann sagen utopische Forderungen. Sie zeigen, daß Höger das Elend seiner eigenen Lehrjahre später nicht aus seinem Bewußtsein verdrängt hat.

Als der noch nicht zwanzig Jahre alte Karl Höger am 15. Dezember 1867 der von vielen Tausenden besuchten Gründungsversammlung des Ersten Wiener Arbeiterbildungsvereines in Schwendners Colosseum beiwohnte, war der Streit zwischen denen, die in der Arbeiterbewegung bloß einen Teil einer vom Bürgertum beherrschten fortschrittlichen Bewegung sehen wollten, und jenen, die ein selbständiges Auftreten der Arbeiterklasse befürworteten, noch keineswegs beendet. Beim Schwendner allerdings schlugen Wellen der Begeisterung jenen entgegen, die sich für die Konstituierung einer auf eigenen Füßen stehenden Bewegung einsetzten.

Daß diese Begeisterung, die auch Höger mitriß, keineswegs allgemein war, zeigt der Umstand, daß Höger noch fünf Jahre später seiner sozialistischen Gesinnung wegen bei Vorstandswahlen des Vereines der Buchdrucker durchfiel. Bedenkt man, daß die englischen Gewerkschaften erst nach der Jahrhundertwende die Konstituierung der Labour Party, so wie wir sie heute kennen, ermöglichten, so wird

9 Wiener Volksbuchhandlung, 1964.

uns das Zögern der österreichischen Buchdrucker, die, gleich den englischen Gewerkschaftern, schon in den siebziger Jahren eine Tradition hüteten, wohl verständlicher. In Österreich ging die Entwicklung jedenfalls schneller vor sich als auf den britischen Inseln, denn hier hatten die Sozialdemokraten in der Buchdruckerorganisation schon vor der Jahrhundertwende die Oberhand. Der Anteil, den Höger an dieser Wandlung hatte, ist nicht zu unterschätzen.

Höger wird als eindrucksvoller Redner und begabter Organisator geschildert. Er zog aber nicht nur die Aufmerksamkeit seiner Kollegen und Klassengenossen auf sich, sondern auch die der Behörden. Es konnte gar nicht ausbleiben, daß er vor Gericht gestellt und häufig eingesperrt wurde. Allerdings haben ihn seine Schlagfertigkeit und seine Rednergabe auch vor Gericht nicht im Stich gelassen. Er wußte sich geschickt zu verteidigen und Freisprüche zu erreichen. Einmal ist ihm das sogar gelungen, als er sich als Republikaner bekannt hatte und deshalb angeklagt worden war. Es war keine Kleinigkeit in einer Zeit, in der die Verteidigung der monarchistischen Staatsform zu den wichtigsten Aufgaben der Gerichte gezählt wurde.

Man sollte meinen, daß Höger als gewerkschaftlicher und politischer Agitator und Organisator gerade genug beschäftigt war, er fand aber doch noch Zeit, den Gesangverein »Freie Typographia« zu gründen und sich als dessen erster Obmann um seine Entwicklung zu bemühen. Was zur Folge hatte, daß seine Kontakte mit den Behörden noch inniger wurden.

Auch um den Sport kümmerte sich Höger, und zwar um das Radfahren. Und wir wissen von den Arbeiter-Radfahrern, daß sie sich als die »Kavallerie des Sozialismus« betrachteten, deren Aufgabe es sei, auf ihren Stahlrössern die Ideen der Sozialdemokraten aus den städtischen Bezirken aufs Land hinaus zu tragen.

Nicht nur die Behörden wurden bald auf Högers vielfache Betätigung aufmerksam, die Druckereiunternehmer wendeten ihm auch sehr bald ihr Interesse zu. Das war für sein berufliches Fortkommen nicht gerade günstig, denn nachdem es Anfang 1870 einen Buchdruckerstreik gegeben hatte, wurde der damals dreiundzwanzigjährige Agitator auf die gefürchtete Schwarze Liste gesetzt, was bedeutete, daß die Unternehmer gewarnt wurden, den »Unruhestifter« einzustellen. Bei seinen Kollegen dürfte das allerdings seinem Ansehen nicht geschadet haben, und so konnte er sich doch so weit durchsetzen, daß er im September 1873 als Ersatzmann in die Kontrollkommission des Buchdruckervereines gewählt wurde. Er blieb aber nicht lange im »Ersatz«, denn mit 29 Jahren war er schon Obmann-Stellvertreter der Kontrollkommission. Bald darauf betraute man ihn mit dem Vorsitz in der wichtigen Vertragskommission und ließ ihn am Gewerkschaftsorgan der Buchdrucker, »Vorwärts«, mitarbeiten. 1877 wurde er zum verantwortlichen Redakteur der Zeitschrift bestellt und kurze Zeit später zum Obmann-Stellvertreter der Gewerkschaft gewählt. Im Jahre 1883 gründete er eine satirische Zeitschrift, zur gleichen Zeit gab es zwischen ihm und seinen Kollegen im Vorstand Meinungsverschiedenheiten, die dazu führten, daß er seine Funktionen niederlegte und sich eine Zeitlang gewerkschaftlich überhaupt nicht betätigte.

Politisch hat er aber deshalb keineswegs Enthaltsamkeit geübt, sonst hätte er nicht bei der Vorbereitung des Einigungsparteitages der österreichischen Sozialdemokratie in Hainfeld eine Rolle spielen können.

Allzulange ist er jedoch auch der Gewerkschaft nicht fern geblieben. Als er zum Gehilfenobmann der Wiener Buchdrucker gewählt wurde, mischten sich die Behörden wieder einmal ein und verboten ihm die Ausübung dieser Funktion. Die war ja eine öffentliche, denn es handelte sich um die Führung des Gehilfenausschusses innerhalb der obligaten Unternehmerorganisation (Innung, Genossenschaft, Gremium). Die Staatsgewalt konnte aber nicht verhindern, daß er, nachdem nach seinen Vorschlägen 1894 ein Dachverband der graphischen Arbeiter Österreichs geschaffen worden war, an dessen Spitze trat. Höger gab die Funktion aber schon zwei Jahre später wieder auf. Ein Sesselkleber ist Höger nie gewesen.

Leider hat er das Reichsratsmandat, das ihm 1907 zufiel, nicht allzulange ausüben können. Denn am 17. Oktober 1913 hatte der streitbare Pionier der österreichischen Arbeiterbewegung für immer ausgekämpft.

Rudolf Müller
organisierte Eisenbahner

Es war im März 1891. Der Arbeiterbildungsverein Wien-Landstraße hatte seine Mitglieder aufgerufen, zum Denkmal der Gefallenen des März 1848 zu ziehen und dort Kränze niederzulegen. Die damaligen Arbeiterbildungsvereine faßten ihre Aufgaben sehr umfassend auf. Tatsächlich waren sie sowohl Bildungsvereine wie politische Organisationen und nicht zuletzt Keimzellen der Fachvereine, der Gewerkschaften in ihrem Ursprungszustand. So standen denn die Mitglieder des Landstraßer Vereins in Branchengruppen vor dem Lokal, in dem sie ihre Zusammenkünfte abhielten, und jede Branche hatte einen Kranz mitgebracht. Unter denen, die sich an keine Gruppe anschließen und von keinem Kranz sagen konnten, daß er von ihnen den im Sturmjahr gefallenen Revolutionären gewidmet sei, war ein junger Mann mit dem Allerweltsnamen Müller, Rudolf Müller. Er mochte einen Allerweltsnamen haben, ein Allerweltsmensch war er jedoch keineswegs.

Dieser Müller war ein Eisenbahner; an einer Demonstration teilzunehmen, war für ihn noch weitaus gewagter als für einen anderen Arbeiter. Er hatte auch schon einiges hinter sich: Von der Aspangbahn war er wegen »Agitation« entlassen worden, und nach dem 1. Mai 1890 — an dem die österreichischen Arbeiter den bisherigen Nobelfeiertag zum Tag der Arbeit umgewandelt hatten — war er bestraft worden, weil er nicht zum Dienst gekommen war, um an dem Mai-Aufmarsch teilnehmen zu können. Doch alles das machte ihn an diesem Märztag keineswegs stolz. Im Gegenteil; er genierte sich vor den anderen Mitgliedern, weil er der einzige anwesende Eisenbahner war und daher auch keinen Kranz hatte. Und da fiel ihm ein, daß er doch selber die Initiative ergreifen und einen Eisenbahnerverein gründen könne.

Ein Jahr später war es soweit. Im Wailandsaal in der Wallensteinstraße, im Wiener Bezirk Brigittenau, fand am 2. April 1892 das Ereignis statt. Der »Fach- und Unterstützungsverein der Verkehrsbediensteten Österreichs« hielt seine Gründungsversammlung ab. Hinter dem langen Titel stand noch herzlich wenig. Müller wollte ursprünglich gar nicht alle Verkehrsbediensteten, sondern nur die Eisenbahner in seine Schöpfung einbeziehen. Warum er sich das schließlich überlegte, hat er selber in Jubiläumsnummern des »Eisenbahners« dargelegt, auf die sich wieder die Schilderung der Entstehung der Eisenbahnergewerkschaft in einem umfangreichen, anläßlich des Jubiläums dieser Organisation herausgekommenen Bande stützt.[10]

Obwohl er die Unterstützung des Arbeiterbildungsvereines Landstraße hatte, konnte er insgesamt nur zwei andere sozialdemokratische Eisenbahner finden, der dritte war er selber. Drei Leute, das war natürlich auch für die bescheidensten Ansprüche eines Organisationsgründers zuwenig, und so entschloß sich Müller, den Verein umfassender zu machen. Das war um so mehr notwendig, da einer der Eisenbahner, der ebensowenig wie der Magazineur Müller dem fahrenden Personal angehörte, sondern Portier des Haupt-

10 »80 Jahre Gewerkschaft der Eisenbahner«, Herausgeber und Verleger: Österreichischer Gewerkschaftsbund — Gewerkschaft der Eisenbahner; Wien 1972.

zollamtes war, seine Streichung verlangte. Er war nicht aus politischen Motiven zum Arbeiterbildungsverein gekommen, sondern nur weil dieser eine Bibliothek hatte und seine Tochter aus ihr Bücher ausleihen wollte.

Auch sonst mußte Müller üble Erfahrungen machen. Seine Freunde munterten ihn nicht auf, ganz im Gegenteil, sie redeten ihm zu, die Sache doch lieber sein zu lassen. Rudolf Müller ließ sich aber nicht entmutigen, er ließ die guten Freunde reden und begann mit der Agitation. Es war naheliegend, zuerst mit den engsten Kollegen zu sprechen. Leider war der erste von denen, die er mit seinem Plan vertraut machte, ein falscher Bruder.

Er verriet Müllers Vorhaben. Die Folge war, daß der »Agitator« unter »direkte Polizeiaufsicht« gestellt wurde. Das schreckte den so Gemaßregelten nicht ab, mußte aber andere naturgemäß ihm gegenüber vorsichtig machen. Es war nicht jedermanns Sache, sich in eine Geschichte einzulassen, die zunächst einmal kaum Vorteile, für die Pioniere jedoch sichtliche Nachteile bringen konnte. Man wollte seinen Posten behalten und hatte Weib und Kind zu Hause. Weit davon entfernt, aufzugeben, suchte und fand Müller einen Menschen, der ihm helfen konnte. Das war der Redakteur der »Verkehrs-Zeitung«, Bizo. Dieser war zur Zeit, als Müller mit ihm zu tun hatte, gesinnungsgemäß ein Sozialist, seine Zeitung war wohl ein privates Unternehmen, schlug aber sehr radikale Töne an. Müller bekam durch Bizo Gelegenheit, in dem Blatt über die Lage der Eisenbahner einige ungeschminkte Artikel zu veröffentlichen.

Der Redakteur half ihm auch bei der Abfassung der Statuten für den Verein der Verkehrsbediensteten. Diese fielen so aus, daß das zuständige Ministerium keinen Grund für einen Einspruch sah. Damit war eine gefährliche Hürde umgangen worden, und der Verein konnte gegründet werden. Als Proponent fungierte ein Speditionsarbeiter, der zwar mit der Vorbereitung der Gründung nichts zu tun hatte, jedoch eine wichtige Eigenschaft mitbrachte: er hatte mit der Polizei aus politischen Gründen noch nie etwas zu tun gehabt. Und so einen Unbescholtenen brauchte man, um die konstituierende Generalversammlung einberufen und bei der Polizei anmelden zu können.

Bis zuletzt zweifelten die Einberufer daran, daß jemand ihrer Einladung Folge leisten werde. Es kamen aber doch genug, um den Buchdrucker Höger, der das Referat hielt, zu hören.

Müller mußte in den Tagen, die der Versammlung folgten, seinen ganzen Mut und seine ganze Hartnäckigkeit zusammennehmen. Man versuchte, ihn von seiner Organisationstätigkeit mit Vorstellungen und mit Angeboten abzubringen. Da er nicht nachgab, wurde er strafweise nach Sollenau versetzt. Die unmittelbare Folge davon war, daß er seine Werbetätigkeit bis nach Mürzzuschlag ausdehnte. Da die Eisenbahnverwaltung einsah, daß der Mann nicht zu biegen war, warf sie ihn hinaus. Mühselig hielt er sich über Wasser, bis die Organisation so weit war, den gemaßregelten Vertrauensmann mit der Redaktion einer Fachzeitschrift betrauen zu können. Der »Eisenbahner« kam zweimal im Monat heraus. Neben der Redaktionsarbeit hatte Müller auch die eines Gewerkschaftssekretärs zu leisten und erhielt dafür ein Monatsgehalt, das dem eines Streckenwärters der I. Kategorie entsprach.

Trotz aller Schwierigkeiten wuchs die Gewerkschaft und erregte in der Öffentlichkeit Aufsehen. Bürgerliche Zeitungen griffen sie an, radikale demokratische Parlamentarier, wie Engelbert Pernerstorfer, der sich später der Sozialdemokratischen Partei anschloß, und Kronawetter nahmen die von der Organisation vorgebrachten Beschwerden zum Anlaß, das Parlament mit den Problemen der Eisenbahner zu beschäftigen. Einen gewaltigen Schritt vorwärts bedeutete es, als es 1894 zum Zusammenschluß des Vereins mit den Fachvereinen der von Josef Tomschik geführten Heizhaus- und Werkstättenarbeiter kam. Diese waren 1893, also ein Jahr nach der konstituierenden Generalversammlung des Verkehrsbedienstetenvereins, entstanden.

Die Verschmelzung und die mit ihr verbundene Formung der endgültigen Gewerkschaftsorganisation ging nicht ohne Auseinandersetzungen vor sich. Schließlich verzichtete Müller eine Zeitlang auf seine Tätigkeit in der Organisation. Doch nach der Jahrhundertwende saß er wieder im Vorstand der Gewerkschaft, zu deren Geschichtsschreiber er schließlich geworden ist.

Josef Tomschik gründete einen Werkstättenverein der Eisenbahner

Im Jahr 1893, also ein Jahr, nachdem Rudolf Müller seinen Verein der Verkehrsbediensteten gegründet hatte, entstanden in den Werkstätten der verschiedenen Eisenbahnen Fach- und Unterstützungsvereine. Die Gründer waren Werkstättenarbeiter, und jeder Verein bildete sich selbständig. Es ist naheliegend, zu vermuten, daß diese Bewegung nicht völlig spontan ausgebrochen ist, sondern daß da jemand am Werke war.

Dieser »Jemand« war der damals 27 Jahre alte Dreher Josef Tomschik, der in der Westbahnwerkstätte arbeitete. Was 1893 scheinbar von selber entstand, war die Frucht jahrelanger, mühseliger und nicht ungefährlicher Vorbereitungsarbeit. Von Rudolf Müller wissen wir, daß er Mitglied des Arbeiterbildungsvereins Landstraße war, Josef Tomschik gehörte dem Arbeiterbildungsverein Rudolfsheim an. Er und einige andere versuchten schon 1888 (also in einer Zeit, in der noch der Ausnahmezustand herrschte), Kollegen von der Westbahnwerkstätte zum Arbeiterbildungsverein zu bringen. Das Interesse der Werkstättenarbeiter rief er durch die sozialdemokratische Wochenzeitschrift »Gleichheit« wach, die von ihm geschriebene Artikel über die Zustände in ihrer Arbeitsstätte brachte.

Natürlich erzählte er ihnen nicht, daß er der Autor dieser Berichte war, denn das hätte ihn jedenfalls den Arbeitsplatz gekostet, ganz abgesehen von anderen Folgen, die das für ihn hätte haben können.

Nein, der Autoreneitelkeit konnten Arbeiter, die an einer proletarischen Schrift mitarbeiteten oder ihr Informationen gaben, nicht frönen. Ganz im Gegenteil — sie mußten froh sein, daß niemand wußte, daß sie mit einem solch aufrührerischen Artikel etwas zu tun gehabt hatten. Und als aufrührerisch galt auch eine Schilderung, welche die bestehenden Arbeitsverhältnisse so darstellte, wie sie waren. So trocken konnte eine derartige Darstellung gar nicht sein, daß sie nicht zur vernichtenden Anklage und zum Aufruf zur Tat wurde. Das lag ganz allein am Gegenstand, an der Situation, in der sich die Arbeiterschaft damals befand. Tomschik mußte sich mit der bescheidenen Rolle des Kolporteurs begnügen.

Der Kolporteur hat in der jungen Arbeiterbewegung eine ganz entscheidende Rolle gespielt. Er hatte die Zeitungen und Broschüren, die für die Arbeiter geschrieben wurden, an den Mann zu bringen. Der feste Kern ständiger Abnehmer, der sich da bildete, wurde zum Kern der Mitgliedschaft der Arbeitervereine. Der Kolporteur war der Vorläufer des Mitgliedsbeiträge kassierenden Vertrauensmannes unserer Tage. Aus der Kolportage entstand das für Österreichs Arbeiterbewegung typisch gewordene Organisationssystem.

In den achtziger Jahren und auch noch später war nicht alles gesetzlich gedeckt, was ein Kolporteur trieb. Denn er wußte, daß die beschlagnehmende Behörde für seine Ware die beste Propaganda machte. Deshalb holten sich die Kolporteure ihre Exemplare so früh wie möglich aus der Druckerei. Wurde eine Nummer der »Gleichheit« konfisziert — und das geschah nicht selten —, so war sie doppelt begehrt. Selbstverständlich mußte der Kolporteur beim Vertrieb mit entsprechender Vorsicht vorgehen. Tomschik wußte, daß er sich eben nicht erwischen lassen durfte, weder als Artikel-schreiber noch als Kolporteur.

Vom Kolporteur entwickelte sich Tomschik zum Organisator von Versammlungen. Aktive Mitglieder der Arbeiterbildungsvereine kannten sich im Vereinsrecht aus und wußten, daß sie die gesetzliche Möglichkeit hatten, für geladene Teilnehmer Versammlungen zu veranstalten. Diese nach § 2 des Vereinsgesetzes organisierten Veranstaltungen hatten einen Nachteil, den aber ein geschickter Agitator in einen Vorteil verwandeln konnte. Bei ihnen durften nur geladene Teilnehmer anwesend sein, was einerseits die Agitation für sie behinderte, aber anderseits die Möglichkeit gab, unter sich zu bleiben. Zur Organisierung einer Werkstättenversammlung, in der man keine Außenstehenden, vor allem keine Vorgesetzten oder unsichere Kantonisten als Zuhörer haben wollte, war die §-2-Versammlung also vorzüglich geeignet.

In diesen Versammlungen wurde auf der Westbahn die Grundlage für einen Werkstättenverein gelegt, dem bei anderen Bahnen gleichartige Organisationen nachfolgten. Wie Tomschik später berichtete, blieben diese Vereine deshalb streng voneinander getrennt, weil man hoffte, daß bei einer Auflösung, mit der man ja damals immer rechnen mußte, nicht das ganze Organisationsnetz auf einmal verlorengehen werde. Das war eine trügerische Hoffnung, wie sich 1897 herausstellte, als alle gewerkschaftlichen Eisenbahnervereine auf einmal von der Regierung unterdrückt wurden.

Vergleichen wir die beiden Organisationstypen, den von Rudolf Müller gegründeten Verein der Verkehrsbediensteten und die Werkstättenvereine Tomschiks, so finden wir hier die beiden Urformen der Arbeiterbewegung: die umfassende, vor allem ideologisch ausgerichtete Organisation und den bescheidenen, vor allem mit den Alltagsbedürfnissen der Arbeiter befaßten Verein. Beiden drohten Gefahren, entweder das Sich-Verlieren in utopischen Wolkenkuckucksheimen und Revolutionsromantik oder das Erstarren im kleinlichen Alltagsgetriebe, in dem die Idee nur im Pathos von Reden bei Feiern zum Vorschein kommt. Nur wo beide Organisationsformen schließlich zusammengefaßt werden, kann die Bewegung diesen beiden Gefahren entgehen.

Die Werkstättenvereine wurden 1897 behördlich aufgelöst, ihren Organisator Tomschik hat das in den damaligen Zeiten übliche Schicksal proletarischer Vertrauensleute vier Jahre früher erreicht. Er wurde 1893 wegen einer Rede gemaßregelt. Nun stand er der Organisation den ganzen Tag zur Verfügung, und die gab ihm dafür einen kleinen Wochenlohn. Dafür mußte er aber neben der Organisationsarbeit auch die Zeitschrift der Werkstättenarbeiter (sie hieß »Eisenbahn-Zeitung«) redigieren.

Es gab also nun zwei Gewerkschaftsorganisationen der Eisenbahner und zwei Fachblätter — eine Verschwendung von ohnedies kärglichen Mitteln, und außerdem mußte dieser Zustand zu Streitigkeiten führen.

Es spricht für den gesunden Sinn der österreichischen Eisenbahner, daß es schon 1894 zu einer einheitlichen Organisation, zu einem »Verband« kam. Tomschik wurde dessen Zentralsekretär und Redakteur des »Eisenbahner«; die »Eisenbahn-Zeitung« wurde eingestellt. Es ist vor und bei dieser Verschmelzung zu Auseinandersetzungen zwischen den beiden Pionieren Müller und Tomschik gekommen, bei denen sich der härtere Tomschik als der Stärkere erwies.

Nach der Durchsetzung des gleichen, allgemeinen und direkten Wahlrechts, an der die Eisenbahner einen nicht zu unterschätzenden Anteil hatten, konnten jedoch Müller und Tomschik gemeinsam im Parlament die Forderungen der Eisenbahner vertreten. Josef Tomschik hat seine Funktion als Zentralsekretär der Eisenbahnergewerkschaft bis zur Reichsdelegiertenkonferenz vom 13. Dezember 1930 ausgeübt, bei der er von Berthold König abgelöst und zum Ehrenmitglied der Organisation gewählt wurde.

Engelbert Pernerstorfer, national und liberal

Er war eine schwierige Natur, dieser Jugendfreund Victor Adlers, der sich sein Leben lang als »deutscher Mann« bekannte und als Sozialdemokrat starb. Heutzutage gibt es Leute seiner Art bei uns nicht mehr. Denn selbst jenen, die ihr »Deutschtum« fortschrittlich und liberal auffassen, fehlt ein Charakterzug, der für Engelbert Pernerstorfer kennzeichnend war: Sein Verständnis für den Arbeiter, seine enge Beziehung zur sozialen Frage. Die hat ihn ja auch schließlich in die Sozialdemokratie gebracht und in die Redaktion der »Arbeiter-Zeitung«.

Pernerstorfer kam am 27. April 1850 in Wien als Sohn eines Schneidermeisters zur Welt. Als er vier Jahre alt war, verlor er den Vater; die zurückbleibende Mutter geriet mit ihren beiden Kindern in bittere Not. Daß Engelbert trotzdem in eine Mittelschule gehen durfte, dünkt uns ein Wunder.

Im Schottengymnasium entstand die lebenslange Freundschaft zwischen Engelbert Pernerstorfer und Victor Adler. Als Pernerstorfer 1870 die Matura ablegte, schuf Preußen durch seinen Sieg über Frankreich die Voraussetzung für den Zusammenschluß der Deutschen in einem Nationalstaat. Ein Ziel, das 1848 auf revolutionärem Weg nicht erreicht werden konnte, kam nun auf einem anderen Weg in Sichtweite.

In Österreich regierten zu dieser Zeit Liberale; es gab unter den liberalen Ministern auch Kämpfer aus dem Jahr 1848. Die Revolution von 1848 war gesamtdeutsch, an den Ideen der großen Französischen Revolution orientiert, aufklärerisch und antikleral gewesen. Das alles gab es in der Ideologie des österreichischen Liberalismus auch. Doch auf eine Frage, die sich immer gebieterischer in den Vordergrund drängte, hatte der Liberalismus keine Antwort. Er übersah die soziale, die Arbeiterfrage, die infolge der Entwicklung der Industrie und der Entstehung eines modernen Proletariats immer mehr in den Vordergrund trat.

In Opposition zu diesem Liberalismus entstand 1879 der deutschnationale Verein, den sein Obmann Engelbert Pernerstorfer durch ein nationales, demokratisches und soziales Programm zu einer deutschen Volkspartei machen wollte. Dies stieß auf den Widerstand des Kleinbürgertums, das sich um Karl Lueger im christlichsozialen Lager sammelte und dessen Ideale ausgesprochen klerikal und reaktionär waren, weil ihm mittelalterliche Zustände als vorbildlich vorschwebten. Es gab aber auch noch andere Gründe, die den Versuch Pernerstorfers zum Scheitern brachten. Einer davon war eine bestimmte Spielart des Antisemitismus. Die Christlichsozialen frönten dem religiösen Antisemitismus, der deutschnationale Ritter von Schönerer dem Rassen-Antisemitismus. Für Pernerstorfer, der auch vom Antisemitismus nicht frei war, war aber jeder, der »sich dem deutschen Volk zugehörig fühlte«, ein Deutscher.

Als der Arier-Paragraph die Juden aus einem deutschnationalen Verein nach dem anderen drängte, zögerte Pernerstorfer noch. Im Sommer 1883 trennte er sich aber endgültig vom deutschnationalen Verein, den er gegründet und als Obmann geführt hatte. Er gründete nun den Deutschen Schulverein und schlug sich mit Schönerer publizistisch herum. Schließlich gelang es ihm, als Abgeordneter in das damalige Kurienparlament gewählt zu werden. Er vertrat Wiener Neustadt, Neunkirchen, Pottendorf und Ebenfurth. Im Parlament trat er dem gemäßigten »Deutschen Klub« bei, der die Schönerianer bekämpfte. Doch auch diese Gruppe konnte Pernerstorfer nicht zufriedenstellen, weil sie die soziale Frage, die für ihn langsam wichtiger geworden war als die nationale, nicht genügend beachtete.

Zum endgültigen Bruch kam es 1891. Da es damals unter den Mitgliedern des Parlaments keinen einzigen Sozialdemokraten gab, wurde der Freund Victor Adlers zum Sprecher des sich langsam wieder sammelnden Proletariats, das durch die Spaltung so sehr geschwächt worden war.

Jahrelang bevor es der jungen Sozialdemokratie möglich war, Kandidaten bei Parlamentswahlen durchzubringen, war Pernerstorfer ihr inoffizieller parlamentarischer Vertreter. Gedruckte Parlamentsreden des Abgeordneten Pernerstorfer dienten der Sozialdemokratie während des Ausnahmezustandes als Propagandaschriften. Außerdem berief er auch für sie Versammlungen ein; hätte es ein anderer getan, so wären diese Kundgebungen von der Polizei verboten worden. 1896, nachdem er ihr schon lange gedient hatte, trat er schließlich der Sozialdemokratischen Partei offiziell bei.

Ein Jahr später erlitt die Sozialdemokratie bei den Wahlen eine schmerzliche Niederlage. Die Christlichsozialen schnitten bei diesem Urnengang gut ab, und Pernerstorfer verlor seinen Parlamentssitz. Er hatte trotzdem genügend Gelegenheit zur Betätigung: Sowohl als Vortragender wie auch als Mitarbeiter am Kulturteil der »Arbeiter-Zeitung« wurde er hoch geschätzt.

1901 konnte Pernerstorfer sein Parlamentsmandat zurückerobern. Nach den ersten Wahlen, die 1907 auf der Grundlage des nach langem Kampf von der Sozialdemokratie durchgesetzten allgemeinen, gleichen und direkten Wahlrechts durchgeführt wurden, wählten ihn die 84 Mitglieder des sozialdemokratischen Klubs zu ihrem Obmann und entsandten ihn in das Parlamentspräsidium. Er war der erste Sozialdemokrat, der im Hohen Haus die Funktion eines Vizepräsidenten bekleidete.

Obwohl Pernerstorfer in der Sozialdemokratischen Partei zu so wichtigen Führungspositionen aufgestiegen war, hat er seine ursprünglichen Auffassungen beibehalten. Wohl trat er 1911 aus dem »Deutschen Schulverein« aus, nicht, weil er dazu genötigt wurde, sondern einfach deshalb, weil der Ton, der dort eingerissen war, nicht mit den Überzeugungen Pernerstorfers zu vereinbaren war.

Es ist selbstverständlich, daß es zwischen ihm und Sozialdemokraten, die anderer Meinung waren als er, Auseinandersetzungen gab. Er hat nie vorgegeben, ein Marxist zu sein, seine Philosophie, seine Weltanschauung wichen von der seiner marxistischen Genossen wesentlich ab. Ja, man warf ihm vor, daß seine nationale Einstellung zum proletarischen Internationalismus nicht passe. Das hat er bestritten. Bei einer Schiller-Feier im Jahr 1905 machte er klar, wie er über diese Frage dachte, indem er sagte: »Nichts aber bringt die Nationen einander näher als das ernste Streben, fremdes nationales Geistesleben eindringlich zu erfassen.« Das ist ein Satz, den wir heute, da das Bekenntnis zur österreichischen Nation für österreichische Demokraten eine Selbstverständlichkeit geworden ist, besser verstehen, als es seinerzeit den Menschen möglich war. Denn damals fühlte sich der klassenbewußte Sozialdemokrat als Internationalist, dem jede Form des Nationalismus fremd war. Diese Verdrängung des Nationalbewußtseins, die bis zur Verständnislosigkeit auch für berechtigte nationale Forderungen ging, nannte Otto Bauer den naiven Kosmopolitismus des Proletariats.

Woher dies kam, wußte Pernerstorfer nur allzu gut, wenn er den bürgerlichen Nationalisten vorhielt: »Von all dem, was uns das Volkstum lieb macht, haben alle die Millionen, welche sich mühsam das Leben erarbeiten müssen, nichts. Und da werden sie diesen Menschen vorwerfen wollen, daß sie eine nationale Gesinnung nicht haben!« Was trotz allen Gegensatzes Engelbert Pernerstorfer bis zu seinem Tod während des Ersten Weltkriegs mit der Sozialdemokratie verband, war eben dies, daß in seinem Wesen das Sozialgefühl stärker geworden war als selbst sein stark entwickeltes Nationalgefühl.

Franz Schuhmeier,
Volkstribun aus Ottakring

Am 11. Feber 1913 krachten um 10.45 Uhr nachts in der Ankunftshalle des Wiener Nordwestbahnhofes Revolverschüsse. Es war eines der sinnlosesten Attentate, die es je gab. Der Wirrkopf Paul Kunschak, ein Bruder des bekannten christlichsozialen Politikers Leopold Kunschak, hatte einen der volkstümlichsten Arbeiterführer Österreichs, Franz Schuhmeier, erschossen. Da Schuhmeier Sozialdemokrat, Paul Kunschak ein Angehöriger der stark vom Antisemitismus geprägten sogenannten christlichen Arbeiterbewegung war, kann man diese Mordtat auch als einen Ausdruck des damals abgrundtiefen Gegensatzes zwischen den beiden Bewegungen ansehen.

Welch ein Mann da durch eine Mörderkugel dahingerafft wurde, wie eng er mit den Arbeitern von Wien verbunden war, zeigte sich an dem 16. Feber, an dem Schuhmeier zu Grab getragen wurde. Dieses Leichenbegängnis wurde zu einer der größten Massendemonstrationen, die Wien je sah.

Wer wissen wollte, wenn er es noch nicht wußte, auf welcher Seite die Massen der Wiener standen, auf der Seite der christlichsozialen Beherrscher des Rathauses, die sich dort nur durch ein ungerechtes Kurienwahlrecht halten konnten, oder auf der Seite der Opposition, die der Mann, der da vorübergetragen wurde, im Gemeinderat so hervorragend vertreten hatte, konnte es bei diesem Gang zu einem Grab erfahren. Wien war sozialdemokratisch, und einer von denen, die unendlich viel dazu beigetragen hatten, es dazu zu machen, war der zum Märtyrer gewordene Franz Schuhmeier.

Er war ein Arbeiterkind, er kam aus dem ärmsten Proletariat. Als er am 11. Oktober 1864 als Sohn eines Bandmachers und einer Wäscherin geboren wurde, machte sich die internationale Arbeiterbewegung zwar schon deutlich bemerkbar, von dem aber, was sie später an Rechten und Erleichterungen erkämpfen sollte, gab es erst Ansätze. Obwohl er in der Volksschule gut lernte, konnte Schuhmeier weder eine höhere Schule noch eine Lehre besuchen. Für ihn gab es nur einen Hilfsarbeiterposten in Gumpendorf. Solches Unrecht mußte den jungen Menschen rebellisch machen, und so kamen die Kollegen in der Buntpapierfabrik Goppold & Schmidl, die den aufgeweckten neuen Kollegen zum erstenmal mit sozialistischen Parolen und Forderungen bekannt machten, genau an den Richtigen. Er verlangte nach mehr Bildung, mehr Aufklärung. Es war ja eine bildungsbeflissene Zeit, in der er lebte; Aufklärung war ein Wort, das mit Ehrfurcht ausgesprochen wurde. Zwei Jahrzehnte später hat er dann in einem geradezu klassischen Satz die Anklage gegen das Bildungsprivileg formuliert, das neben anderem Unrecht die Arbeiter so besonders schwer traf. Bei der Eröffnung einer Kinderbibliothek in Ottakring sagte er: »Das Wissen der Besitzenden imponiert mir nicht: Es bedeutet nichts gegenüber dem Wissen, das sich der Arbeiter unter harter Mühe aus eigener Kraft erwirbt. Wie viele Talente verkümmern, wie viele edle Anlagen verwahrlosen, weil die Armut sie erdrückt.«

1886 heiratete er eine Arbeitskollegin, und im selben Jahr wurde er auch zum Obmann des von Arbeitern gegründeten Rauchklubs »Apollo« gewählt. Welch ein seltsamer Rauchklub das war, geht daraus hervor, daß sein Obmann knapp vor Weihnachten 1888 wegen Übertretung des Vereinsgesetzes in den Arrest wandern mußte und so nicht zum Hainfelder Parteitag kommen konnte, zu dem er als einer der Vertreter der »Gemäßigten« delegiert war. Es war wohl kein Zufall, daß der Arbeiterbildungsverein in Neulerchenfeld, den Schuhmeier ein Jahr später gründete, auch »Apollo« genannt wurde. Man brauchte sich nicht mehr hinter Rauchschwaden zu verstecken, wenn man über die Lage der Arbeiterklasse in Österreich miteinander reden wollte.

Im Jahr 1891 ging der als Versammlungsredner schon sehr bekannte und beliebte Schuhmeier ganz in die Politik. Als im selben Jahr die Landesorganisation Niederösterreich, zu der damals ja auch Wien gehörte, ein eigenes Blatt gründete, wurde Schuhmeier dessen Administrator und später dessen Chefredakteur. Er hat aus der »Volkstribüne« ein überaus populäres, echt wienerisches Arbeiterblatt gemacht. 1896 wählte der Prager Parteitag den populären Ottakringer in die Parteivertretung, zeitweise leitete er auch das Parteisekretariat.

Selbstverständlich steht Schuhmeier im großen, jahrelang dauernden Kampf um das allgemeine, gleiche und direkte Wahlrecht in der ersten Reihe. Im Jahre 1900 zieht er gemeinsam mit Jakob Reumann, dem späteren ersten sozialdemokratischen Wiener Bürgermeister, in das Wiener Rathaus ein; ein Jahr später erobert er auch noch ein Reichsratsmandat dazu.

Im Gemeinderatssaal war Schuhmeier so richtig in seinem Element. Der christlichsoziale Wiener Bürgermeister Karl Lueger, ein blendender Redner und überaus geschickter Demagoge, überragte seine Parteifreunde um mehr als Haupteslänge. In dem gescheiten, politisch wohlbeschlagenen und mit einem glänzenden Rednertalent ausgestatteten Schuhmeier fand er einen ebenbürtigen Widerpart. Die beiden Gegner verfügten auch noch über Witz und Schlagfertigkeit, und so wurde es mit dem Einzug Schuhmeiers in den Sitzungssaal des Gemeinderates dort lebendig. Die Rededuelle zwischen Lueger und Schuhmeier machen die Lektüre mancher Sitzungsprotokolle des Gemeinderates aus dieser Zeit auch heute noch für den Kenner der damaligen Verhältnisse zum Vergnügen.

Dabei war so vieles, was Schuhmeier zu sagen hatte, tief-ernst. So, wenn er über das unsägliche Wohnungselend, eine wahre Schande für die Haupt- und Residenzstadt eines gro-ßen Reiches, zu sprechen hatte. In seinen Reden wurden auch schon die Linien späterer sozialdemokratischer Gemeinde-politik sichtbar. Er verlangte damals schon städtischen Woh-nungsbau, Schulbäder und Schulärzte. Im Reichsrat war Schuhmeier vor allem ein Kämpfer gegen den Militarismus und gegen die Kriegshetze. Er erreichte die staatliche Un-terstützung der Familien von Reservisten, die bei Waffen-übungen oder Mobilisierungen einrücken mußten. Für die Bergarbeiter setzte er die Verkürzung ihrer täglichen Ar-beitszeit von zehn auf neun Stunden durch.

Ein besonderes Anliegen von Schuhmeier aber war die Alters- und Invalidenversicherung. Jahrzehnte, bevor sie Wirklichkeit wurde, in den Zeiten der Monarchie, bezeich-nete er sie als »längst fällig«.

Vieles von dem, was Schuhmeier verlangt hat, ist heute eine Selbstverständlichkeit. Wir haben den kommunalen Wohnbau, und wir haben die Pensionsversicherung. Doch der Menschheitsfriede, für den er sich zeitlebens eingesetzt hat, ist noch immer nicht errungen. So soll denn an den Schluß dieses Kapitels eine Stelle aus einer Rede gesetzt werden, die der Volkstribun von Ottakring 1912 in Wien hielt.

»Diejenigen, die zum Krieg hetzen, verfolgen Sonder-interessen. Entweder wollen sie billigen Lorbeer erringen oder schamlosen Profit. Wenn der Mord bestraft wird mit dem Tode, was für eine Strafe verdienen dann die, die zu den Urhebern eines Massenmordes werden?«

Und der Mann, der so eindringlich vor dem Unglück eines völkerrechtlich gutgeheißenen Massenmordes zu warnen wußte, mußte durch die Hand eines wirrköpfigen Mörders sterben.

Albert Sever,
ein Wiener Volkstribun aus Zagreb

So buntgemischt wie die Völkerschaften der großen österreichisch-ungarischen Monarchie es waren, ist auch die Herkunft der Wiener Bevölkerung, besonders aber der Arbeiterschaft der Bundeshauptstadt. Deshalb ist es nicht überraschend, wenn man in der Geschichte unserer Arbeiterbewegung einen führenden Vertrauensmann trifft, der alle
die besten Qualitäten des Wiener Arbeiters in sich vereinigte, dessen Wiege aber nicht in einem der Wiener Prole-
tarierbezirke, sondern vielmehr in jenem Lande stand, aus
dem heute so viele der scheel angesehenen Gastarbeiter
kommen. So einer ist der Albert Sever gewesen, der zu
denen gehörte, die den Grundstein zu dem vielbewunderten
Wiener Organisationssystem legten, und der als Volkstribun und Nachfolger eines Wiener Volkstribuns in der Erinnerung weiterlebt.

Vom Großvater väterlicherseits her stammte Albert Sever
von Kroaten ab, die Mutter, die ihm am 24. September 1867

in Zagreb das Leben gab, war ostpreußischer Herkunft. Nachdem der Vater relativ jung gestorben war, wandte sich die Mutter nach Wien. Als dann die Zeit kam, in der der junge Albert einen Beruf finden mußte, wurde er Fleischhauerlehrling in Ottakring. Wie Hubert Pfoch in »Werk und Widerhall« (Wiener Volksbuchhandlung 1964) erzählt, wollte die Mutter nicht, daß er als Gehilfe das nicht sehr geachtete Gewerbe des »Pepihackers« (wie der Volksmund die Pferdefleischhauer nannte) ausübte, und so wurde Sever Hausknecht in einer Buntpapierfabrik. Dort fand die schicksalhafte Begegnung mit Franz Schuhmeier statt, die über den weiteren Lebensweg des jungen Menschen entschied. Schuhmeier lud ihn in den von ihm gegründeten Rauchklub »Apollo« ein, in dem nicht nur die Pfeifen, sondern auch die Köpfe rauchten. In den heftigen Auseinandersetzungen zwischen »Gemäßigten« und »Radikalen« wurde Sever jedenfalls ein aufrechter Sozialdemokrat.

Franz Schuhmeier gelang es schon im Jahre 1900 — trotz des Kurienwahlrechts —, ein Gemeinderatsmandat und ein Jahr später ein Reichsrats- und ein Parlamentsmandat zu erringen. Er hatte sich in der Wochenzeitung »Die Volkstribüne« eine äußerst wirksame publizistische Waffe geschmiedet. Der Vertrieb dieser Zeitung hat bei der Entwicklung des Wiener Organisationssystems eine entscheidende Rolle gespielt. Zuerst wurde im Wahlkreis V, der aus den Wiener Bezirken 16 bis 19 bestand, zusammen mit dem Preis des Blattes ein Wahlfondsbeitrag eingehoben. Aus diesem wurde dann der Mitgliedsbeitrag für die Partei.

Die Kolporteure, die wöchentlich die Abonnenten besuchten, bildeten einen festen Stock von Inkassanten und Vertrauensmännern. Als dann Sever ein System in diese Methode brachte, indem er die Vertrauensleute und Mitglieder nach Wahlsprengeln und Sektionen zusammenfaßte, war die Grundlage für das eindrucksvolle Wiener Organisationsgebäude entstanden. Kein Organisationsfachmann hat es auf dem Reißbrett mit Zirkel und Lineal entworfen, es erwuchs im wahrsten Sinne des Wortes aus der Praxis. Natürlich nicht automatisch: es mußte einer erkennen, welche Möglichkeit sich hier für die Arbeiterbewegung ergab. Und zu dieser Erkenntnis mußten unermüdlicher Fleiß und die

Gabe der Menschenführung kommen. Denn hier wurde kein Gebäude aus Stein und Ziegeln, sondern aus Menschen, Proletariern, gebaut. Albert Sever hatte, was dazu gehörte, und so ist ihm das vorbildliche Werk gelungen.

Im Jahr 1911 war es dann soweit, daß der vertraute Freund Schuhmeiers das Ottakringer Reichsratsmandat erhielt. Das Wahlergebnis zeugte sowohl für die Stärke, welche die Sozialdemokratie damals erreicht hatte, wie für die Beliebtheit Severs. Er wurde mit einer Zweidrittelmehrheit gewählt.

Am 11. Feber 1913 verlor die österreichische Sozialdemokratie einen ihrer hervorragendsten und beliebtesten Vertrauensmänner und Sever einen Freund, Weggefährten und Lehrer, mit dem er von seinem ersten Kontakt mit der Arbeiterbewegung an verbunden gewesen war, als Paul Kunschak, der verwirrte, geistesarme Bruder des christlichsozialen Politikers Leopold Kunschak, Schuhmeier erschoß.

Der Nachfolger des Dahingegangenen wurde Albert Sever; die Ottakringer wählten ihn zum Obmann ihrer Bezirksorganisation.

Auf den ersten Ottakringer Vertrauensmann warteten aber weitaus schwerere Aufgaben als die Führung einer noch so großen Bezirksorganisation. Sie kamen mit dem Ende des Ersten Weltkrieges und der Errichtung der Republik. Drei ehemalige Arbeiter, die Abgeordneten Oskar Helmer, Albert Sever und August Forstner, wurden damit betraut, in das Chaos, das nach dem Ende des großen Ringens im Kriegshafen Pola ausgebrochen war, Ordnung zu bringen und zu verhindern, daß 22.000 Soldaten und Offiziere nach dem Ende des Krieges noch in Gefangenschaft gerieten. Es gelang den dreien, den Männern die unverzügliche Heimkehr zu ermöglichen.

Bei den ersten Wahlen in den niederösterreichischen Landtag nach dem Krieg, die am 4. Mai 1919 stattfanden, erhielten die Sozialdemokraten die Mehrheit. Es muß allerdings daran erinnert werden, daß damals Wien noch zu Niederösterreich gehörte und bei dem Urnengang den Ausschlag gab. So ist es gekommen, daß der erste Landeshauptmann von Niederösterreich in der Republik Albert Sever hieß. In seiner Amtszeit hat es der sozialdemokratische Landeshauptmann zahlreichen geschiedenen Katholiken durch eine von ihm erteilte Dispens ermöglicht, wieder zu heiraten. Die »Sever-Ehen« haben Tausende »wilde« Ehen in reguläre verwandelt, sie haben Sever aber auch den Ausschluß aus der Kirche gebracht und den Haß der Klerikalen gegen die Sozialdemokratie angefacht. Nach der Trennung Wiens von Niederösterreich kehrte Sever ins Parlament zurück, wo er mit Geschick und Energie seines Amtes als »Einpeitscher« waltete.

Und wieder erhielt er eine Aufgabe, die jenseits der Routine der parlamentarischen Tätigkeit lag. Nachdem der ehemalige Kaiser Karl im Oktober 1921 vergeblich versucht hatte, in Budapest wieder auf den Thron zu gelangen, sollte er aus Ungarn durch Österreich in die Schweiz reisen. Keine leichte Sache, die Menschen, die eine Restauration fürchteten, waren leidenschaftlich erregt, Zwischenfälle nicht ausgeschlossen. In dieser Lage wurde Sever damit beauftragt, den Mann durch das Land zu schleusen.

Es gelang trotz Demonstrationen und Versuchen, den Exkaiser aus dem Zug zu holen. Wenige unerschrockene Männer, die über echte Autorität verfügten, konnten so Schlimmes verhindern.

Albert Sever sind seine Verdienste schlecht gelohnt worden. Als die Reaktion im Jahre 1934 zum vernichtenden Schlag gegen die Demokratie und die Arbeiterbewegung ausholte, traf sie den alten Arbeitervertrauensmann doppelt schwer. Nicht nur sah er plötzlich sein Lebenswerk in Scherben fallen, er verlor gleichzeitig die Gefährtin seines Lebens. Während der Kämpfe wurde das Ottakringer Arbeiterheim, in dem Sever wohnte, mit Kanonen beschossen. Ida Sever, die Frau Alberts, wurde tödlich verwundet.

Sever, der nach den Kämpfen in Haft gehalten wurde, hat den doppelten Zusammenbruch nie mehr überwunden. Täglich ging er zum Grab seiner Frau auf dem Ottakringer Friedhof, auf dem Weg immer von allen alten Freunden respektvoll gegrüßt.

Es war ihm nicht beschieden, die Auferstehung der Republik und der sozialistischen Bewegung mitzuerleben. Er ist mitten in der Nacht, die der Faschismus über Europa gebreitet hat, im Jahre 1942 dahingegangen.

Johann Pölzer,
ein Keuschlerbub aus Mähren

Die Reichshaupt- und Residenzstadt Wien war in der Zeit der Monarchie wahrhaftig ein Schmelztiegel, in dem Leute aus allen Teilen des Riesenreiches zu Großstädtern wurden. Von Albert Sever, dem langjährigen ersten Vertrauensmann der Ottakringer, haben wir bereits erzählt, daß er ein geborener Zagreber von kroatisch-ostpreußischer Herkunft war. Sein Favoritner Gegenstück, der Gründer der sozialdemokratischen Bezirksorganisation in diesem Wiener Arbeiterbezirk, kam vom Norden, aus Alt-Petrain bei Znaim, wo er am 21. April 1872 in eine Keuschlerfamilie hineingeboren wurde. Wie das bei den Armen auf dem flachen Land so üblich war, mußte der kleine Schani schon mit sechs Jahren sein Brot verdienen — als Hüterbub bei einem bessergestellten Bauern. Doch er sollte nicht einfach ein Bauernknecht werden, seine Eltern wollten etwas Besseres für ihn, und so schickten sie den aufgeweckten Vierzehnjährigen nach Wien zu einem christlichsozialen Schneidermeister in die Lehre.

Wahrscheinlich hätte der Meister den Buben gerne nicht nur zu einem Schneider, sondern auch zu einem Anhänger Luegers gemacht. Warum das mißlang, wissen wir nicht so genau, möglicherweise hatte die Behandlung der Lehrbuben durch den Lehrherrn damit etwas zu tun. Wie immer das war, es gelang Johann Smitka, dem Pionier des Gewerkschaftsgedankens unter den Wiener Schneidergesellen, den jungen Pölzer für sozialdemokratische Zusammenkünfte zu interessieren. Da der Arbeiterbewegung damals durch den Ausnahmezustand Beschränkungen auferlegt waren, wurden diese Versammlungen als Bildungsveranstaltungen organisiert. Bei solchen Bildungsvorträgen in dem Ottakringer Wirtshaus »Brezn« hörte Pölzer auch Franz Schuhmeier reden. Der Eindruck, den dieser auf ihn machte, war entscheidend: Die Sozialdemokratie hatte einen neuen begeisterten Anhänger gewonnen.

Nachdem er nach Favoriten übersiedelt war, folgte Pölzer dem Beispiel seines Vorbildes Schuhmeier, er wurde auch zum Agitator und Organisator. Seine erste Tat als Organisator war die Veranstaltung eines Kurses in einem Kellerlokal in der Alxingergasse.

Eine der Teilnehmerinnen an diesem Lehrgang war die junge Weißnäherin Amalie Baron. Sie und Pölzer fanden aneinander Gefallen, sechs Jahre später, 1898, fand die Eheschließung statt. Die junge Frau kam aus einer Familie, die schon seit langem sozialdemokratisch war. Denn der Großvater von Amalie hatte mit Victor Adler Verbindung. Er ist einer von den beiden Ziegelarbeitern gewesen, die den jungen Arzt zu den Ziegelarbeitern gebracht haben. Die Gemeinsamkeit der Anschauungen führte bei den Pölzers zu einer jener seltenen Ehegemeinschaften, die gleichzeitig eine Kampf- und Arbeitsgemeinschaft sind.

Amalie Pölzer wurde in der Folge ebenso bekannt wie ihr Gemahl. Sie gehörte zu den außerordentlichen Frauengestalten ihrer Generation. In der Ersten Republik hat ihr die Wiener Gemeindeverwaltung ein Denkmal gesetzt, indem sie den für die Zeit seiner Errichtung vorbildlichen Bau des Hallenbades in Favoriten nach ihr benannte. Das Amalienbad wurde nach seiner Errichtung zum Streitobjekt zwischen der sozialdemokratischen Gemeindeverwaltung und der christlichsozialen Opposition im Wiener Rathaus. Nicht, weil etwas an ihm zu bemängeln war, sondern weil es nach der Meinung der Christlichsozialen für den Arbeiterbezirk Favoriten zu nobel, zu gut war. Damals trug Alois Wagner, als Wiener Sumper kostümiert, im politischen Kabarett der sozialistischen Mittelschüler ein Couplet vor mit dem Refrain: »Was braucht denn a Prolet a Bad, a Bad?« Gemessen an dem, was den Arbeitern Favoritens in der Zeit der christlichsozialen Gemeindeverwaltung an Wohnungen zugemutet wurde, war es wirklich eine luxuriöse Angelegenheit. In diese Ära der Zinskasernen und des Bettgeherwesens müssen wir zurück, wenn wir uns weiter mit dem Lebenslauf Pölzers beschäftigen wollen. Als dieser Schneidergeselle nach Favoriten kam, war er auch ein »Bettgeher« gewesen, das heißt ein Untermieter, der das einzige Zimmer der Wohnung einer Hauptmieterfamilie mit ihr teilen mußte.

Die Pölzers haben drei Kinder großgezogen, Alois, Johann und Amalia, die alle später in der Arbeiterbewegung wichtige Aufgaben übernahmen. Neben Bildungsveranstaltungen in der Alxingergasse waren in Favoriten damals kleine Gewerkschaftsgruppen die Träger sowohl der politischen wie der gewerkschaftlichen Arbeiterbewegung. 1894 entschlossen sich die Favoritner unter der Führung Pölzers, die politischen Bestrebungen in ihrem Wohngebiet in einer sozialdemokratischen Bezirksorganisation zu zentralisieren. Nachdem deren erster Obmann das mühselige Werk des Aufbaues drei Jahre später aufgegeben hatte, wurde Johann Pölzer der erste Vertrauensmann der Sozialdemokraten im Bezirk. Zu dieser Zeit hatte die Bezirksorganisation 383 Mitglieder und 20 Gulden Schulden. Ein Jahr später gab es schon rund 1500 Parteimitglieder und eine geordnete Parteikassa.

Natürlich gab es auch Rückschläge; so brachten die Wahlen von 1897, bei denen die österreichischen Arbeiter zum erstenmal — in der fünften Kurie — mitabstimmen konnten, eine schwere Schlappe. Die Favoritner Sozialdemokraten konzentrierten sich nun auf eine für sie gewaltige Aufgabe: Sie wollten ein Arbeiterheim bauen und mußten dafür in mühseligen Sammlungen Geld aufbringen. Ein Jahr nach der Jahrhundertwende konnten sie endlich wirklich zu bauen beginnen und ein weiteres Jahr später das Haus eröffnen.

Die Durchsetzung des allgemeinen Wahlrechtes durch die Arbeiterbewegung brachte es mit sich, daß Pölzer, der sich auf die organisatorische Tätigkeit im Bezirk konzentriert hatte, eine völlig neue Aufgabe erwuchs. Er zog 1908 als Abgeordneter in den Niederösterreichischen Landtag ein.

Nach dem Ersten Weltkrieg und dem Zusammenbruch der Monarchie kam Pölzer in den Nationalrat. Allerdings nicht in seinem Bezirk — die beiden Favoritner Mandate hatten Friedrich Adler und Anton Hölzl inne —, sondern im Viertel unter dem Manhartsberg wurde er gewählt.

Erst 1927, nachdem Friedrich Adler als Sekretär der Sozialistischen Internationale nach Zürich übersiedelt war, übernahm Pölzer eines der Favoritner Nationalratsmandate und mußte nun nicht mehr an jedem Wochenende hinaus nach Niederösterreich fahren, um seinen Wahlkreis zu betreuen. In Favoriten, wo ihn jedes Kind kannte, verschmolz das Mandat als Vertreter der Arbeiter des Bezirkes im Parlament mit seiner Funktion als Obmann zu einer Einheit. Drei Jahre bevor es soweit war, hatte er die Gefährtin seines Lebens verloren. Dieser schwere Schlag und die außerordentliche Arbeitsbelastung untergruben seine Gesundheit. Eines Tages war ein Herzleiden da. Das hatte zur Folge, daß er am 12. Feber 1934 auf der Herzstation lag; er wollte nach Hause, mußte aber aus seiner Wohnung im zehnten Bezirk wieder auf die Herzstation zurück, aus der ihn dann die Polizei holte und ins Inquisitenspital brachte. Von dort kam er wieder auf die Herzstation, wo er am 21. April 1934 verschied.

Karl Renner schrieb der Tochter Pölzers aus dem Wiener Landesgericht in einem Beileidbrief über Johann und Amalie Pölzer: »... das waren Sozialisten nicht nur in der Idee, sondern vor allem in der tätigen Praxis, im Dienste am konkreten Menschen; das war das nie erlöschende ›ewige Licht‹ im grauen Alltag, die immer gleiche menschliche Wärme in der Eiseskälte des versachlichten Daseins in der Arbeiterschaft.«

Karl Renner hat Johann und Amalie Pölzer Jahrzehnte vorher kennengelernt. Er war 1892 als Referent in die Alxingergasse gekommen. Der Kurs, den er dort begann, hat sieben Monate gedauert. Die Freundschaft zwischen ihm und dem Ehepaar Pölzer währte ein ganzes Leben lang.

Anton Afritsch,
Redakteur und Kinderfreund

Ursprünglich war der am 8. Dezember 1873 in Klagenfurt als der Sohn einer Fabriksarbeiterin zur Welt gekommene Anton Afritsch Tischler. Er hatte eine schwere Kindheit, denn um ihn kümmerte sich im wesentlichen nur eine überstrenge Großmutter, und eine ebenso traurige Jugend. Lehrjahre sind keine Herrenjahre, pflegte man dazumal eben achselzuckend zu sagen und es als geradezu natürlich zu empfinden, daß vierzehnjährige Proletarierkinder über ihre Kräfte arbeiten mußten und der Willkür grober und verständnisloser Erwachsener ausgeliefert waren.

Aus den Schilderungen, die wir von ihm haben, erwächst der Eindruck, daß dieser Afritsch eher ein weicher und sanfter Mensch gewesen ist, möglicherweise auch ein Sinnierer. Es muß aber auch Rebellentum in ihm gewesen sein, denn er fand zur Gewerkschaft und zur Sozialdemokratischen Partei und wurde als Gehilfenobmann Sprecher seiner Kollegen. Da dürfte er wohl von Zeit zu Zeit Berichte geschrieben haben — damals mußte ein Vertrauensmann der Arbeiter einfach alles erlernen und können, nicht nur das Reden, sondern auch das Schreiben — und so mit dem steirischen sozialdemokratischen Parteiblatt »Arbeiterwille« in Berührung gekommen sein. Aus dem Mitarbeiter wurde mit der Zeit ein Redakteur der Zeitung. Doch nicht in der Redaktionsstube, sondern zu Hause im Kreis seiner Familie wuchs er wie von selbst in seine historische Rolle des Gründers der liebenswürdigsten und populärsten Organisation hinein, die auf dem Boden der österreichischen Arbeiterbewegung entstand.

Zu Hause mußte er sich, als das vierte Kind ankam, so viel, als es ihm nur möglich war, um seine drei ersten kümmern, es waren Buben zwischen vier und sieben Jahren. In der schönen Jahreszeit hieß das hinaus auf die Wiese vor dem Haus, da störte das lebhafte Treiben weniger. Der ehemalige Tischler muß als Erzieher ein Naturtalent gewesen sein, denn die Nachbarskinder gingen ihm gerne zu und schlossen sich seinen Buben an. Und er ermutigte das, denn er fand instinktiv, daß die Gemeinschaft für die Entwicklung der Kleinen günstig war. Wohl hat dabei auch sein Mitgefühl mit dem ihm nur zu bekannten Schicksal der Arbeiterkinder eine Rolle gespielt. Doch hätte dieses Mitgefühl nicht gereicht, wenn es darauf ankam, die Horde zusammenzuhalten. Da Kinder für so etwas die besten Propagandisten sind, kamen immer mehr, und auch der eine und der andere Vater begann sich für das Treiben zu interessieren.

Nun aber mischte sich die Obrigkeit hinein, denn die Wiese gehörte der Gemeinde, die sie verpachten wollte. Drei Väter machten sich auf den Weg, um mit den Gemeindegewaltigen zu verhandeln. Wenn man will, kann man die Deputation der drei als die Keimzelle der späteren Organisation betrachten. Sie haben es übrigens durchgesetzt, daß die Wiese den Kindern blieb.

Im Winter gab es im Hause Afritsch Märchenabende, die besonders schön wurden, als dort eine Laterna magica auftauchte. Wer wohl heute, im Zeitalter des Fernsehens, noch versteht, was das damals für Kinder bedeutete?

Wenn man das so erzählt, wie es damals im Hause Afritsch

zugegangen ist, so erweckt man wohl den Eindruck einer vollkommenen Idylle. Ob es Frau Afritsch auch immer so empfunden hat, wenn es galt, nach einem Kindernachmittag die Wohnung wieder in Ordnung zu bringen? Vielleicht hat sie, als ihr Anton seinen großen Plan anvertraute, aus der Idylle zu einer großen Aktion vorzustoßen, seine kinderfreundlichen Bestrebungen weit über den Rahmen der eigenen Häuslichkeit wirken zu lassen, eine eigene proletarische Organisation zu diesem Zweck zu schaffen, eine gewisse Erleichterung empfunden? Denn sie muß doch wohl den Eindruck gehabt haben, daß ihnen die Sache als einzelnen allmählich über den Kopf wuchs. Jedenfalls bestärkte sie den Gatten in seinen hochfliegenden Plänen und gab ihm so jene moralische Unterstützung, die jeder braucht, der etwas Neues ins Leben zu rufen versucht. Auf Skeptiker und auch auf Spötter stößt er oft genug, auf Zustimmung und Ermunterung wohl seltener.

Afritsch hatte gute Gründe für seinen Versuch, denn sein häusliches Idyll war keineswegs von einer heilen Kinderwelt umgeben. Im Gegenteil, diese Welt war zum proletarischen Kind ebenso grausam wie zu seinen Eltern. Wohl gab es die schändliche Kinderausbeutung in der Industrie und dem Gewerbe nicht mehr, die im Frühkapitalismus üblich war. Aber die Armseligkeit des Proletarierdaseins machte auch das Leben des proletarischen Kindes armselig. Anton Tesarek hat uns einen Bericht von Anton Afritsch überliefert,[11] in dem dieser die Umstände aufzählt, die in ihm das Bewußtsein der Notwendigkeit einer Organisation, die sich um das proletarische Kind bemüht, immer stärker werden ließen: »Die Verhältnisse im Elternhaus, die Verhältnisse in der Schule, die grenzenlose Unwissenheit der Eltern, die trostlose Vernachlässigung der Kinder, die einem, wenn man einmal sehend geworden war, bei jeder Gelegenheit zum Bewußtsein kommen mußte, ... alle diese Dinge ließen die Idee bald greifbare Formen annehmen.«

Vor den Weihnachtsfeiertagen des Jahres 1907 war es soweit. Afritsch lud dreißig Freunde ein, von denen sieben kamen, um mit ihnen die Vereinsgründung zu beraten. Es

11 »Die Österreichischen Kinderfreunde 1908 bis 1958«, Verlag Jungbrunnen.

wurde beschlossen, siebzig Personen zu einer weiteren Vorbesprechung einzuladen. Diese fand vierzehn Tage später statt. Dreißig der Eingeladenen waren gekommen, und diese beschlossen nun, den Arbeiterverein »Kinderfreunde« zu schaffen.

Am 26. Feber 1908 wurde schließlich die formelle Gründungsversammlung durchgeführt, bei der die ersten sechzig Mitglieder dem neuen Verein beitraten.

Die Kinderfreunde wurden damals als Fürsorgeverein angesehen, und Fürsorge hatten die Kinder der Arbeiter wahrlich nötig. Doch die Männer und Frauen, die sich in den Dienst der guten Sache stellten, wollten mehr und anderes. Kämpfte und arbeitete die damals lebende Generation von Sozialisten doch darum, daß es den Heranwachsenden später einmal besser gehe, als es ihren Eltern ging. Und zu diesem besseren Ergehen gehörte doch nicht nur Materielles, gehörte Geistiges, gehörte eine Gesinnung. Man sagte es nicht laut, doch verstand es sich für die im Verein Tätigen von selbst, daß sie ihre Tätigkeit als Erziehungsarbeit auffaßten.

Die Grazer Idee blieb nicht auf die steirische Hauptstadt beschränkt; bald gab es in Wien und in vielen anderen Städten und Industrieorten Kinderfreundegruppen, die Wanderungen, Spieltage und Kinderbibliotheken organisierten. Und die besten Werber waren wieder überall die Kinder selber. »Komm zu uns«, sagte da ein Knirps zum anderen: »Du machst doch gern Ausflüge, wir machen welche« oder »Du liest doch gern, wir haben eine Bibliothek«.

Bis zum Sommer 1924 sah Anton Afritsch sein Werk wachsen, sah, wie es die furchtbaren Nöte des Ersten Weltkriegs überstand, sah, was ursprünglich ein kleiner Verein gewesen war, zu einer internationalen Bewegung werden. Am 7. Juli 1924 wurde er viel zu früh aus diesem Leben abberufen; er ist an Leberkrebs gestorben. Sein Werk wurde von anderen weitergeführt, es schien im Faschismus untergegangen und ist in der Demokratie wieder auferstanden. Und in allen Zweigen der Arbeiterbewegung findet man heute Menschen, die sich mit Freude und Dankbarkeit an die Zeit erinnern, da sie noch Kinderfreunde-Kinder waren.

Leopold Winarsky
organisierte die Jugend

Junge Menschen, die knapp nach dem Ersten Weltkrieg in die sozialistische Jugendorganisation kamen, hörten bald den Namen Leopold Winarsky, der von etwas älteren Jugendfunktionären mit einem Anflug von Ehrfurcht genannt wurde.

Der Nachruhm, den der am 22. November 1915 Verstorbene bei den sozialistischen Jugendlichen hatte, war durch die Förderung, die ihre Organisation durch ihn erfuhr, noch mehr aber durch sein Eintreten für die Lehrlinge wohlverdient. Was es am Beginn unseres Jahrhunderts hieß, ein Lehrling zu sein, das hat er selbst erfahren, und sein späteres Verhalten zeigt, daß er es kaum vergessen hat.

Der Vater Winarskys war ein Tapezierermeister in Brünn. Ob nun sein Sohn Leopold, der am 20. April 1873 zur Welt kam, in Brünn geboren wurde oder in Wien, darüber gehen die Angaben auseinander. Manfred Scheuch nennt in seinem Beitrag über Winarsky in »Werk und Widerhall« Brünn als dessen Geburtsort und berichtet, daß die Mutter Leopolds, nachdem sie den Mann verloren hatte, mit dem damals Dreijährigen nach Wien übersiedelte. Eine andere Quelle gibt Wien als Geburtsort an.

Seine Mutter ging in die Bedienung, wusch für fremde Leute die Wäsche und brachte so den Sohn und sich selber kümmerlich genug durch.

Dieser Sohn gehörte zu jenen Begabten und Fleißigen, denen höhere Schulbildung durch ihre Armut unmöglich gemacht wurde. Was er über das von der Pflichtschule vermittelte Wissen hinaus erwarb, holte er zunächst aus Büchern. Er muß auch später immer Zeit für Bücher gehabt haben, denn die von ihm hinterlassene Bibliothek war genügend gut bestückt, um in den Grundstock der sozialwissenschaftlichen Studienbibliothek der Wiener Arbeiterkammer einzugehen. Dabei hatte er als Jüngling und als Mann immer einen vollen Arbeitstag.

Nachdem er die Pflichtschule absolviert hatte, wurde Leopold Winarsky Tapeziererlehrling. Daß er ein Handwerk lernen durfte, war in der damaligen Zeit gar nicht so selbstverständlich. Denn die Armut der Mutter hätte es ihr wohl nahelegen können, den Buben sofort nach der Schule zum Verdienen anzuhalten. Und das hätte er wohl als jugendlicher Hilfsarbeiter eher gekonnt denn als Lehrling. Als solcher schloß er sich bereits dem Arbeiterbildungsverein im dritten Wiener Gemeindebezirk an. Damit hatte sein Lebensweg die entscheidende Wendung genommen, denn schon zwei Jahre später wählte man ihn zum Obmann der sozialdemokratischen Bezirksorganisation Landstraße. Daß junge Menschen damals rasch an die Spitze solcher Organisationen gelangten, war keine Seltenheit. Denn erstens war die ganze Arbeiterbewegung zu dieser Zeit jung, daher waren es auch ihre Vertrauensmänner, zweitens waren Menschen, die bereit waren, die Last der Arbeit, Verantwortung und Drangsalierung durch die Behörden, die mit solchen Funktionen verbunden waren, auf sich zu nehmen, nicht übermäßig dicht gesät.

Winarsky fand trotz seiner bereits umfangreichen Verpflichtungen noch immer Zeit, sich um den Nachwuchs der Bewegung zu kümmern. Lehrlinge und jugendliche Hilfs-

arbeiter konnten klarerweise in den Vereinen der Erwachsenen nicht auf ihre Rechnung kommen. Winarsky hat das
Bedürfnis der Heranwachsenden nach einem ihnen gemäßen
Ort des Zusammenkommens begriffen und regte ein paar
Jugendliche an, doch eine eigene Organisation zu gründen.
So entstand der »Verein der jugendlichen Arbeiter«, der in
der Öffentlichkeit immerhin so viel Aufsehen erregte, daß
der Literat Eduard Pötzl dem Thema eine seiner vielgele-
senen Skizzen widmete.

Die Gründungsversammlung der Organisation, die sehr
bald vielfältige Aufgaben auf sich nahm, fand am 4. November 1894 statt. Sie kämpfte für den Schutz der arbeitenden
Jugend, gegen den Militarismus und betrieb eine ausge-
dehnte Bildungsarbeit. Im Jahr darauf mußte sie ihren För-
derer eine Zeitlang entbehren, denn der hatte sich in
einer Versammlung zu freimütig geäußert, wofür man ihn
zu vier Monaten Kerker verdonnerte.

Im Jahre 1898 wurde Winarsky, der bis dahin bei der
Krankenkasse beschäftigt gewesen war, im Zentralpartei-
sekretariat angestellt. Dazu kam dann ein Sitz im niederösterreichischen Landesparteivorstand. Da Wien damals noch
zum Land Niederösterreich gehörte, scheint es nur uns, die
wir das schon fast vergessen haben, verwunderlich, daß
Winarsky 1906 für die Brigittenau in den Wiener Gemeinderat einzog. Er behielt dieses Mandat auch, nachdem er
1907 bei den ersten österreichischen Wahlen nach dem allgemeinen, gleichen und direkten Wahlrecht im böhmischen
Wahlkreis Friedland zum Reichstagsabgeordneten gewählt
wurde. Als solcher erhielt er bald Gelegenheit, für Österreichs Lehrlinge in einer Frage aktiv zu werden, die für die
jungen Menschen von außerordentlicher Bedeutung war.

Der Anlaß dazu war eines der schimpflichsten Kapitel in
der Entstehungsgeschichte der Vorgängerin der ÖVP, der
Christlichsozialen Partei. Die Ideologie dieser Partei wurde
aus verschiedenen Quellen gespeist, eine davon war die
christliche Soziallehre Vogelsangs. Unter ihrem Einfluß kam
es zur Bildung christlicher Arbeiter- und Jungarbeiterorga-
nisationen. Einer von den frühen Christlichsozialen, der die
christliche Soziallehre sehr ernst nahm, war Anton Orel, der
dem radikalen Flügel der christlichen Arbeiterbewegung

angehörte und die christliche Jungarbeiterbewegung führte. Dieser setzte sich für die Abschaffung des skandalösen Sonntags- und Nachtunterrichts in den gewerblichen Fortbildungsschulen der Lehrlinge ein und hatte insofern Erfolg, als der Niederösterreichische Landtag Anfang Oktober 1907 wenigstens den Sonntagsunterricht einschränkte.

Der sozialdemokratische Verein der jugendlichen Arbeiter hatte schon 1905 die obligatorische Einführung des Tagesunterrichtes an allen gewerblichen Schulen gefordert. Nun sahen die Sozialdemokraten in der Orelschen Initiative eine Möglichkeit, in der Frage weiterzukommen und unterstützten sie im Reichsrat, in Landtagen und Gemeinderäten. Daß Winarsky dabei nicht fehlte, ist klar. Im Juni 1908 brachte er gemeinsam mit Seitz und Eldersch im Parlament einen Resolutionsantrag ein, in dem die gänzliche Beseitigung des Abend- und Sonntagsunterrichts in den Fortbildungsschulen verlangt wurde. In der Christlichsozialen Partei hatten aber indessen die Unternehmer ein Kesseltreiben gegen das Orelsche Landesgesetz veranstaltet, das dazu führte, daß die christlichsoziale Mehrheit des niederösterreichischen Landtages am 16. Jänner 1909 den uneingeschränkten Sonntags- und Nachtunterricht in den Gewerbeschulen wieder einführte. »Damit vollzog sich, was als Sündenfall der Christlichsozialen Partei bezeichnet werden kann«, kennzeichnet Reinhold Knoll in seinem Buch »Zur Tradition der Christlichsozialen Partei« den schmählichen Vorgang.

Winarsky ist der sozialistischen Jugendbewegung aber nicht nur auf dem Gebiet der Sozialpolitik beigestanden. Karl Liebknecht und ihm war es zu danken, daß 1907 auf dem internationalen Jugendkongreß in Stuttgart die Sozialistische Jugendinternationale gegründet wurde. Konsequent hat Winarsky sich dann auch nach dem Ausbruch des Ersten Weltkrieges offen gegen diesen gewendet. Er gehörte zu jenen in der Sozialdemokratie, die von der Partei eine klare, ablehnende Haltung gegen den Krieg verlangten.

Er mußte bald nach Kriegsausbruch einrücken, wurde aber nach kurzer Zeit, weil er schwer krank war, aus der Armee entlassen und ist zu Hause seinem Leiden erlegen.

Ferdinand Hanusch
Vom Webstuhl
auf den Ministersessel

Das Leben von Ferdinand Hanusch, dem Mann, der die Grundlage zum großartigen Gebäude des österreichischen Sozialrechtes gelegt hat, erinnert an eine alte Sammlung von Gedichten der Arbeiterbewegung: »Von unten auf.« Nicht nur, weil sich der große Gewerkschafter und Sozialpolitiker selbst als Arbeiterdichter versucht hat, sondern vor allem deshalb, weil dieser Mann wirklich von ganz unten kam. Er wurde am 9. November 1866 in Oberndorf in eine schlesische Weberfamilie hineingeboren. Das Elend der preußisch-schlesischen Weber hat einen Niederschlag in einem aufrüttelnden Gedicht Heinrich Heines und in der berühmten Tragödie »Die Weber« von Gerhart Hauptmann gefunden. Im österreichischen Schlesien ging es den Webern nicht besser als drüben im preußischen. Die Armut kannte hier in mehrfachem Sinn keine Grenze.

Im Haus Hanusch war die Not besonders groß, denn der Vater war vor der Geburt Ferdinands gestorben, und die

Mutter hatte für eine Schar von Kindern zu sorgen. Die mußten allerdings schon in einem Alter mithelfen, in dem die natürliche Beschäftigung eines Kindes im Spielen besteht. Als Sechsjähriger arbeitete Ferdinand Hanusch bereits am Spulrad. In die Schule ging er fünf Jahre lang, aber nicht so oft, wie er eigentlich sollte. In der schulfreien Zeit mußte er arbeiten. Die schlesischen Hausweber wurden aber so elend bezahlt, daß die Familie trotz der Mitarbeit der Kinder nicht ihr Auslangen finden konnte. Deshalb wollte der Dreizehnjährige auf einen Bau gehen. Dazu war er aber zu schwach, nicht verwunderlich bei einem Buben, der unter solchen Verhältnissen hatte aufwachsen müssen.

Die Heimat konnte ihn nicht ernähren, so ging er denn wie viele in dieser Zeit auf die Walz. Drei Jahre lang durchwanderte er so halb Europa. Das mag romantisch erscheinen, dem selten satten und stets von Gendarmen schikanierten jungen Menschen wird es aber wohl ganz anders vorgekommen sein. Wenn man immer wieder als Landstreicher verhaftet und zweimal von der Polizei per Schub weiterbefördert wird, bekommt man das Abenteuer der Landstraße bald satt. Wer das Leben der armen Weber und Walzbrüder, von einem beschrieben, der es selbst mitgemacht hat, kennenlernen will, mag nach den Büchern von Ferdinand Hanusch greifen. Er hat einige Romane, Bühnenstücke und Schilderungen darüber geschrieben. Es ist ihm nicht so wie dem genialen amerikanischen Vagabunden Jack London gelungen, damit großen literarischen Ruhm zu erwerben. Sein Lebenswerk war ein anderes. Es war von solcher Bedeutung, daß seine Büste zu einem Bestandteil des Wiener Republikdenkmals wurde. Und das mit Recht, denn ohne seine Leistung hätte die demokratische Republik Österreich kaum langen Bestand gehabt. Wenn sein Name der jungen Generation trotzdem nicht allzu viel sagt, so liegt das wahrscheinlich zum guten Teil daran, daß sein Werk als Selbstverständlichkeit in den Alltag unseres Wohlfahrtsstaates eingegangen ist.

Doch bevor er dazu kam, sich auf dieses Werk vorzubereiten — nicht auf einer Schule, sondern bei täglicher, praktischer Arbeit — hatte er noch einige Jahre in der gar nicht trauten Heimat als Arbeiter in einer Seidenfabrik zu durchleben. Es war ein eher leeres Leben, bis er in Wigstadtl in den sozialdemokratischen Arbeiterverein »Eintracht« eintrat. Die Verbindung mit der Arbeiterbewegung veränderte sein ganzes Dasein. Dieser Umschwung war so gründlich, daß er 1897 im obermährischen Sternberg als Gewerkschafts- und Parteisekretär zu arbeiten begann.

Er hatte es weder als Partei- noch als Gewerkschafts- sekretär leicht. Die Arbeiterbewegung war schwach und heil- los zersplittert. Um schlagkräftig zu sein, mußten die Or- ganisationen zusammengefaßt werden. Meinungsverschie- denheiten mußten überwunden, nationale Gegensätze über- brückt und — was vielleicht am schwersten war — das Hän- gen am kleinen, eigenen, selbständigen Verein mußte durch das Ziel, größere, wirklich schlagkräftige Organisationen zu bilden, verdrängt werden.

Es ist klar, daß Hanusch mit besonderem Eifer den Zu- sammenschluß der Arbeiterschicht, aus der er selbst stammte — der Textilarbeiter —, betrieb. Als es dann zur Gründung der Union der Textilarbeiter gekommen war, wurde er auch zu ihrem Sekretär bestellt und übersiedelte nun nach Wien. Als er hier in die Gewerkschaftskommission, die Vorläufe- rin des Vorstandes des heutigen Gewerkschaftsbundes, ge- wählt wurde, muß ihm das wohl wie ein gewaltiger Auf- stieg vorgekommen sein. Doch er war noch lange nicht auf dem Gipfelpunkt seines Lebensweges angelangt. Die Arbei- terbewegung entfaltete sich immer mächtiger, und den aus ihrer Mitte hervorgegangenen Vertrauensmännern wurden immer wichtigere Aufgaben gestellt. Da zeigte es sich, wel- che Fülle von Begabungen in der Arbeiterschaft steckte. 1903 übernahm Hanusch den Vorsitz in der Gewerkschafts- kommission, 1907 wurde er in Nordböhmen zum Reichstags- abgeordneten gewählt. Wie selbstverständlich, wurde er im Parlament Mitglied des Sozialpolitischen Ausschusses.

Im österreichischen Kaiserstaat waren sozialpolitische Fortschritte nur schwer zu erreichen. Kein Wunder, daß selbst Gewerkschafter sie oft geringschätzten. Wohl stellten die Gewerkschaften und die Sozialdemokratie damals groß- artige sozialpolitische Forderungen, die später in einer geschichtlichen Umbruchzeit gewaltige Bedeutung erlangen sollten. Doch damals, im alten Staat, klang das Verlangen nach dem Achtstundentag und nach dem Pensionsrecht für die Arbeiter geradezu unwirklich, gut für Mailosungen, doch unter den gegebenen Umständen so unerreichbar wie der Mond. Hanusch ging es damals aber nicht nur um diese großen Ziele. Das Bekenntnis zu ihnen hinderte ihn nicht daran, sich in der Tagesarbeit kleineren, erreichbaren zuzuwenden. So hat er es durchgesetzt, daß die Sozialpolitik, die man bis dahin den einzelnen Gewerkschaften überlassen hatte, durch die Gründung einer sozialpolitischen Sektion der Gewerkschaftskommission zu einer zentralen Angelegenheit der Gesamtorganisation wurde.

»Man kann zum Beispiel nicht den Bäckerschutz den Bäckern allein überlassen. Es haben auch andere Gewerkschaften Interesse daran«, rief er 1913 in einem Referat auf dem Gewerkschaftskongreß aus. Sein Interesse für die Sozialpolitik führte ihn dazu, die sozialpolitische Lage sowohl in Österreich wie auch im Ausland gründlich zu untersuchen.

Das Wissen, das er sich so erwarb, kam ihm dann später, als die große Stunde für die österreichische Arbeiterschaft schlug, sehr zugute. Doch bevor es soweit war, mußten die Völker Europas den bitteren Weg auf die Schlachtfelder des sich im Ersten Weltkrieg zerfleischenden Europas antreten. In diesen bitteren Jahren gelang es Hanusch, einen ersten großen Erfolg zu erringen, der später zu besonderer Bedeutung kommen sollte. Während des Krieges erzwang der Rohstoffmangel die Stillegung zahlreicher Fabriken. Da die Behörden das Hinterland möglichst ruhig halten wollten, gaben sie nach, als Hanusch zuerst einmal für die Baumwollindustrie eine Arbeitslosenunterstützung verlangte. Nachdem der Grundsatz hier einmal durchgesetzt war, folgten die übrigen Zweige der Textilindustrie nach. Als es soweit war, mußte dieser Fortschritt auch auf andere Industriezweige ausgedehnt werden. Ebenso bedeutungsvoll war die Einrichtung von Beschwerdekommissionen für Arbeitsfragen in der Kriegsindustrie, die Hanusch 1917 erreichte. Zum erstenmal wurden Vertreter der Gewerkschaften in eine solche Körperschaft aufgenommen.

* * *

Als die Industrialisierung, spät aber doch, auch in Österreich einsetzte, ging es kurze Zeit mit dem durch sie zur absoluten Notwendigkeit gewordenen Arbeiterschutz so wie auch in anderen Ländern. Seine allerersten Anfänge waren einerseits Ergebnisse der Auseinandersetzungen zwischen den besitzenden Klassen — also von Klassenkämpfen zwischen dem alteingesessenen adeligen und konservativen Großgrundbesitz und dem aufsteigenden liberalen Bürgertum. Anderseits erschien die Sozialreform weiter, aber nicht weit genug blickenden Politikern der herrschenden Schicht, wie etwa Bismarck in Deutschland, als eine Waffe gegen die erwachende Sozialdemokratie. Ein sich väterlich gütig gebärdender Staat sollte die Arbeiterpartei in den Augen der Arbeiter überflüssig machen. Sondergesetze, die den Angestellten eine den Arbeitern gegenüber gehobene Stellung in der Gesellschaft verschaffen sollten, wurden ja geschaffen, um diese Gruppen von den übrigen Arbeitenden abzuspalten.

Das englische und das deutsche Beispiel illustrieren diese Feststellungen trefflich. In Großbritannien bildete sich in der Konservativen Partei (Tories) ein sogenannter radikaler Flügel (Tory Radicals), der sich der armen Leute annahm. Einer seiner hervorragendsten Vertreter war der junge Disraeli, der Gründer des britischen Imperiums und spätere Lord Beaconsfield. Er sprach in einem seiner Bücher von den zwei Nationen, die England bewohnten: Von den Armen und den Reichen. Anderseits haben sich reiche Fabrikanten, darunter vor allem solche, die zur Sekte der Quäker gehörten, aus ethischen Gründen für eine bessere Behandlung der Arbeiter eingesetzt. In Deutschland führte der konservative Fürst Bismarck eine Kranken-, Unfall-, Invaliden- und Altersversicherung ein, um die Arbeiter von der Sozialdemokratie abzuhalten, die er gleichzeitig scharfen Verfolgungen aussetzte. Diese Politik richtete sich natürlich auch gegen das liberale Bürgertum.

In der Habsburgermonarchie setzte eine ähnliche Haltung erst recht spät ein und dauerte dafür um so kürzere Zeit. Die Habsburger anerkannten ein halbes Jahrhundert lang nicht die Verpflichtung, ihre Untertanen gegen die Ausbeutung durch die neuen Industriellen zu schützen. Erst im

Jahr 1842, nachdem sich die Textilindustrie Österreichs schon mehr als ein halbes Jahrhundert lang entwickelt hatte, wurde die Beschäftigung von Kindern unter neun Jahren in Fabriken verboten. Kinder zwischen neun und zwölf Jahren durfte man aber zehn Stunden, Jugendliche zwischen 12 und 16 Jahren gar zwölf Stunden im Tag arbeiten lassen. Zur Nachtarbeit durften von da an erst die Sechzehnjährigen herangezogen werden. Zehn Jahre später wurden die aus dem Mittelalter stammenden Knappschafts- unterstützungsvereine modernisiert. Im Dezember 1869 er- kämpften sich die Arbeiter die Koalitionsfreiheit, die ihnen eine, wenn auch noch stark eingeschränkte Möglichkeit ver- schaffte, Forderungen an die Unternehmer zu richten und durchzusetzen. Daraufhin vergingen wieder zehn Jahre, bis sich etwas rührte.

Dann aber trat auch in Österreich ein, was es in zeitiger entwickelten Staaten schon früher gegeben hatte. Adel, Bauernschaft und kleine Gewerbetreibende einigten sich gegen die Fabrikanten; Krone und Altar gaben ihren Segen dazu. Ein Mittel, um die Konkurrenzfähigkeit der kleineren Betriebe gegen die Fabriken zu erhöhen, waren Sozialge- setze, die nur für die Fabriksarbeiter galten. Im Jahr 1883 wurde unter dem Vorsitz des aus Preußisch-Schlesien zuge- wanderten Freiherrn von Vogelsang eine parlamentarische Studienkommission gebildet, die sich mit der Frauen- und Kinderarbeit, der Sonntagsruhe und der Länge der Arbeits- zeit überhaupt beschäftigte. Vogelsang war der Begründer der christlichen Soziallehre, jedoch politisch eindeutig ein Konservativer. In den nachfolgenden Jahren gab es, wäh- rend zur gleichen Zeit die sozialdemokratischen Arbeiter- organisationen hart verfolgt wurden, Beschränkungen der Arbeitszeit und die Einführung des Gewerbeinspektorates. Doch kamen diese Fortschritte nur den Fabriksarbeitern zugute. Wichtige Fortschritte brachten die Jahre 1887 und 1888: Das Arbeiterunfall- und das Arbeiterkrankenversi- cherungsgesetz. Dann aber gab es wieder einen Stillstand: Es war zu einer Annäherung zwischen der Aristokratie und dem Großbürgertum auf der einen und zwischen letzterem und den Gewerbetreibenden auf der anderen Seite gekom- men. Da es nicht gelungen war, die Sozialdemokratie durch

Verfolgungen zu brechen und die Arbeiter durch Zuge-
ständnisse von ihr wegzulocken, kamen auch die kleineren
Unternehmer darauf, daß sich die Sozialgesetzgebung nicht
auf die Dauer auf die Großbetriebe beschränken lassen
werde. Dafür sorgten nun die immer stärker werdenden Gewerkschaften und die Sozialdemokratie. So blieb denn in der
von ihm mitgeschaffenen Christlichsozialen Partei von Vogelsangs christlicher Soziallehre nicht viel mehr als der
Antisemitismus übrig. Verbunden mit dem Mißbrauch re-
ligiöser Gefühle mußte dieser »Sozialismus des dummen
Kerls von Wien«,[12] wie ihn Victor Adler nannte, genügen,
um die »christlichen« Arbeiter bei der Stange zu halten.

* * *

Nun war es Sache der Gewerkschaften und der Sozialdemokratie, für weitere Fortschritte zu sorgen. Und hier
war es Ferdinand Hanusch, der die Sozialpolitik zu seiner
besonderen Aufgabe machte. Das Pensionsversicherungsge-
setz für Angestellte und das allgemeine Angestelltengesetz
wurden allerdings unter dem Druck der Angestelltenbewegung erlassen. Dabei dürfte auch hier die Hoffnung, die
Angestellten von der allgemeinen Bewegung abspalten zu
können, eine Rolle gespielt haben. Dank der Aufklärungsarbeit der Angestelltengewerkschaften war das eine trügerische Hoffnung. Durchgesetzt wurde auch das Verbot der
Nachtarbeit für Frauen in Werkstätten und auf Bauten mit
mehr als zehn Beschäftigten. Außerdem wurden Bestimmungen erlassen, die einen besseren Gesundheitsschutz
ermöglichten.

Der Ausbruch des Ersten Weltkrieges brachte dann sozial-
politisch schwere Rückschläge. Die Gewerbeinspektoren
mußten einrücken und die Frauen wieder in der Nacht Fa-
briksarbeit leisten. Anderseits kam es in der Kriegszeit später zur Aufhebung der Nachtarbeit für Bäcker und zum Beginn des Mieterschutzes.

---

12 Dieser Ausspruch wird auch dem österreichischen Demokraten
Ferdinand Kronawetter und — ohne die Worte »von Wien« — dem
deutschen Sozialdemokraten August Bebel zugeschrieben.

Das Erbe, das die junge Republik auf dem Gebiet der Sozialpolitik vorfand, war also mehr als dürftig. Die große, reiche Monarchie mit ihrer glänzenden Metropole hatte für die Arbeiterschaft nur sehr wenig übrig gehabt. Letztere aber wußte genau, was sie wollte. Sie hatte in langen Jahrzehnten des Kampfes und des geistigen Ringens Zeit genug gefunden, ihre Forderungen sehr deutlich zu sagen. Und sie hatte unter den aus ihrer Mitte aufgestiegenen Führern den Mann, der genau wußte, was seine Brüder und Schwestern brauchten und der auch wußte, was er zu tun hatte, um die Träume von Generationen in Wirklichkeit umzusetzen.

Ferdinand Hanusch begann sein Werk, das zu einer der Grundfesten der Republik Österreich wurde.

Im Oktober 1918 entstand ein neues Ministerium: Das Staatssekretariat für soziale Verwaltung. In das neue Ministerium der jungen Republik zog als erster Sozialminister (damals Staatssekretär für soziale Verwaltung) der Gewerkschafter und ehemalige Seidenweber Ferdinand Hanusch ein. Im Regieren hatte der neue Minister wohl keine Routine, doch konnte er organisieren, und außerdem wußte er, was der Arbeiterschaft und der Republik nottat. Zu allererst mußte die durch den Zusammenbruch und die Blockade durch die Alliierten entstandene entsetzliche Not bekämpft werden. Geld war wohl kaum da, doch das durfte kein Hindernis sein, wollte man die Arbeiter nicht der Verzweiflung und damit Abenteurern überlassen, die, ohne Rücksicht auf das Mögliche, zu radikalen Aktionen aufriefen. Am 4. November 1918 wurden industrielle Bezirkskommissionen gebildet, deren Aufgabe die Bekämpfung der Arbeitslosigkeit war. Schon zwei Tage später wurde ein System der allgemeinen Arbeitslosenversicherung (es gab nun allen Arbeitern ein gesetzlich gesichertes Anrecht auf Unterstützung) eingeführt, das von den Kommissionen beaufsichtigt wurde. Ursprünglich nur für die Arbeiter gedacht, wurde die Arbeitslosenunterstützung schon zwei Wochen später auf die Angestellten ausgedehnt. Wie schnell im neuen Ministerium gearbeitet wurde, geht daraus hervor, daß bereits am 18. November die ersten Unterstützungen ausgezahlt wurden. Die Gemeinde Wien beteiligte sich an der Maßnahme mit einer zusätzlichen Unterstützung für

Arbeitslose, der Staat ging bei der Zahlung unbürokratisch vor.

Wie dringend notwendig es war, daß auf diesem Gebiet sehr rasch gehandelt wurde, geht daraus hervor, daß die Zahl der Arbeitslosen, die am 1. Dezember 1918 rund 46.000 betrug, am 1. April 1919 bereits auf nahezu 180.000 angewachsen war. Man kann sich die politische, radikalisierende Wirkung dieser Entwicklung auf die arbeitenden Massen in einer Zeit vorstellen, in der in München und Budapest kurzlebige kommunistische Diktaturen entstanden.

Es begann der Kampf um den Schutz der Arbeitsplätze. Die industriellen Bezirkskommissionen hatten schon vorher Arbeiterentlassungen verzeichnet sowie paritätische Arbeitsvermittlungen und den Transport von Arbeitslosen zu neuen Arbeitsplätzen organisiert.

Außerdem aber wurde versucht, die Unternehmer zu zwingen, Entlassungen zu vermeiden. Kündigungen bedurften der Zustimmung der industriellen Bezirkskommission; Unternehmungen, die ins Ausland übersiedelten, mußten ihren Angestellten eine Abfertigung zahlen. Das war schon deshalb wichtig, weil viele Unternehmungen, die ihre Erzeugungsbetriebe in einem Nachfolgestaat hatten, nun mit ihren bisherigen Zentralbüros übersiedelten.

Das wichtigste Mittel zur Einschränkung der Arbeitslosigkeit war aber die Verkürzung der Arbeitszeit. Am 19. Dezember 1918 wurde die alte Forderung endlich durchgesetzt. Der Achtstundentag wurde gesetzlich verankert. Kurze Zeit später wurde die Nachtarbeit von Jugendlichen verboten.

Der Achtstundentag hat sich im öffentlichen Bewußtsein festgesetzt. Die Arbeitslosenversicherung hat später in der Ersten Republik eine entscheidende, lebenswichtige Funktion erlangt. Eine dritte, ebenso wichtige Reform, die damals von den Arbeitern mit Begeisterung und Erleichterung zugleich begrüßt wurde, die Abschaffung des Arbeitsbuches, ist vergessen. Dieses offizielle Dokument stammte aus den fünfziger Jahren des vorigen Jahrhunderts. Es war eine Art Inlandspaß, jeder Arbeiter mußte es haben und bei der Arbeitsaufnahme an einem neuen Arbeitsplatz vorweisen. Aus dem Arbeitsbuch ging hervor, ob man von seinem vorhergehenden Arbeitsplatz ordnungsgemäß entlassen worden war. Nur dann konnte man mit einer neuen Arbeit beginnen. Es war auch bekannt, daß die Unternehmer bei der Entlassung durch Geheimzeichen im Arbeitsbuch anzumerken pflegten, ob sich ein Arbeiter politisch hervorgetan oder ob er für die Gewerkschaft gewirkt hatte. Wer ein solches Zeichen im Buch hatte, fand viel schwerer als ein anderer Arbeit. Deshalb hatten die Gewerkschaften seit eh und je die Abschaffung dieses Dokumentes verlangt. Hanusch machte der Schande ein Ende.

Alle diese Verbesserungen und Veränderungen wurden von der Arbeiterschaft mit Begeisterung aufgenommen. Sie halfen ihr über die ärgste Not des Tages hinweg und eröffneten ihr die Aussicht auf eine bessere Zukunft. Vor allem hatte der Achtstundentag eine ganz besondere, begeisternde Wirkung.

Die Unternehmer leisteten gegen die Verkürzung der Arbeitszeit selbstverständlich Widerstand. Denn sie wußten, daß der Achtstundentag, einmal eingeführt, eine bleibende Einrichtung werden würde. Die Zeit für einen solchen Widerstand war aber nie so ungünstig wie damals. Erstens waren die Arbeiter durch den jahrelangen Hunger während der Kriegsjahre körperlich so geschwächt, daß sie einfach nicht mehr zehn oder gar zwölf Stunden arbeiten konnten. Sie mehr als acht Stunden im Betrieb zu halten, hieß praktisch knappe Kohlenvorräte zu vergeuden. Außerdem mangelte es an Rohstoffen, sehr viele Betriebe konnten die längere Arbeitszeit gar nicht aufrechterhalten. Und schließlich gab es noch ein Argument, dem schwer etwas entgegenzuhalten war: die steigende Arbeitslosigkeit. Konnte man es verantworten, die in Arbeit Stehenden zehn und noch mehr Stunden an den Werkbänken zu halten, wenn Zehntausende auf der Straße lagen? Nach der Einführung des Achtstundentages konnte Hanusch darauf hinweisen, daß die Produktivität, die vorher ständig gesunken war, nicht weiter sank. Das war unter den damaligen Umständen schon ein großer Erfolg. An eine Hebung der Produktivität, die man unter normalen Umständen als Folge der Verkürzung der Arbeitszeit hätte erwarten können, war nicht zu denken. Eine solche Entwicklung wurde durch die Erschöpfung der

Arbeiter und durch den würgenden Mangel an Kohle und Elektrizität verhindert.

Bei zwei weiteren Reformen, die Ferdinand Hanusch damals durchführte, zeigte es sich besonders deutlich, daß auf dem Gebiet der Sozialpolitik gesetzliche Regelungen nicht genügen, wenn die Überwachung und Durchsetzung allein dem in dieser Beziehung unzulänglichen Staatsapparat überlassen werden muß. Das Verbot der Kinderarbeit hatte nur dort Wirkung, wo starke Gewerkschaften dafür sorgten, daß es beachtet wurde: in den größeren Betrieben. Auf dem Land und in den Werkstätten der Heimarbeiter war das anders. Den Heimarbeitern halfen die Verbesserungen der für sie wesentlichen gesetzlichen Bestimmungen wenig, weil sie Verstöße dagegen meist schweigend hinnahmen, wenn sie überhaupt wußten, daß das Gesetz verbot, was ihnen oft zugemutet wurde. Hier herrschte der alte Satz: Wo kein Kläger ist, dort ist auch kein Richter. Für die große Masse der organisierten Arbeiter und Angestellten galt das aber nicht. Gestützt auf die Kraft und im Einvernehmen mit den politischen und gewerkschaftlichen Organisationen der arbeitenden Menschen konnte der Gewerkschafter Ferdinand Hanusch als Sozialminister in zwei Etappen das prächtige Gebäude des österreichischen Sozialrechtes errichten.

* * *

Im Kampf gegen die drückende Not in der unmittelbaren Nachkriegszeit wurden, wie zuletzt bereits ausgeführt, sozialpolitische Reformen durchgeführt, die alten Forderungen der Arbeiterschaft entsprachen. Die Arbeitslosenunterstützung war die folgerichtige Antwort auf die in vielen Ländern bei vielen Gelegenheiten erhobene Forderung nach dem Recht auf Arbeit. Konnte die Gesellschaft dem Arbeiter keinen Arbeitsplatz geben, so durfte sie ihn nicht in seiner Not verkommen lassen, sondern mußte ihm helfen. Die Forderung nach dem Achtstundentag war nicht ganz so alt, doch auch schon lange genug erhoben worden. Es wurden aber in dem Geschichtsabschnitt, der am 12. November 1918 mit der Entstehung der österreichischen Republik begann und mit dem Zusammenbruch der sozialdemokratisch-christlichsozialen Koalitionsregierung am 10. Juni 1920 en-

dete, Gesetze erlassen, die über frühere Forderungspro-
gramme weit hinausgingen.

Eines dieser Gesetze gab den Arbeitern des Landes zum
erstenmal einen Anspruch auf bezahlten Urlaub. Vordem
hatte für Arbeiter nur eine Art der Unterbrechung der Ar-
beitsfron bestanden, eine höchst unwillkommene: die Arbeitslosigkeit. Nun aber gab es zum erstenmal auch für die
Arbeiter, so wie bisher für Staatsbeamte und Angestellte, einen Urlaub. Die ersten, die in den Genuß dieser Neuerung
kamen, waren die Jugendlichen. Arbeitern, die noch nicht
16 Jahre alt waren, wurde im Mai 1919 das Recht auf Urlaub
gegeben. Ferdinand Hanusch ging dabei taktisch außerordentlich klug vor. Schließlich war er ja ein erfahrener Gewerkschafter. Den halben Kindern, die durch die Entbeh-
rungen der Kriegszeit meist in ihrer Entwicklung zurück-
geblieben und gesundheitlich gefährdet waren, konnte
selbst der Hartherzigste das Recht auf Ferien nicht bestrei-
ten. Auch wurde es vorläufig nur provisorisch, nämlich für
das laufende Jahr eingeräumt. Doch aus dem Provisorium
wurde ein Dauerzustand, außerdem war damit von vornherein der heute noch gültige Zustand eingeführt, daß die Heranwachsenden auf diesem Gebiet besser behandelt werden
als die Erwachsenen. Für die Kinder der besser situierten
Schichten hatte das von eh und je gegolten: In einem Alter,
in dem die Arbeiterjugend — Lehrlinge und jugendliche
Hilfsarbeiter gleicherweise — das ganze Jahr hindurch der
härtesten Ausbeutung unterworfen wurde, erfreuten sich
Mittelschüler und Studenten wie selbstverständlich langer
Ferien. Nach der Arbeiterjugend erhielten auch die erwachsenen Arbeiter ihren Urlaub. Er war damals bescheiden genug: Eine Woche in den ersten fünf Arbeitsjahren, zwei Wochen nach dieser Zeit. Dem Arbeiter oder Angestellten, dem
heute der dreiwöchige Mindesturlaub als eine Selbstverständlichkeit vorkommt, mag das mit Recht sehr dürftig erscheinen. Doch es war ein Anfang, ein revolutionärer Bruch
mit der Übung der Vergangenheit, ebenso bedeutungsvoll
wie die Einführung des Achtstundentages.

So wichtig aber die Verkürzung der Arbeitszeit durch den
Achtstundentag und den Urlaub für jeden einzelnen Arbeiter auch war, änderte sie doch nichts an der Struktur der

bestehenden Gesellschaft. Anders war das jedoch mit den Gesetzen, die in den Betrieben demokratisch gewählten Vertrauensmännern eine feste Position gaben und die Stellung der Gewerkschaften entscheidend veränderten: Dem Betriebsräte- und Kollektivvertragsgesetz.

Wohl hatte es auch schon in der Monarchie Kollektivverträge gegeben. Die Buchdrucker waren die ersten gewesen, die solche durchgesetzt hatten. Aber richtig entwickelt hat sich das Kollektivvertragswesen doch erst, nachdem Hanusch es in der Republik gesetzlich geregelt hatte. Bis dahin vertraten Ideologen des Unternehmertums allen Ernstes die liberale Idee vom individuellen »freien« Arbeitsvertrag, den jeder Arbeiter einzeln mit seinem Unternehmer abschließen sollte. Wie sich diese Art der Freiheit auf den Arbeiter auswirkte, kann man sich vorstellen.

Das Betriebsrätegesetz war ein Teil des großen Sozialisierungskonzeptes, das damals in Österreich von der Sozialdemokratie entwickelt wurde. Es wurde im Frühling 1919 von Otto Bauer der Regierung vorgeschlagen und vom Nationalrat unter dem starken Druck der revolutionierten Massen durchgesetzt.

Das österreichische war das erste Betriebsrätegesetz der Welt, es beruhte auf dem Gedanken der Betriebsdemokratie und des Mitbestimmungsrechtes der arbeitenden Menschen in den Betrieben. Damit überschritt es die Grenzen der bürgerlichen, rein politischen Demokratie. Es war der erste Schritt zur sozialen, zur vollen und modernen Demokratie. Österreich ging diesen Schritt voran, andere Länder folgten nach. Da aber Sozialisierung oder Verstaatlichung in der Ersten Republik nur in einem sehr beschränkten Maß und im wesentlichen auch nur vorübergehend durchzusetzen waren, mußten sich die Betriebsräte in die bestehende Ordnung einfügen. Sie übernahmen die Funktion von gesetzlich legitimierten und geschützten Betriebsvertrauensleuten und Gewerkschaftsfunktionären. Das war nun gar nicht so einfach oder selbstverständlich, wie es uns heute erscheinen mag. Denn die Gewerkschaften waren die alten, eingebürgerten Organisationen zur Vertretung der wirtschaftlichen Interessen der Arbeiter. Die Betriebsräte waren etwas völlig Neues. Gewerkschaftsvertrauensmann konnte nur einer werden, der sowohl das Vertrauen seiner organisierten Kollegen im Betrieb (die dort nicht in der Mehrheit sein mußten) genoß wie auch das Vertrauen der zuständigen Gewerkschaftsinstanz. Auf jeden Fall mußte er ein erfahrener, geschulter Gewerkschafter sein. Betriebsrat konnte man aber auch werden, wenn man nur das Vertrauen der Mehrheit der Belegschaft gewinnen konnte, was ein dynamischer Mensch unter Umständen auch schaffte, wenn er im Gegensatz zur Gewerkschaft stand. Die Gewerkschaft mußte eine ganze Branche zusammenfassen und vertreten, den Betriebsrat ging zuerst einmal nur sein Betrieb an. Man darf nicht vergessen, daß das neue Gesetz in sehr aufgeregten Zeiten zustande kam, in denen zudem noch große Massen bisher Unorganisierter, mit den Erfahrungen der Arbeiterbewegung kaum Vertrauter, plötzlich politisch aktiv wurden. Es war also gut, daß die Durchführung des Gesetzes in den Aufgabenbereich eines Ministers fiel, der ein erfahrener Gewerkschafter war und die ganze Problematik der Bewegung im kleinen Finger hatte.

Es war eine reichliche Ernte, die in der recht kurzen Zeit der Zusammenarbeit der großen Parteien im Parlament und in der Regierung der Ersten Republik eingebracht werden konnte.

Die Zeit, die ihm als Sozialminister zur Verfügung stand, war zu kurz, die Not des Tages zu groß und der Widerstand der Gegner zu zäh, um in einem Zug alles zu schaffen, was wünschenswert gewesen wäre: So blieb als größte Lücke das Fehlen einer staatlich organisierten Altersversicherung der Arbeiter. Man mußte es den Gemeinden überlassen, sich im Rahmen ihrer Fürsorgesysteme der alten, arbeitsunfähig gewordenen Leute anzunehmen. Sie konnten das natürlich nur unzulänglich tun, und dies wurde während der dauernden Massenarbeitslosigkeit, von der die Erste Republik heimgesucht wurde, doppelt bitter empfunden. Das tat aber der Verehrung und Dankbarkeit der Arbeiterschaft Österreichs für Hanusch keinen Abbruch.

Ferdinand Hanusch konnte sich dieser Popularität nicht lange erfreuen. Drei Jahre nach dem Ende seiner so erfolgreichen Ministerschaft raffte ihn eine tückische Krankheit am 28. September 1923 dahin.

Otto Bauer
Von der Sozialpolitik
zur Betriebsdemokratie

Im Jahr 1905 vollendete der damals 24 Jahre alte Otto Bauer sein Erstlingswerk, »Die Nationalitätenfrage und die Sozialdemokratie«, ein Buch von fast sechshundert Seiten. Als es zwei Jahre später veröffentlich wurde, legitimierte es den Verfasser als einen Marxisten, der es verstanden hatte, die von den Begründern des wissenschaftlichen Sozialismus geschaffene Methode bei der Untersuchung der Probleme einer neuen Zeit anzuwenden. Er stellte sich damit an die Seite einer Reihe von genialen Männern, die sich der österreichischen Sozialdemokratie angeschlossen hatten und als Austro-Marxisten bekannt wurden: Karl Renner, Rudolf Hilferding, Max Adler, Fritz Adler, Gustav Eckstein gehörten zu dieser Gruppe.

Die Austro-Marxisten, die wir oben aufgezählt haben, gründeten, ebenfalls 1907, eine theoretische Zeitschrift, den »Kampf«. Doch es gab für vielseitig begabte junge Menschen in der Arbeiterbewegung mehr zu tun als zu forschen,

Bücher zu schreiben und Zeitschriften mit Beiträgen zu versorgen. Die Arbeiterbewegung hatte gerade das allgemeine, gleiche und direkte Wahlrecht durchgesetzt. Nun brauchte sie Männer, die imstande waren, für sie im Parlament zu wirken. Karl Renner zog damals als Abgeordneter in das Hohe Haus ein, Otto Bauer wurde Sekretär der sozialdemokratischen Reichstagsfraktion.

Als Klubsekretär wurde Bauer nun alltäglich mit der österreichischen Nationalitätenfrage konfrontiert. Zu seinen wichtigsten Aufgaben gehörte es aber auch, sozialdemokratische Vorschläge für die sozialpolitische Gesetzgebung vorzubereiten. Diese Vorschläge waren der Niederschlag der aktuellen Nöte und Bedürfnisse der Arbeiterschaft. Durch seine Tätigkeit wurde Otto Bauer, der selbst aus einem wohlhabenden Haus kam, mit ihnen gründlich vertraut. So gründlich, daß er 1911 sozialpolitischer Redakteur der »Arbeiter-Zeitung« werden konnte.

Eines der Probleme, mit denen sich Otto Bauer damals intensiv beschäftigte, macht uns auch heute noch zu schaffen: Das Steigen der Preise. Im Jahr 1910 erschien von ihm eine Broschüre unter dem Titel »Die Teuerung«, und im August 1914 sollte er bei einem Kongreß der Sozialistischen Internationale in Wien über dieses Problem referieren. Der Ausbruch des Ersten Weltkrieges machte die Abhaltung des Kongresses aber unmöglich.

Am Ende des Ersten Weltkrieges kam es zwischen Karl Renner und Otto Bauer, die vordem in der Behandlung des österreichischen Nationalitätenproblems im wesentlichen übereingestimmt hatten, zu großen Meinungsverschiedenheiten. Während Bauer, noch bevor das Ende da war, den Zerfall Österreich-Ungarns vorausgesehen hatte und eine entsprechende Politik der Sozialdemokratie befürwortete, hielt Renner bis zuletzt an der Überzeugung fest, daß der Vielvölkerstaat eine unbedingte Notwendigkeit sei. Trotzdem trat Bauer, als die Geschichte entschieden hatte, in die von Renner geführte Regierung der jungen Republik als Staatssekretär für das Äußere, also als Außenminister, ein und versuchte vergeblich, den damals von allen Parteien Österreichs befürworteten Anschluß an Deutschland durchzusetzen. Nachdem der Anschluß am Widerstand der Siegermächte, vor allem Frankreichs, gescheitert war, trat Otto Bauer am 27. Juli 1919 als Außenminister zurück.

In diesem Zusammenhang ist es wohl notwendig, die Stellung der Sozialdemokratie zum Anschluß an Deutschland in den Tagen des Zusammenbruches der österreichisch-ungarischen Monarchie zu erklären. Denn obwohl jene Tage nur rund fünfzig Jahre zurückliegen (historisch gesehen ein winziger Zeitraum), ist sie heute kaum noch verständlich. Der geschichtliche Zusammenhang zwischen Deutschland und Österreich ist jedem Schulabsolventen bekannt. Trotzdem spielt der Umstand, daß Österreich vor etwa tausend Jahren als Ostmark des deutschen Reiches entstand und daß das aus der Schweiz stammende Grafengeschlecht der Habsburger vom 13. bis zum 18. Jahrhundert die deutsche Königs- und Kaiserwürde mit der Herrschaft über die österreichischen Länder verband, im Bewußtsein sehr vieler Österreicher heute kaum noch eine Rolle. Vor fünfzig Jahren war das noch anders. Da fühlten sich die deutsch sprechenden Österreicher, von den Aristokraten bis zu den Bauern und Arbeitern, als Deutsche. Selbst Franz Josef hatte sich noch als »deutschen Fürsten« bezeichnet. Die Zugehörigkeit der deutsch sprechenden Österreicher zur deutschen Nation wurde auch von keiner damals bestehenden Partei angezweifelt. Nun war eines der erklärten Kriegsziele der Entente im Ersten Weltkrieg das Selbstbestimmungsrecht der Völker gewesen. So gewaltig war die Idee des Selbstbestimmungsrechtes, daß die junge Sowjetunion in ihre Verfassung das Selbstbestimmungsrecht bis zum Recht auf Austritt jeder der Sowjetunion angehörenden Nation aus dieser aufnahm. Vor allem aber nahmen die slawischen Nationen, die bis zum Ende des Ersten Weltkrieges zu Österreich-Ungarn gehört hatten, das Selbstbestimmungsrecht für sich in Anspruch. Die ganze österreichische Revolution war im wesentlichen nichts anderes als ein Geltendmachen dieses Rechtes. Otto Bauer hat diesen Vorgang in seinem Buch »Die österreichische Revolution«, das er als Fortsetzung seines Jugendwerkes über die Nationalitätenfrage bezeichnete, sehr eindringlich geschildert.

Die Folge dieses historischen Geschehens war aber, daß sich die deutsch sprechenden Österreicher, die gewohnt waren, in einem mächtigen Großstaat zu leben, in dem Rest, der von diesem übriggeblieben war, nicht zurechtfanden. Der Umstand, daß die junge Republik ihren Bürgern weder politische noch wirtschaftliche Sicherheit zu bieten hatte, machte die Idee, nun als Bürger eines Kleinstaates weiterzuleben, auch nicht anziehender. So ist es denn nicht verwunderlich, daß sich nun auch die Österreicher auf das Selbstbestimmungsrecht der Nationen beriefen und in seinem Namen verlangten, sich dem Deutschen Reich anschließen zu können. Freilich, besonders begeistert war man von der Aussicht nicht. Auch in Berlin stand man diesem Wunsch damals eher kühl gegenüber.

Ausgemerzt hat den Anschlußgedanken in Österreich dann schließlich Hitler. Otto Bauer, der 1919 als Außenminister zurückgetreten war, weil die Entente den Anschluß verboten hatte, formulierte 1933 den Satz: »An ein Zuchthaus schließt man sich nicht an.« Allerdings hielt er nach dem März 1938 bis zu seinem Tod an dem Gedanken einer »gesamtdeutschen Revolution« fest. Daß es am Ende des Zweiten Weltkrieges weder zu einer gesamtdeutschen noch zu einer anderen deutschen Revolution gegen den Faschismus gekommen ist, hat er nicht mehr erlebt.

Klargemacht, daß die Österreicher während der Okkupation durch Hitler zu einem Nationalgefühl gefunden und sich von der deutschen Nation getrennt hatten, hat als erster Adolf Schärf, als er im Jahr 1943 dem Abgesandten einer deutschen Widerstandsbewegung, dem Sozialdemokraten Leuschner, der ihn in Wien besuchte, erklärte: »Der Anschluß ist tot. Die Liebe zum Deutschen Reich ist den Österreichern ausgetrieben worden.«

* * *

Nachdem Otto Bauer am 27. Juli 1919 die Koalitionsregierung verlassen hatte, in der er Außenminister gewesen war, widmete er sich vollständig der Tätigkeit in der Sozialdemokratischen Partei, zu deren zweitem Vorsitzenden und geistigem Führer in der Zeit der Ersten Republik er werden sollte. In den stürmischen Umsturztagen der ersten Jahre nach dem Zusammenbruch des Habsburgerreiches mußte von der Sozialdemokratischen Partei unter vielen anderen Problemen die Auseinandersetzung mit dem Bolschewismus bewältigt werden. Es waren damals vor allem zwei Männer, welche die grundsätzliche Orientierung der Partei bestimmten: Friedrich Adler und Otto Bauer.

Otto Bauer war während des Krieges als Reserveoffizier an der Ostfront gewesen und in russische Kriegsgefangenschaft geraten, aus der ihn die Revolution im Zarenreich befreite. Seine Position geht sehr deutlich aus einem Brief hervor, den er am 28. September 1917 — knapp nach seiner Rückkehr aus Rußland — an Karl Kautsky schrieb. Über die Bolschewiki sagte er in dem Schreiben: »Die Bolschewiki (haben) eine Politik der gefährlichsten Abenteuer betrieben. Der Aberglaube der Jakobiner an die Allmacht der Guillotine ist in Petersburg wiedererstanden als Aberglaube an die Allmacht der Maschinengewehre.« Nun, Otto Bauer stand ebenso wie Friedrich Adler am linken Flügel der österreichischen Sozialdemokratie. Das hinderte die beiden aber nicht, den Bolschewismus und seinen Aberglauben an die Allmacht der Gewalt und des Terrors abzulehnen und dem Abenteurertum der österreichischen Bolschewiki, der Kommunisten, den Weg zu verlegen. Otto Bauer führte diese Auseinandersetzung in zahllosen Versammlungen, Sitzungen und Konferenzen, in der »Arbeiter-Zeitung«, in deren Redaktion er nun als politischer Redakteur zurückgekehrt war, sowie in Broschüren. Vor allem ging es damals schon gegen die klar erkennbare leninistische Tendenz, eine Diktatur über das Proletariat aufzurichten. Otto Bauer hat also immer, bei aller Solidarität mit der russischen Revolution, am demokratischen Sozialismus festgehalten.

Was heute sehr einfach scheint, nämlich gegen die Kommunisten aufzutreten, war damals ungeheuer schwer. Man muß sich vorstellen, was es in dem kriegsmüden Europa bedeutete, als die Bolschewiki mit der Teilnahme Rußlands am Krieg Schluß machten. Ein Ende des Gemetzels an den Fronten, ein Ende der unsäglichen Not im Hinterland und Vergeltung an jenen, welche die Menschheitskatastrophe des Ersten Weltkrieges ausgelöst hatten, das zündete, das erfüllte die Massen mit neuer Hoffnung und Begeisterung. Dazu kam, daß den fortschrittlichen Menschen in Europa und Amerika kein Regime so verhaßt war wie das des zaristischen Rußland. Es war die letzte absolute Monarchie Europas und so eine ständige Gefahr auch für den Fortschritt außerhalb ihres Machtbereiches. Das zaristische Rußland war das Land der Kosakenknute, das Land, in dem man demokratische Oppositionelle nach Sibirien schickte, das Land, in dem Arbeiterdemonstrationen im Blut erstickt wurden, das Land der Judenpogrome. Es war ein wirtschaftlich, politisch und kulturell unterentwickelter Koloß, der ständig die europäische Demokratie bedrohte, die in Mitteleuropa ohnedies nicht gerade übermäßig stark war. Einer der Gründe, warum es 1914 den Machthabern in Deutschland und Österreich-Ungarn so verhältnismäßig leicht gelungen war, die Massen in den Schrecken des Krieges zu treiben, war die Furcht vor Rußland, die Abneigung gegen die zaristische Gewaltherrschaft.

Und nun war dieser Alpdruck von den Menschen genommen und hatte der Hoffnung Platz gemacht. Der Hoffnung auf eine neue, bessere Welt. Auf eine Welt der Gleichheit und Freiheit, auf eine Welt ohne Krieg, eine Welt der Brüderlichkeit unter den Völkern. Da war es keineswegs leicht, den Massen die Wirklichkeit zu zeigen, die tatsächlich bestehenden Möglichkeiten und ihre Grenzen zu erläutern, sie vor Träumen und gefährlichen Abenteuern zu bewahren.

Dies gelang in Österreich, während ringsherum die Arbeiterbewegung von Bruderkämpfen zerrissen und gefährlich geschwächt wurde. Die Vertrauensmänner der Sozialdemokratischen Partei, die sich der Spaltung entgegenstellten, und die Absicht der Bolschewiki, die westlichen Arbeiterparteien zu bloßen Außenstellen der russischen KP zu machen, vereitelten, wurden von den Gefolgsleuten der Moskauer wütend beschimpft und verächtlich gemacht. Gleichzeitig wurden die so Beschimpften und Verhöhnten von den bürgerlichen Parteien als Bolschewiken und finstere Terroristen bezeichnet, die nichts im Sinne hätten, als eine blutige Diktatur aufzurichten. Diese Art der Propaganda wurde von den österreichischen bürgerlichen Parteien während der ganzen Zwischenkriegszeit nicht ohne Erfolg angewendet. Otto Bauer war ihr besonders ausgesetzt; so nannte ihn Dollfuß einmal in einer offenen Parlamentssitzung, bei der es zu scharfen Auseinandersetzungen mit diesem Totengräber der Demokratie und des Parlamentarismus in Österreich gekommen war, einen Bolschewiken. So dumm es auch war, die Bezeichnung Bolschewik als Schimpfwort zu verwenden, wie Dollfuß, der damals immerhin schon Bundeskanzler war, getan hat, so falsch war es, sie auf Otto Bauer anzuwenden, der in unzähligen Reden ausführte, daß die Freiheitsrechte, die vom Bürgertum in seinen Revolutionen dem absoluten Königtum und der Aristokratie abgerungen worden sind, von der Arbeiterschaft unbedingt bewahrt werden müßten. Bauer waren die persönlichen Rechte des einzelnen, wie sie der Rechtsstaat sichert, ebenso wichtig wie die Redefreiheit, die Pressefreiheit, das Recht auf freie Vereinigung. Gleichzeitig hielt er an den alten Zielen des Sozialismus fest: Ausdehnung der Demokratie auf alle Bereiche des Lebens, also auch auf die Wirtschaft.

Ohne dieses Zukunftsbild, das in den Wirren und der Not der unmittelbaren Nachkriegszeit den Massen vorschwebte und ihnen weiter vor Augen stand, als während der furchtbaren Wirtschaftskrise in dieser Zeit Hunderttausende schier endlos auf die Arbeitslosenunterstützung angewiesen waren, wäre es trotz aller sozialen Leistungen der jungen Republik und der Gemeindeverwaltung des »Roten Wien« nicht möglich gewesen, die Menschen vor Verzweiflungstaten zurückzuhalten und die Einheit der Bewegung zu bewahren. Die KP war auch in der Ersten Republik nie etwas anderes als eine Splittergruppe. Von nicht zu unterschätzender Bedeutung war auch der Eindruck, den die unter dem führenden Einfluß Otto Bauers geprägte Haltung der österreichischen Sozialdemokratie auf die Jugend machte. Denn selbstverständlich war die Anziehungskraft des von den Kommunisten gepredigten Radikalismus auf die Jugend besonders groß. Wenn sich ihnen die arbeitende und die zur Linken tendierende studierende Jugend trotzdem nur in einem bescheidenen Maß zuwandte, so deshalb, weil diese in der Sozialdemokratie eine ihre gemäße Heimat vorfand, eine Tatsache, die in den schweren Zeiten, die gerade diese Generation später durchmachen mußte, gewiß von Bedeutung war und bis in die Zeit der Zweiten Republik geblieben ist.

Die inneren Widersprüche des in seine imperialistische

Phase eingetretenen Kapitalismus hatten zum Blutbad des Ersten Weltkrieges geführt. An seinem Ende waren drei Monarchien, die russische, die deutsche und die österreichisch-ungarische, aus der Weltpolitik verschwunden, und der Kapitalismus erschien in seinen Grundfesten erschüttert. Aus Rußland leuchteten die Flammen einer der gewaltigsten Revolutionen der Weltgeschichte herüber. Die Geschichte hat mit einem Male den Sozialismus und die Sozialisierung der Produktionsmittel auf die Tagesordnung gestellt. So mächtig war die Strömung, daß selbst Dr. Ignaz Seipel, römisch-katholischer Priester und Ideologe der stockkonservativen Christlichsozialen Partei, erklärte: »Die Sozialisierung ist eine sittliche Forderung.«

Der Mann aber, der in Österreich die Verwirklichung dieser sittlichen Forderung geistig vorbereitete, war Otto Bauer und nicht der konservative Politiker, der übrigens sehr bald anderer Meinung war und nun erklärte, daß die bloße Existenz der Sozialisierungskommission einen ungünstigen Einfluß auf das Wirtschaftsleben ausübe, da die Furcht vor einer noch drohenden Sozialisierung sowohl den Arbeitsgeist des Unternehmers als auch die Gesundheit des Unternehmens beeinträchtige. Dieser Gesinnungswandel ergab sich, nachdem die ungarische Rätediktatur zusammengebrochen war und das österreichische Bürgertum die panische Angst vor einer unmittelbar bevorstehenden Machtergreifung durch den Bolschewismus verloren hatte.

Der Umfang und die Bedeutung der Sozialisierung in der Ersten Republik halten den Vergleich mit der Verstaatlichung, die in der Zweiten Republik durchgeführt wurde, in keiner Weise aus. Um so bedeutender aber war die geistige Leistung Otto Bauers, der zum Problem der Sozialisierung Gedanken entwickelte, die heute, mehr als fünfzig Jahre später, durch die Entwicklung vollauf bestätigt erscheinen.

Otto Bauer vertrat den Standpunkt, daß die Sozialisierung der Wirtschaft auf keinen Fall auf einen Schlag erfolgen könne. Er hielt es für richtig, zuerst einmal Schlüsselindustrien in das Gemeineigentum zu überführen. So wie das ja auch dann nach dem Ende des Zweiten Weltkrieges in Österreich geschehen ist. Ebenso wichtig war seine Erkenntnis, daß auch die vergesellschafteten Wirtschaftszweige nach wirtschaftlichen und nicht nach bürokratischen Methoden geführt werden müssen.

Otto Leichter faßt in seiner Otto-Bauer-Biographie[13] die Bauerschen Gedanken in folgender Weise zusammen:

- Jede bürokratische Verwaltung einer sozialistischen Wirtschaft muß zu ihrem Verdorren führen;
- jeder einzelne sozialisierte Betrieb muß wirtschaftliche Eigenverantwortung tragen;
- Sozialisierung ist nur dann erfolgreich, wenn sie zur Verbesserung des Lebensstandards der Arbeitermassen und zur Steigerung der gesellschaftlichen Produktivität führt.

Wer kann heute, nach den Erfahrungen, die man mit der wirtschaftlichen Entwicklung in der Sowjetunion, in der Tschechoslowakei, in Ungarn, in Polen gemacht hat, an der absoluten Richtigkeit dieser Leitsätze zweifeln? Wie stellte sich nun Otto Bauer die Führung der vergesellschafteten Betriebe vor?

Diese Frage beantwortet man am besten mit seinen eigenen Worten: »Auch in Zukunft wird jeder vergesellschaftete Industriezweig von einem Verwaltungsrat geleitet werden; aber dieser Verwaltungsrat wird nicht mehr von den Kapitalisten gewählt werden, sondern von der Vertretung derjenigen Gesellschaftskreise, deren Bedürfnisse der sozialisierte Industriezweig fortan befriedigen soll. Erstens die Arbeiter, Angestellten und Beamten, die in diesem Industriezweig arbeiten, zweitens die Konsumenten, und drittens der Staat.«

Otto Bauer verfaßte auch das Gesetz zur Vorbereitung der Sozialisierung in Österreich, das am 14. März 1919 von der Nationalversammlung beschlossen wurde. Mit seiner Durchführung wurde eine Staatskommission betraut, zu deren Präsidenten Otto Bauer gewählt wurde. Als Vizepräsident fungierte Ignaz Seipel. Außerdem waren der Obmann der Metallarbeitergewerkschaft, der Sozialdemokrat Franz Domes, der christlichsoziale Arbeiterführer Leopold Kunschak und der steirische Industrielle Viktor Wutte Mitglieder der Kommission.

13 Otto Leichter: »Otto Bauer«, Tragödie oder Triumph, Europaverlag, Wien 1970.

Sehr viel wurde, wie schon gesagt, damals nicht sozialisiert, und was auf diesem Gebiet geschah, wurde später von der Reaktion wieder zerstört. Es wurde ein Teil der Betriebe aufgezählt und ihr Typus beschrieben, die damals gemeinwirtschaftlichen Charakter hatten. Einer der wichtigsten und segensreichsten unter ihnen war die Österreichische Heilmittelstelle, die auf Betreiben von Ferdinand Hanusch und des Wiener Stadtrats für das Gesundheitswesen, Julius Tandler, entstanden ist. Sie hat den Spitälern, Krankenkassen und Patienten viele Millionen an Arzneikosten erspart.

Die Wirkung der damaligen Versuche, Betriebe in den Besitz der Gesellschaft zu bringen, auf die Entwicklung der österreichischen Wirtschaft war also jedenfalls höchst bescheiden. Von viel größerer Bedeutung sollte ein Nebenprodukt dieser Bemühungen werden, nämlich der erste Schritt zur Demokratisierung der Betriebe. Zu diesem Zweck schlug Otto Bauer der Regierung im Frühjahr 1919 ein Betriebsrätegesetz vor. In seiner Broschüre über den Weg zum Sozialismus sagte Bauer darüber:

»Die wirtschaftliche Demokratie erfordert, daß die lokale Verwaltung der einzelnen Industriebetriebe demokratisiert wird. Die Teilnahme der Vertrauensmänner der Arbeiterschaft an der Regierung der Fabrik ist nur ein tatsächlicher, kein rechtlich geregelter Zustand. Es handelt sich darum, diesen tatsächlichen Zustand nun auch in die Rechtsordnung einzufügen.«

Die erfahrenen Gewerkschafter Hanusch und Domes erfaßten sehr rasch, welche Möglichkeiten die Installierung von gesetzlich nicht nur sanktionierten, sondern vorgeschriebenen Vertrauensleuten der Belegschaften in den Betrieben den Gewerkschaften eröffneten, und taten das Ihre, um die Idee Bauers durchzusetzen. So kam das erste Betriebsrätegesetz der Welt zustande, das dann überall nachgeahmt wurde, wo sich dazu die Möglichkeit bot. Daß diese Einrichtung dann anders funktionierte, als sich Bauer das ursprünglich vorgestellt hatte, schmälert dessen Verdienst an dem Fortschritt, den sie mit sich brachte, in keiner Weise. Der Absolutismus der Unternehmer war gebrochen, Begriffe wie Mitbestimmung und Betriebsdemokratie begannen ihren utopischen Charakter zu verlieren.

* * *

Der Zusammenbruch der drei Kaiserreiche — Rußland, Deutschland und Österreich-Ungarn — hatte tiefgehende Erschütterungen des internationalen Gesellschaftsgefüges und damit revolutionäre Umwälzungen von bisher unerreichtem Ausmaß zur Folge. In Rußland folgte einer kurzlebigen demokratischen Republik der Sowjetstaat; in Mitteleuropa brach eine Epoche der republikanischen Demokratie an. Doch überall setzten die bevorrechteten Klassen sofort zum Gegenangriff an, begann die Gegenrevolution.

Österreichs Geschichte zwischen 1918 und 1934 muß in diesem Zusammenhang gesehen werden. Die Geschichte und die Tragödie der Ersten Österreichischen Republik waren eng mit der europäischen Geschichte und Tragödie verwoben. Ihre ersten Erfolge errang die europäische Konterrevolution unmittelbar an den Grenzen der jungen österreichischen Republik: Versuche, in Bayern und Ungarn Räterepubliken zu errichten, brachen zusammen. In Bayern hatten nun konterrevolutionäre Banden und Organisationen, darunter auch schon die NSDAP, Oberwasser; in Ungarn errichtete der Admiral Horthy als »Reichsverweser«, also als offizieller Stellvertreter des »abwesenden« Königs, eine reaktionäre Diktatur. Auch in anderen Staaten lösten Diktaturen die parlamentarischen Demokratien der ersten Nachkriegszeit ab. Von entscheidender Bedeutung für die weitere Entwicklung war die Machtergreifung des italienischen Faschismus im Oktober 1922. Hier war zu den alten konterrevolutionären gesellschaftlichen Kräften, den erblichen Herrschern, dem Hochadel, den hohen Offizieren, dem Großbürgertum, etwas Neues getreten: Der Faschismus hatte — vor allem im Kleinbürgertum — eine Massenbasis.

Die Bewegung griff auch nach Österreich über. Die Führung der österreichischen Sozialdemokratie war sich der drohenden Gefahren durchaus bewußt. Es war ihr gelungen, die aufgewühlte Arbeiterschaft vor Abenteuern zurückzuhalten, die Einigkeit der Bewegung zu wahren und so zu verhindern, daß die Konterrevolution, so wie in Ungarn und Bayern, schon in den ersten Jahren nach dem Umsturz ihre Chance bekam. Es gab aber im Lande unruhige Kräfte genug: Offiziere, die, aus dem Krieg zurückgekehrt, nun keinen Eingang ins Zivilleben fanden; breite Kreise der Mittelschichten, deren Wohlstand durch die Inflation vernichtet worden war; ihrer Vorrechte beraubte ehemalige Adelige; Unternehmer, denen die Gewerkschaften und Betriebsräte gar nicht paßten und die außerdem Angst vor der Sozialisierung hatten; Hausbesitzer, denen der Mieterschutz ein Greuel war; und schließlich Abenteurernaturen.

Die wirtschaftliche Not, unter der die Menschen in der ganzen Zeit der Ersten Republik zu leiden hatten, verschärfte die politischen Gegensätze, radikalisierte alle unter der Krise leidenden Gruppen und erleichterte Wirrköpfen und Demagogen ihr Spiel. Die Sozialdemokratie, obwohl in der Opposition, tat das, was eigentlich Sache der Regierung gewesen wäre: Sie trat mit einem konstruktiven Plan zur Beendigung des wirtschaftlichen Notstandes an die Öffentlichkeit. Am 21. Oktober 1921 veröffentlichte die Sozialdemokratische Partei einen von Otto Bauer ausgearbeiteten Finanzplan, der durchaus geeignet gewesen wäre, die österreichische Wirtschaft und die Staatsfinanzen auf den Weg der Genesung zu führen. Die von Dr. Seipel geführten Christlichsozialen zogen es aber vor, im Rahmen der sogenannten Genfer Sanierung Auslandskredite unter politischen Bedingungen aufzunehmen, die auf die Ausschaltung des österreichischen Parlaments hinausliefen. Hier wurde zum erstenmal die Absicht der Reaktion sichtbar, die österreichische Demokratie mit Hilfe ausländischer Kräfte einzuschränken. Nur mühselig gelang es der Sozialdemokratie, diesen Anschlag abzuwehren.

Die Auseinandersetzung um die Sanierung zeigte klar, worum es ging. Hatten die Sozialdemokraten die Gesundung von Volkswirtschaft und Staatsfinanzen angestrebt, so begnügten sich ihre bürgerlichen Gegner mit der Stabilisierung des Staatshaushaltes. Gleichzeitig aber war dieses Ringen ein Kampf um den Parlamentarismus und die Republik geworden. In diesem Ringen stützte sich die Sozialdemokratie vor allem auf die Arbeiter- und Angestelltenschaft, suchte aber auch nach Verbündeten in anderen Bevölkerungsschichten. Um Menschen aus den städtischen Mittelschichten zu gewinnen, hatte sie im Mieterschutz ein ausgezeichnetes

Propagandamittel in der Hand. Die Christlichsozialen, seit langem die Wiener Hausbesitzerpartei, verkündeten immer wieder, daß der Mieterschutz verschwinden müsse. Doch die Verwirklichung dieses Zieles hätte nicht nur die Arbeiter, sondern fast noch schwerer die verarmten städtischen Mittelschichten getroffen. Diesen Leuten war ja von ihrem einstigen Wohlstand meist nur die große Wohnung geblieben, die sie nur behalten konnten, weil der Zins niedrig war. Ebenso mußten die kleinen Gewerbetreibenden und Kaufleute, denen es in der Krise schwer genug fiel, dem Bankrott zu entgehen, fürchten, daß eine drastische Erhöhung der Mieten ihnen die Möglichkeit nehmen werde, ihre Geschäftslokale und Werkstätten zu halten. Doch der Zuzug, den die Sozialdemokratie erhielt, genügte nicht, um ihr die Mehrheit im Parlament zu bringen.

Otto Bauer war der Meinung, daß die Sozialdemokratie versuchen müsse, aus den Städten in die Dörfer vorzustoßen. Nicht nur, um dort die ihr fehlenden 320.000 Stimmen zu suchen, sondern auch deshalb, weil eine nur auf die Mehrheit der Städter gestützte sozialistische Regierung Gefahr laufen würde, am Widerstand der Bauernschaft zu scheitern. Die Frucht dieser Gedankengänge war ein Agrarprogramm, das beste, das nach dem Urteil von Fachleuten je von einer sozialistischen Partei veröffentlicht worden ist, und eines der schönsten Werke Otto Bauers: »Der Kampf um Wald und Weide, Studien zur österreichischen Agrargeschichte und Agrarpolitik.«

In der Zeit der Bedrohung durch bewaffnete faschistische Banden, welche die gewaltsame Beseitigung der Demokratie auf ihre Fahnen geschrieben hatten, genügten jedoch Wirtschaftsprogramme, Agitation in Stadt und Land und Auseinandersetzungen im Parlament nicht mehr. Der Drohung mit der Gewalt mußte eine gleiche Drohung entgegengesetzt werden. Zu diesem Zweck organisierte die Sozialdemokratie den »Republikanischen Schutzbund«, in dessen Namen schon das Bekenntnis zur demokratischen Republik und die defensive Haltung der Organisation ausgedrückt wurde.

Den gleichen politischen Zweck hatte das »Linzer Programm«, das sich die Partei auf dem Linzer Parteitag vom 30. Oktober bis 3. November 1926 gab. Es war ein ausdrückliches Bekenntnis zur Demokratie; Otto Bauer verwies in seinem Referat auf diesem Parteitag auf die russische Erfahrung und prägte dabei den Satz: »Wir haben es erlebt: Wer zur Gewalt greift, ist der Gefangene der Gewalt.« Gleichzeitig wurden die Gegner gewarnt, daß sich die Arbeiterschaft der Gewalt mit Gewalt entgegensetzen werde. Diese steten Warnungen waren lange Zeit wirksam, doch nachdem die europäische Reaktion ihren größten Sieg über die Demokratie errungen hatte, nachdem Hitler am 30. Jänner 1933 von Hindenburg zum deutschen Reichskanzler gemacht worden war, verlor die Politik der Warnung und der Drohung, reaktionärer Gewalt mit revolutionärer zu begegnen, ihre Wirkung. Da nun auch die österreichische Reaktion ihre Stunde gekommen sah, kam es zu dem grotesk-grauenhaften Mummenschanz des sogenannten Austro-Faschismus. Ein kurzes, heldenhaftes Aufbäumen der österreichischen Arbeiterschaft am 12. Feber 1934, und dann senkte sich die Nacht der Gewaltherrschaften auch über Österreich.

Was die Machtergreifung des deutschen Nationalfaschismus für die Welt bedeutete, war einem Denker wie Otto Bauer klar. So klar, daß er im Exil ein Werk mit dem prophetischen Titel »Zwischen zwei Weltkriegen?« schrieb. Er hat den Krieg, den Zusammenbruch des Faschismus und den Wiederaufstieg der österreichischen Demokratie und der österreichischen Arbeiterbewegung nicht mehr erlebt. Am 4. Juli 1938 hat er in Paris die Augen für immer geschlossen. Die Lebenstragödie einer der großartigsten Gestalten des Sozialismus war zu Ende.

Wilhelm Ellenbogen
Kampf um das Wahlrecht

Er war ein kleiner, zarter Mensch. Doch in seinem Körper wohnte die Seele eines Kämpfers, der Zeit seines Lebens immer aussprach, was er dachte, sich mit seiner ganzen Persönlichkeit für das einsetzte, was er für richtig hielt. Er stand eher am rechten Flügel der österreichischen Arbeiterbewegung, war aber in der Zeit der Wahlrechtskämpfe für den Generalstreik und in den schicksalhaften Tagen des Jahres 1933 für die frühzeitige Erhebung gegen die konterrevolutionäre Bedrohung. Das war Wilhelm Ellenbogen, geschätzt von allen, auch von denen, mit denen er Meinungsverschiedenheiten hatte.

Wie Victor Adler war auch Wilhelm Ellenbogen Arzt. Gleich vielen Ärzten war er zeitlebens ein Liebhaber der schönen Künste; für den Studenten Ellenbogen waren die Literatur und die Musik neben seinem Studium ein wesentlicher Teil seines Lebensinhaltes. Das ist bei ihm immer so geblieben; so war es selbstverständlich, daß er in der Sozialdemokratischen Kunststelle, die in der Ersten Republik auf das Wiener Kulturleben entscheidenden Einfluß nahm, bis zur Niederwerfung der Demokratie führend tätig war.

Ärzte pflegen mit Patienten nicht immer nur über die Krankheit des Behandelten zu sprechen; das ist gut so, denn es schafft einen menschlichen Kontakt, der für die Heilkunst seine Bedeutung hat. Die Soziologen unserer Zeit nehmen dabei an, daß die Ärzte bei solchen Gesprächen die Führenden sind und sehr wohl Patienten auch in anderen als in medizinischen Fragen, nicht immer bewußt, aber doch zu beeinflussen pflegen. Bei dem jungen Doktor Ellenbogen ist es umgekehrt gewesen, der wurde im Allgemeinen Krankenhaus von einem Patienten auf den Gumpendorfer Arbeiterbildungsverein aufmerksam gemacht. Er ging auch tatsächlich hin und stellte sich, nachdem er einige Vorträge gehört hatte, selbst als Referent zur Verfügung. Es zeigte sich, daß er ein glänzender Redner war.

Gute Redner, die auch etwas zu sagen hatten, konnte man in der jungen sozialdemokratischen Bewegung natürlich brauchen. Und daß der neue Genosse bald etwas zu sagen wußte, dafür sorgte Victor Adler, der große und — wenn es sein mußte — strenge Lehrer. 1892 war es Ellenbogen, der wesentliche Teile des auf dem Parteitag dieses Jahres zur Diskussion stehenden Parteistatuts vorschlug. Und dann wurde er einer der unermüdlichsten Versammlungsredner in der großen Wahlrechtsbewegung, die 1907 endlich zu einem Parlament des gleichen, geheimen und direkten Wahlrechtes für Männer führte. (Die Frauen waren damals noch vom Wahlrecht ausgeschlossen.) Aber vordem hat Ellenbogen gezeigt, daß er von dem Holz war, aus dem man Parlamentarier schnitzt. 1896 war die 5. Kurie geschaffen worden, die auch den Arbeitern die Chance gab, den einen oder anderen ihrer Vertrauensmänner ins Parlament zu schicken. Zwei Sozialdemokraten wurden in Wien auf Grund dieser Möglichkeit in den Reichsrat gewählt, der eine war Franz Schuhmeier, der andere Wilhelm Ellenbogen.

Den Sozialdemokraten war es vom Anfang an klar, daß man sich neben dem Gesamtinteresse der Arbeiterschaft um sehr viele Teilinteressen kümmern müsse, wollte man den Benachteiligten wirklich helfen. So führte Ellenbogen einen

Feldzug für die Verbesserung der Lage der Eisenbahner. Aber nicht nur den Arbeitern im engeren Sinne galt seine Sorge und die der Partei, die nie in dem Sinne eine Klassenpartei gewesen ist, daß sie sich auf die Vertretung nur einer Bevölkerungsgruppe beschränkt hätte. So hat Ellenbogen schon um die Jahrhundertwende die Aufmerksamkeit seiner Partei auf die Lage der kleinen Bauern gelenkt, und es gab damals bereits einen Forderungskatalog, der eine Art Agrarprogramm darstellte, an dessen Zustandekommen Ellenbogen hervorragenden Anteil hatte.

Selbst ein Denker, der seinen eigenen Weg mit Konsequenz ging, ist er in der Partei immer für volle Meinungs- und Diskussionsfreiheit gewesen; charakteristisch war es für ihn, daß er auf einem Parteitag den Satz prägte: Es ist ein Verdienst, eine Anschauung zu entwickeln, mit der man ganz allein steht.

Während des Ersten Weltkrieges hatte er so wie Karl Renner weitgehend Meinungsverschiedenheiten mit der »Linken«. Daß es dabei nicht auch in Österreich so wie in Italien und Deutschland kam, wo diese Auseinandersetzungen zur Spaltung und Zersplitterung der Bewegung führten, erscheint uns heute wie ein Wunder. Es war der »Geist von Hainfeld«, der sich immer wieder durchsetzte, und das Verdienst der jeweiligen Parteimehrheit, die die Andersdenkenden nicht aus der Partei hinauszudrängen suchte, wie das verhängnisvollerweise anderswo geschehen ist. So konnte es kommen, daß, als der Krieg endlich zu Ende war, alle gemeinsam und jeder an seinem Platz die ungeheure Aufgabe zu bewältigen suchten, die der Partei mit der Auflösung der Habsburgermonarchie und der Errichtung der Republik entstanden war.

Schon am Geburtstag des neuen Staats wurde Ellenbogen in ein hohes Staatsamt berufen: Er trat in den »Staatsrat« ein, der zunächst die Geschicke der Republik leitete. Dann bekleidete er in den folgenden Koalitionsregierungen nacheinander die Funktion eines Unterstaatssekretärs im Handelsministerium und des Präsidenten der Sozialisierungskommission. Vizepräsident in dieser Kommission war Doktor Ignaz Seipel, der alle wichtigen Vorhaben torpedierte, die von den Sozialdemokraten vorbereitet worden waren.

Die meisten dieser Vorhaben, wie zum Beispiel die Verstaatlichung der Alpinen Montan-Gesellschaft, konnten erst in der Zweiten Republik durchgesetzt werden. Was in der Ersten Republik zustande kam, waren einige »Gemeinwirtschaftliche Anstalten«, wie die »Heilmittelstelle« und die »Österreichischen Werke«, die in einer der ehemaligen Waffenschmieden der Monarchie, im Wiener Arsenal, entstanden.

Leider konnten sich Ellenbogen und seine sozialdemokratischen Freunde nicht lange der Aufbauarbeit in der Regierung der Ersten Republik widmen. Zu zeigen, was Sozialdemokraten als Verwalter leisten können, wurde nun Aufgabe der Männer im Rathaus des »Roten Wien«. Alle aber hatten sich mit der ungeheuren Gefahr auseinanderzusetzen, die nun auf die europäische Demokratie zukam: mit der europäischen Konterrevolution, die eine neue Spielart, den Faschismus, produzierte.

Ellenbogen war einer der ersten, die sich mit dieser terroristischen Bewegung beschäftigten und nicht müde wurden, ihre unmenschlichen Verbrechen anzuklagen. Wenn wir heute Erscheinungen wie die Franco-Diktatur oder die chilenische Offiziers-Junta unermüdlich bekämpfen, so folgen wir dem Beispiel, das Ellenbogen gab, als der italienische Faschismus auftauchte. Natürlich blieb er in diesem Kampfe nicht allein, die ganze große österreichische Sozialdemokratie stand in unverbrüchlicher Solidarität an der Seite der verfolgten italienischen Demokraten, wie sie an der Seite der ungarischen Demokraten gestanden war, als die Konterrevolution in Budapest im Gefolge ausländischer Armeen ihre blutbefleckte Herrschaft aufgerichtet hatte. Es gehört zu den unvergänglichen Verdiensten der »Arbeiter-Zeitung«, daß sie sich damals zum Sprachrohr derer machte, die in ihrem Lande nun stumm bleiben mußten.

Hochbetagt mußte Ellenbogen, nachdem dem österreichischen autoritären System (dieser Kreuzung zwischen altmodischer monarchistischer Reaktion und moderner faschistischer Gewaltherrschaft) der braune Faschismus gefolgt war, das Land verlassen. Als Siebenundsiebzigjähriger ist er in die Fremde gegangen, als Achtundachtzigjähriger ist er im New-Yorker Asyl gestorben.

Matthias Eldersch, Taglöhner und Parlamentspräsident

Im April 1931 nahmen die Regierung und die Abgeordneten des Nationalrates der Republik Österreich auf der Rampe des Parlaments von ihm den ewigen Abschied: von Matthias Eldersch, der als jugendlicher Gelegenheitsarbeiter in Brünn seine »Karriere« begonnen hatte, in den stürmischen Tagen des Umsturzes nach dem Ersten Weltkrieg als Staatssekretär für Inneres wirkte und als Präsident des österreichischen Nationalrates in der Nacht vom 19. auf den 20. April 1931 für immer die Augen schloß.

Er war eine mächtige Erscheinung gewesen, mit einer weitreichenden Stimme ausgestattet, zu dessen Volksversammlungen unten im Wiener Prater die Leopoldstädter in Scharen kamen. Seine Sprache war die Sprache der Menschen, zu denen er redete, und er brachte, was er zu sagen hatte, mit Mutterwitz und Humor vor. Er konnte die Leute begeistern und er konnte sie auch zum Lachen bringen. Von den führenden sozialdemokratischen Vertrauensmännern war er einer der volkstümlichsten.

Dieser Sohn des Volkes kam am 24. Feber 1869 in Brünn zur Welt; sein Vater war Klaviertischler, seine Mutter Fabriksarbeiterin. Da die Familie den Vater früh verlor, mußte Matthias schon als Schulbub arbeiten gehen und Geld nach Hause bringen. Lehrer wollte er werden, doch das war ein unerfüllbarer Traum. In das Bildungsprivileg konnte so einer wie er nur in den wenigen arbeitsfreien Stunden durch Lesen eine Bresche schlagen. Doch die so erworbene Bildung half zu keiner Anstellung. Das bittere Unrecht, das er so selbst erfuhr, und das Elend rings um ihn — gehörten doch die Brünner Textilarbeiter wohl zu den am schwersten ausgebeuteten Proleten — hat den Buben früh zum Rebellen gegen eine Gesellschaft gemacht, die den Arbeiter 12 und 14 Stunden lang an seinen Arbeitsplatz kettete, die schon die Kinder in die Lohnsklaverei schleppte und die Unzufriedenheit mit dem Polizeisäbel und dem Bajonett der Soldaten beantwortete.

So wurde Matthias Eldersch Sozialist; Bibliothekar und Leiter der Laienbühne des Arbeiterbildungsvereines waren die ersten Funktionen, die er in der Bewegung übernahm.

Der Versuch, den jungen Rebellen beim Militär zu brechen — man schickte ihn in eine Garnison im Sandschak Novibazar, eine von Mohammedanern bewohnte, unruhige Balkanprovinz des Habsburgerreiches —, mißlang. Zwei Jahre nachdem er vom Militär heimgekehrt war, betraute ihn die Partei mit der Verwaltung ihrer Brünner Zeitung »Volksfreund«, bei der er auch als Redakteur Verwendung fand. Als Administrator stand er oft vor der Aufgabe, bei Beschlagnahmen so viele Exemplare der Zeitung wie möglich aus dem Haus und zu den Lesern zu schaffen; als Redakteur mußte er sich oft wegen beschlagnahmter Artikel vor Gericht verantworten. Einige Male mußte der Redakteur Eldersch in den Arrest.

Ein Arbeitervertrauensmann mußte damals auf vielen Gebieten tätig sein: Eldersch interessierte sich für Sozialpolitik, und so übersiedelte er aus der Redaktion in das Sekretariat der Bezirkskrankenkasse Brünn. Das hinderte ihn nicht daran, 1899 einen Streik der Jägerndorfer Textilarbeiter zu organisieren und ein Jahr später für die fünfte Kurie des Wiener Parlaments zu kandidieren. Er kam auch durch. Zu der Zeit vertrat er schon im Parteivorstand die Krankenkassen und die Genossenschaften. 1905 wurde er auch Gemeinderat in Brünn und 1906 mährischer Landtagsabgeordneter.

Diese Art von Ämterkumulierung war damals, als es der jungen Bewegung an fähigen und verläßlichen Menschen mangelte, eine Notwendigkeit. Ja, es war so, daß sich die verschiedenen Zweige der Bewegung um den Eldersch rissen. In den zehner Jahren ging es darum, ob der begehrte Mann sich der Genossenschaftsbewegung oder der Zentrale der Krankenkassen widmen sollte. Victor Adler entschied, daß er Zentralsekretär der Reichskommission der Krankenkassen in Wien werden sollte, weil ihm diese Tätigkeit mehr Zeit für das Parlament ließ, als er dafür als Genossenschafter gehabt hätte. Es gab damals noch eine andere Einrichtung, für die Eldersch gewonnen werden sollte, nämlich das Reichsparteisekretariat.

Aus dem Parlament schied Eldersch dann aus. Ein Versuch, ihn 1913 bei einer Wahl in den Reichsrat zu bringen, mißlang. Er hatte in Wien-Leopoldstadt kandidiert, wo aber damals die Antisemiten die Stärkeren waren. Diese Niederlage hat den damaligen Leopoldstädter Sozialdemokraten, die wohl zu siegesbewußt in die Wahlschlacht gegangen waren, sehr viel Ärger verursacht. Erst nach dem Ende der Habsburgermonarchie kam der bewährte Vertrauensmann der Arbeiterschaft neuerlich ins Parlament. Das war dann schon die Konstituierende Nationalversammlung der Republik.

Karl Renner holte Matthias Eldersch in die Regierung und betraute ihn mit einem der schwierigsten Ministerien, die ein Regierungschef damals zu vergeben hatte: mit dem Innenministerium. Das war eine Aufgabe, die gar nicht nach seinem Geschmack war. Denn es war eine unruhige Zeit; eine Zeit, in der der Radikalismus viel Gehör fand. Die von der Front heimgekehrten Soldaten, die hungernden und arbeitslosen Arbeiter sahen vor sich das Beispiel der russischen Revolution und der Räterepubliken im benachbarten Ungarn und Bayern. Die Führung der Sozialdemokratie, in der Friedrich Adler, Otto Bauer und Robert Danneberg besonders hervorragten, sah aber weiter, mußte weiter sehen als die erbitterten, aufgewühlten Massen.

Die kleine Republik, die nach dem Abfall der anderen Nationen von dem einstigen großen Reich übrig geblieben war, lebte buchstäblich von der Gnade der Siegermächte. Jeder Sack Mehl oder Erdäpfel, jeder Waggon Kohle mußte aus dem Ausland nach Wien gebracht werden. Und die ausländischen Staaten, nämlich die Siegermächte, waren sich ihrer Macht bewußt und setzten sie rücksichtslos ein, um das Vordringen der Revolution aufzuhalten. Offen wurde gedroht, falls es zu schweren Unruhen in Österreich komme, würden die Lebensmittelzufuhren sofort unterbrochen und das Land besetzt werden. Die Drohung mit der Unterbrechung der Lebensmittelzufuhren genügte, denn in Wien gab es immer nur sehr geringe Vorräte. In einer solchen Lage mußte die Regierung um die Bewahrung der Ruhe besorgt sein. Wohl gelang es den führenden Vertrauensmännern der Sozialdemokratie, ein größeres Abenteuer zu verhüten. Es kam aber doch zu Zusammenstößen mit der Polizei, deren höhere Offiziere eben noch aus der Zeit der Monarchie stammten.

Der Polizeipräsident Schober, der sich zwar dem vorgesetzten Staatssekretär gegenüber sehr loyal gab, in Wahrheit aber ein Monarchist war, hat es nicht immer der Mühe wert gefunden, den obersten Chef von einer bevorstehenden Polizeiaktion zu verständigen. Eine aus heimgekehrten proletarischen Soldaten gebildete Hilfspolizei, die Stadtschutzwache, erwies sich bei der schwierigen Aufgabe, es nicht zu schweren Zwischenfällen kommen zu lassen, als brauchbar und verläßlich. Jedenfalls hat es unter den damaligen sozialdemokratischen Ministern zumindest einen gegeben, der beim Zusammenbruch der Koalition froh war, sein Amt los zu sein. Und der hieß Matthias Eldersch.

Im Jahr 1925 hat er dann sein letztes Amt im Dienst des österreichischen Volkes und der Demokratie übernommen. Es war das zweithöchste, das die Republik zu vergeben hatte, das des Parlamentspräsidenten. Er hat es bis zu seinem Tod in einer Weise verwaltet, die ihm allgemeine Wertschätzung eingebracht hat.

Jakob Reumann,
erster SPÖ-Bürgermeister Wiens

Es war geradezu selbstverständlich, daß an jenem denkwürdigen 22. Mai 1919, als zum erstenmal ein Sozialdemokrat zum Bürgermeister von Wien gewählt wurde, diese Wahl auf den ehemaligen »Meerschaumbildhauer« Jakob Reumann fiel. Denn dieser war einer der beiden ersten Sozialdemokraten gewesen, die am 31. Mai 1900 in den Wiener Gemeinderat gewählt worden waren. Der andere war Franz Schuhmeier gewesen.

Wie sein Parteifreund und Gemeinderatskollege war auch Reumann ein richtiges Arme-Leute-Kind. Womöglich ist es ihm als Kind noch schlechter gegangen als dem anderen, denn er war der uneheliche Sohn der Arbeiterin Antonia Regina Reumann, die ihm am 31. Dezember 1853 das Leben gab. Armselig wie seine Geburt war auch seine Schulbildung, wenn auch aus der »Taubenschule« im 5. Bezirk, in die er gegangen war, außer ihm noch zwei Wiener Bürgermeister hervorgegangen sind: die Christlichsozialen Dr. Karl Lueger und Dr. Richard Weiskirchner. Ihnen war, was aus ihrem akademischen Titel hervorgeht, möglich, was dem Sohn der Arbeiterin nicht vergönnt war, eine höhere Bildung zu erwerben. Er mußte mit 14 Jahren als Lehrling in eine Meerschaumpfeifenfabrik. Dafür durfte er sich vier Jahre später (so lange dauerte die Lehrzeit in dem nun schon längst ausgestorbenen Gewerbe) »Meerschaumbildhauer« nennen. Die Herren »Bildhauer« mußten damals an jedem Wochentag 13 Stunden arbeiten.

Reumann gehörte zu jenen Proletariern, die ihr Elend weder mürbe machte noch ins Wirtshaus trieb. Wie sein Enkel Friedrich Keller in »Werk und Widerhall« erzählt, hatte schon der Lehrling Reumann Verbindung mit der jungen österreichischen Arbeiterbewegung. So war er denn auch dabei, als 1869 die Wiener Arbeiter in einer aufsehenerregenden ersten großen Massendemonstration vor dem Wiener Parlament der Regierung das Koalitionsrecht abtrotzten. Später hat er dann den Fachverband der Drechsler gegründet, die erste Gewerkschaft dieses Berufszweiges in Österreich, war deren Obmann, redigierte ihr Fachblatt und übernahm den Posten des Obmannes des Gehilfenausschusses. Er wußte genau, wie es den von ihm Vertretenen ging. Als Familienvater mit drei Kindern, die er schwer genug durchbrachte, kannte er das Elend seiner Kollegen aus eigener Erfahrung. Da die Unternehmer ihn eines Tages auf die berüchtigte »Schwarze Liste« gesetzt hatten, war er gezwungen gewesen, im Ausland Arbeit anzunehmen. Die »Schwarze Liste« war eine der schärfsten Waffen der Unternehmer im Klassenkampf, so lange, bis die erstarkte Arbeiterbewegung sie ihnen aus der Hand schlug. Daß es dahin kam, dazu hat Reumann das Seine beigetragen, nachdem er von Victor Adler nach Wien zurückgerufen worden war.

Im großen Meinungsstreit, der die Arbeiterbewegung damals zerriß, stand Reumann bei den »Radikalen«. Was nicht heißen soll, daß er ein Anarchist war. Er fühlte sich vielmehr von der großen Persönlichkeit des deutschen Arbeiterführers Lassalle angezogen und kam von dessen Auffassungen zum Marxismus. Er war also ein Gegner jenes Flügels, der die Arbeiterbewegung als ein Anhängsel des bürgerlichen Liberalismus sehen wollte. Er war ein beliebter Versammlungsredner, weil er gleichzeitig sachlich, witzig und schlagfertig zu argumentieren vermochte. Während der Zeit des Ausnahmezustandes hat ihn die Polizei so manchesmal in den Arrest geführt, obwohl er nur von der Genossenschaftsbewegung zu sprechen pflegte, die ja erlaubt war. Seine Zuhörer wußten schon, von welcher Genossenschaft da wirklich die Rede war; der Polizei blieb es aber eben auch nicht verborgen.

Auf dem Parteitag von Hainfeld wählte man Reumann zum ersten Parteisekretär der geeinigten Sozialdemokratie. Dann wurde er, als die »Arbeiter-Zeitung« noch ein Wochenblatt war, einer ihrer offiziellen Besitzer und Redakteure. Als Publizist nahm er sich besonders der Heimarbeiter an.

Die Gemeinderatswahlen vom 31. Mai 1900 waren die ersten, bei denen die Sozialdemokraten auf einen, wenn auch bescheidenen Erfolg hoffen konnten. Bei diesen gab es nämlich zum erstenmal neben den Wahlkörpern (Kurien), in denen nur Leute abstimmen konnten, die Steuer zahlten, auch einen, in dem auch Leute, die keine zahlten, weil ihr Einkommen zu gering war, mitwählen konnten. Allerdings entfielen auf diese Kurie nur 20 von den 158 Gemeinderatsmandaten. Von diesen eroberten die Sozialdemokraten zwei. Da sie mehr als 56.000 Stimmen bekommen hatten, gegen 77.000 der Christlichsozialen, hätten ihnen nach dem heute gültigen Wahlrecht 68 Mandate gebührt! Und es wären wohl noch mehr gewesen, hätten sich die Christlichsozialen unter der Führung des großen Demagogen Lueger nicht erfolgreich des Antisemitismus bedient. Es gelang den Christlichsozialen auch, das Kurienwahlrecht in Wien aufrechtzuerhalten, nachdem für den Reichsrat, das Parlament der Monarchie, das allgemeine, gleiche und direkte Wahlrecht eingeführt worden war. So konnte es kommen, daß die Christlichsozialen auch nach den Reichsratswahlen von 1911, bei denen von 30 Mandaten nur 2 auf sie, jedoch 19 auf die Sozialdemokraten und 9 auf die Freiheitlich-Liberalen entfallen waren, ihre Herrschaft im Rathaus aufrechterhalten konnten.

So wie Schuhmeier hat auch Reumann seine Tätigkeit nicht auf den Wiener Gemeinderat beschränkt. Nachdem er

1907 in den Reichsrat gewählt worden war, setzte er sich dort für die Verstaatlichung des Kohlenbergbaues, die Errichtung von Gewerbegerichten und das Streikrecht ein. Seine besondere Sorge galt dem Ausbau der Kranken- und Unfallversicherung.

Der Zerfall der Habsburgermonarchie brachte endlich auch für den Wiener Gemeinderat ein demokratisches, gleiches Wahlrecht. Am 4. Mai 1919 war es dann soweit, die Sozialdemokraten erhielten von 165 Mandaten bei den ersten echten Wiener Gemeinderatswahlen 100, und Jakob Reumann wurde nach seinen Schulkollegen Lueger und Weiskirchner Bürgermeister der österreichischen Hauptstadt.

Doch welch ein Erbe hatten ihm seine Vorgänger hinterlassen! Die Stadt hatte Milliardenschulden. Es gab 100.000 Arbeitslose, fast keine Lebensmittel und Brennstoffe, die Hälfte der Straßenbahnwagen war unbrauchbar, das Elend riesengroß.

In dieser Lage begann die neue Stadtverwaltung ihr Reformwerk, welches das »Rote Wien« zum Mekka der Kommunal- und Sozialpolitiker machen sollte. Auf der Grundlage des von den Sozialdemokraten zäh verteidigten Mieterschutzes begann das erste Wohnbauprogramm anzulaufen. Die unsoziale und diskriminierende Armenpflege — wer eine städtische Unterstützung bezog, verlor das Wahlrecht zum Gemeinderat — wurde zur modernen Fürsorge umgestaltet. Ein modernes Gesundheitswesen begann sich zu entfalten. Nicht zuletzt wurde die Verwaltung der Stadt reformiert und ihr unsoziales Tarif- und Steuersystem revolutioniert.

Jakob Reumann stand am Anfang dieser gewaltigen Umwälzung, er war aber nun schon an die siebzig Jahre alt und hatte ein schweres und arbeitsreiches Leben hinter sich. So entschloß er sich, bei den Nationalrats- und Gemeinderatswahlen vom 21. Oktober 1923 nicht mehr zu kandidieren.

Es war ihm, der die Entwicklung der österreichischen Arbeiterbewegung von den Anfängen bis zu ihrem ersten triumphalen Höhepunkt miterlebt hatte, nicht gegönnt, sich eines langen, ruhigen Lebensabends zu erfreuen. Nicht ganz zwei Jahre nach seinem Ausscheiden aus dem politischen Leben ist er einem Herzschlag erlegen.

Karl Seitz,
der meistgegrüßte Wiener

Es war in den Jahren der austrofaschistischen Diktatur. Da konnte ein Fremder in Wien ein merkwürdiges Schauspiel erleben. Ein älterer Herr, sorgfältig gekleidet, doch nicht besonders auffällig, wurde von den meisten Passanten, die ihm begegneten, mit sichtlicher Achtung gegrüßt. Vor niemandem wurde in so kurzer Zeit so oft der Hut gezogen wie vor diesem Spaziergänger.

Erkundigte sich der Ausländer nach Würde und Amt des so sehr Geachteten, so wurde ihm meist die Antwort zuteil: Das ist der Bürgermeister Seitz. Und kaum einer setzte hinzu: Das ist der Mann, der bis zum Feber 1934 Bürgermeister von Wien war. Für die überwiegende Mehrheit der Wiener war er weiter der Bürgermeister. Der von der Diktaturregierung an seiner Stelle auf den Bürgermeisterstuhl Gesetzte wurde nicht anerkannt.

Der Mann, der sich nach der Entfernung aus Würde und Amt solcher Popularität erfreute, der ein Symbol der Ablehnung der Usurpatoren geworden war, kam aus einer Wiener Weinhauerfamilie. Allerdings hatte sein Vater wenig Gelegenheit gehabt, sich dem Familienberuf zu widmen, denn er wurde zum Militärdienst einberufen, der damals zwölf Jahre dauerte. Krank kam der Mann zurück und starb nach einem Blutsturz, als der am 4. September 1869 zur Welt gekommene Karl kaum sechs Jahre alt war.

Die Mutter konnte ihre vielen Kinder — Karl Seitz hatte vier Schwestern und zwei Brüder — nicht ernähren, so mußte der Bub ins Waisenhaus. Hier machte er nicht nur mit der strengen militärischen Zucht, die damals in diesen Anstalten herrschte, Bekanntschaft, sondern auch mit dem — Bildungsprivileg. Obwohl ein ausgezeichneter Schüler, konnte er, seiner Armut wegen, nicht die im Rang höhere Bürgerschule, sondern nur die Volksschule besuchen.

Dieses Unrecht machte ihn, wie er später erzählte, zum Rebellen. Ein wenig Glück hatte er aber doch in seinem Unglück. Ein liberaler Gemeinderat wurde auf den begabten Buben aufmerksam und ermöglichte es ihm, ein Lehrerseminar zu besuchen.

Karl Seitz wurde also Lehrer, doch kaum im Beruf, kam er schon in Schwierigkeiten. Gemeinsam mit anderen Junglehrern kämpfte er gegen die Bestrebungen der Klerikalen, das Reichsvolksschulgesetz von 1869 zu verschlechtern. »Die Jungen«, wie sie sich nannten, zahlten für ihren Widerstand mit dem Existenzverlust. Seitz, Glöckel, Speiser, Enslein und andere fielen dem Gesinnungsterror der Christlichsozialen zum Opfer.

Längst schon ein Sozialdemokrat, begann Seitz nun, wie Anton Tesarek in »Werk und Widerhall« erzählt, die Parteiarbeit in den »Elementarkursen für Arbeiter«. Doch dabei blieb es nicht. Der ehemalige Lehrer wurde einer der ersten Parlamentarier der Sozialdemokratie. Noch in der Zeit des Kurienwahlrechtes gewann er einen Parlamentssitz in Floridsdorf und drang auch in den niederösterreichischen Landtag ein.

Er war also 1907, als nach der Erringung des allgemeinen Wahlrechtes 82 Sozialdemokraten in den österreichischen Reichsrat einzogen, schon mit beträchtlichen parlamentarischen Erfahrungen ausgerüstet. Er wurde Schriftführer der sozialdemokratischen Fraktion und hat sich vor allem eine gründliche Kenntnis der Geschäftsordnung des Hohen Hauses angeeignet.

Der Umsturz im Jahre 1918, die Folge der Niederlage und des Auseinanderbrechens der österreichisch-ungarischen Monarchie, brachte dem ehemaligen Waisenhauszögling die höchste Würde, die die junge Republik Österreich zu vergeben hatte. Als Präsident der konstituierenden Nationalversammlung war er auch zugleich Staatsoberhaupt.

Es liegt nicht nur daran, daß die Präsidentschaft von Seitz mehr als fünfzig Jahre zurückliegt, daß sich daran relativ wenig Leute erinnern. Vielmehr wird auch im Gedenken derer, die den Übergang von der Monarchie zur Republik miterlebt haben, das Staatsoberhaupt vom Stadtoberhaupt, der Präsident vom Bürgermeister von Wien überstrahlt.

Am 13. November 1923 trat Seitz die Nachfolge von Jakob Reumann, dem ersten sozialdemokratischen Bürgermeister von Wien, an. Unter seiner Führung wurde nun das große Konzept verwirklicht, nach dem aus der alten Kaiserstadt ein Musterbeispiel sozialistischer Verwaltungskunst, ein Vorbild für alle fortschrittlichen Kommunalpolitiker, das »Rote Wien« geworden ist. Mit seiner vorbildlichen Fürsorge-, Wohnbau-, Schul- und vor allem Finanzpolitik verblüffte und faszinierte dieses neue Wien die ganze Welt. Aber ebenso wie die Leistungen der Wiener Gemeindeverwaltung die einen begeisterten, riefen sie auf der anderen Seite erbitterten Haß und Ingrimm hervor.

Der Zorn der Feinde — und es waren damals Feinde im wahrsten Sinne des Wortes und nicht nur politische Gegner, wie man sie heute kennt — richtete sich aber selbstverständlich nicht nur gegen die Männer im Rathaus, sondern gegen ihre Partei als Ganzes, gegen die Sozialdemokratie.

Karl Seitz, der Bürgermeister, war schon nach dem Tode Victor Adlers Vorsitzender der Sozialdemokratischen Partei geworden. Da damals die von Sozialdemokraten verwaltete Hauptstadt von Bundesländern umringt war, in denen die Christlichsozialen dominierten, verschmolzen Wien und die Sozialdemokratie zu einem Begriff.

Der Vormarsch des europäischen Faschismus gab den erbitterten Gegnern der Arbeiterbewegung und des Roten

Wiens die lang ersehnte Gelegenheit. Nachdem Hitler die Macht im Deutschen Reich übernommen hatte, schlug die österreichische Reaktion auch bei uns die Demokratie in Scherben. Karl Seitz, der auch der Gewalt nicht weichen wollte, schleppte man auf seinem Sessel aus seinem Arbeitszimmer. Fast ein Jahr hielt man ihn in Haft. Als er aber aus dieser entlassen wurde, bezeugten ihm die Wiener, wo immer er sich zeigte, ihre Achtung. Er wurde zum meistgegrüßten Mann der Stadt.

Seine Popularität war auch außerhalb Österreichs wohl bekannt. So verwundert es nicht, daß die Männer des 20. Juli 1944, als sie ihre Aktion vorbereiteten, mit Karl Seitz Kontakt suchten und ihm in der provisorischen Reichsverwaltung, die an die Stelle des Hitler-Regimes treten sollte, eine wichtige Position einräumen wollten.

Nach dem mißglückten Attentat auf Hitler begann für den alten und keineswegs mehr gesunden Mann eine furchtbare Leidenszeit: Verhaftung, Gestapoverhöre, Haft im Konzentrationslager Ravensbrück und schließlich Verbannung in eine sächsische Kleinstadt.

Im Juni 1945 konnte Seitz endlich nach Wien zurückkehren, wo ihm Adolf Schärf den Vorsitz der wiedererstandenen Partei des österreichischen Sozialismus übergab.

Nun sah man ihn, den Vollblutparlamentarier, wieder im Nationalrat. Und hier erhob er am 20. März 1946 seine Stimme zu einem Appell an die Besatzungsmächte, die sich das Recht vorbehalten hatten, die vom österreichischen Parlament beschlossenen Gesetze erst zu sanktionieren, bevor sie in Kraft treten konnten. Seitz rief ihnen damals die denkwürdigen Worte zu:

»Wir appellieren an den demokratischen Sinn des englischen, des französischen, des russischen und des amerikanischen Volkes. Wahret eure Würde, indem ihr auch die Würde dieses kleinen österreichischen Staates und seines Parlamentes wahret!«

Vier Jahre später, einige Monate nachdem ganz Wien mit ihm seinen 80. Geburtstag gefeiert hatte, am 3. Feber 1950, ist Karl Seitz in Grinzing für immer von uns gegangen.

Friedrich Austerlitz
Ein Leben für die AZ

Im Jahre 1895 wurde die Wiener »Arbeiter-Zeitung« — jetzt kurz AZ genannt — aus einer periodisch erscheinenden Zeitschrift zur Tageszeitung. Das war für die finanzschwache österreichische Sozialdemokratie eine kühne Tat. Doch es gelang, die Zeitung zu einer scharfen Waffe im politischen Kampfe und gleichzeitig zu einem hervorragenden Erziehungsinstrument der Bewegung zu machen. Dies war nicht zum wenigsten ihrem zweiten Chefredakteur, dem ehemaligen Handelsangestellten Friedrich Austerlitz, zu danken.

Victor Adler ist es gewesen, der den jungen Mann entdeckt und für diese verantwortungsvolle Arbeit herangezogen hat. Der Einiger der österreichischen Arbeiterbewegung hat seine Wahl nicht bereut, das geht deutlich aus einem Brief hervor, den Adler an Friedrich Engels schrieb, und in dem es hieß:

»Das Blatt geht gut, und ich bin stolz darauf, daß ich mich fast überflüssig gemacht habe. Ich habe das ungeheure

Glück gehabt, einen Redakteur zu finden, von seltener Tüchtigkeit und unerhörter Arbeitskraft: Austerlitz. Bis zum 1. Jänner (1895) war er Buchhalter in einem (Wiener) Exporthaus.«

Jacques Hannak, einer von denen, die Austerlitz jahrelang als Chefredakteur in der Redaktion der »Arbeiter-Zeitung« erlebt haben, sagt in »Werk und Widerhall«, daß es von diesem Manne nichts Persönlich-Biographisches gebe. Man weiß, daß er am 25. April 1862 in Hohenlieben zur Welt gekommen und am 5. Juli 1931 in Wien als Chefredakteur gestorben ist. Von der Familie, in die er hineingeboren wurde, weiß man ebensowenig etwas wie von seinem Werdegang, und über sein Privatleben ist auch nur Dürftiges zu berichten.

Austerlitz war bereits am Vormittag an seinem Schreibtisch zu finden und dann, nach der Mittagspause, bis lange nach Mitternacht, es soll oft vier Uhr früh geworden sein, in der Redaktion. Dazwischen gab es wohl Unterbrechungen, denn Friedrich Austerlitz war ein beliebter Versammlungsredner und ausgezeichneter Parlamentarier. An der Formung der Politik der österreichischen Sozialdemokratie nahm er nicht nur in der Redaktionsstube und im Parlament, sondern auch im Parteivorstand teil.

Die Arbeitskraft dieses Mannes wurde durch ein überschäumendes Temperament und durch ein geradezu fanatisches Gefühl für Gerechtigkeit genährt. Er ließ es nicht dabei bewenden, das große Unrecht, das in der Gesellschaftsordnung den arbeitenden Menschen angetan wurde, zu bekämpfen. Er griff einzelne Fälle von Klassenjustiz, obrigkeitlicher Willkür, Fehlurteilen und Verfolgung durch eine Clique auf.

Dieser Kampf gegen das kollektive und das individuelle Unrecht fesselte ihn so sehr, daß er, der Nicht-Akademiker, sich mit der ganzen Kraft seines aufnahmefähigen Geistes ins geschriebene Recht vertiefte, so daß er schließlich zu einem der besten Rechtskenner des Landes, zu einem richtigen Rechtsgelehrten und in der Ersten Republik schließlich auch zum Mitglied des Verfassungsgerichtshofes werden konnte.

Wo er ein Unrecht sah, trat er dagegen auf. Und dies ohne

Ansehen der Person: Er nahm sich ebenso einer von Hofintriganten verfolgten Prinzessin an wie einer Bedienerin, die durch einen Fehlspruch der Geschworenen zur Mörderin gestempelt und ins Zuchthaus geschickt worden war.

Doch das war ein leichter Kampf im Vergleich zu dem, den er während des Ersten Weltkrieges gegen die Militärjustiz des Habsburgerreiches führte, gegen eine Justiz, die imstande war, einen Fünfzehn- und einen Achtzehnjährigen wegen eines verrosteten Gewehres und ein paar Patronen, die sie gefunden hatten, an den Galgen zu bringen. Es soll nicht verschwiegen werden, daß unter dem Vielen, das Austerlitz geschrieben hat, auch einiges gab, das ihm übelgenommen wurde. So der im Überschwang verfaßte Aufsatz »Der Tag der deutschen Nation« vom 5. August 1914, der nicht nur bei den Kriegsgegnern unter den Parteimitgliedern auf scharfen Widerspruch stieß, sondern auch beim Parteivorstand. Er war mit diesem nicht besprochen worden und entsprach auch nicht der Auffassung der Parteiführung.

Victor Adler, der die Möglichkeit der Partei, bei einem Kriegsausbruch etwas zu tun, immer skeptisch beurteilt hatte, wollte eine Politik der zurückhaltenden Distanz. Nun aber war in der Öffentlichkeit ein ganz anderer Eindruck entstanden, der bis heute vorhält, weil die Geschichtsforschung noch keine Gelegenheit hatte, den wahren Tatbestand richtigzustellen. Doch kann man wohl sagen, daß Austerlitz seinen Fehler durch seine überaus mutige Haltung gegenüber der Kriegsjustiz ausreichend gutgemacht hat.

Ganz anders verhält es sich mit dem Leitartikel der »Arbeiter-Zeitung« vom 15. Juli 1927, von dem behauptet wird, er habe zu den blutigen Ereignissen dieses Tages weitgehend beigetragen. Ob das richtig ist, wird wohl immer eine Streitfrage bleiben. Doch eines weiß man, nämlich, daß der Artikel nicht mit der Absicht geschrieben wurde, die Menschen aufzureizen, sondern mit einer ganz anderen. Austerlitz wollte dem Protest der Arbeiterschaft gegen den Mord von Schattendorf Ausdruck verleihen. Massenpsychologisch war das richtig gedacht, es wurde wohl ein Ventil geöffnet, durch das Dampf abgelassen werden sollte. Doch genügte das nicht, der Druck im überhitzten Kessel war zu groß, die

Empörung der Massen war zu tiefgehend. Sie waren einmal zu oft provoziert worden.

Das bisher über den zweiten Chefredakteur der »Arbeiter-Zeitung« Gesagte würde wohl genügen, um ihn als ebenso großen Journalisten wie Menschen zu zeigen. Doch wir haben von seiner größten Leistung noch gar nicht gesprochen. Um dies zu tun, müssen wir zurückblenden auf die Jahre, in denen die österreichische Sozialdemokratie im Kaiserstaat um das allgemeine, gleiche und direkte Wahlrecht kämpfte.

Dieses Ringen dauerte Jahre, es stand im Vordergrund der Parteiarbeit, es wurde mit Zähigkeit und Hingabe geführt. Genährt wurde das Feuer durch das Zentralorgan, in dem Friedrich Austerlitz unermüdlich und immer wieder Leitartikel zu diesem Gegenstand schrieb.

Möglicherweise kann ein Nicht-Journalist gar nicht ermessen, was es heißt, immer wieder über das gleiche Thema zu schreiben, ohne sich und, was noch viel schlimmer wäre, seine Leser zu ermüden. Austerlitz hat das zustande gebracht und so viel dazu beigetragen, daß die österreichische Arbeiterschaft im Kampf ums Wahlrecht nicht erlahmte. Damals wurde auch beste politische Erziehungsarbeit geleistet, wurden Österreichs Arbeiter im Kampf um die politische Demokratie zu jener unverbrüchlichen demokratischen Gesinnung erzogen, die einen der wertvollsten Teile ihres ideologischen Erbes bildet.

Wenn wir das Lebenswerk dieses von der Mission des Sozialismus zutiefst Überzeugten als Ganzes betrachten, so müssen wir wohl seinem Nachfolger Oscar Pollak Recht geben, der von dem verewigten Vorgänger sagte, daß er ein Genie gewesen sei.

Max Winter,
Helfer der Obdachlosen in Wien

In der Zeit vor dem Ersten Weltkrieg brachte der »Wiener Verlag« — eine Gründung, der kein besonders langes Leben beschieden war — zwei Bücher heraus, die das Elend der Wiener Obdachlosen zum Thema hatten. Der Verfasser der Bücher war ein kleingewachsener Redakteur der Wiener »Arbeiter-Zeitung«, der in diesen Aufsätzen die Wiener Obdachlosigkeit von ihrer krassesten Seite zeigte. Er suchte die Obdachlosen in ihren armseligen Schlafstätten auf.

Das waren vor allem die Kanäle der Kaiserstadt und die Neubauten, in denen man offene Koksöfen aufgestellt hatte, um die nassen und noch rohen, unbeworfenen Ziegelwände zu trocknen. Das ausströmende Gas tötete so manchen von den armen Teufeln, die hier ein paar Stunden Ruhe und ein wenig Wärme gesucht hatten.

Der unscheinbare kleine Mann, der diese Ärmsten der Armen aufsuchte, war der Lokalreporter der »Arbeiter-Zeitung« Max Winter. Ihn den Erfinder der Wiener Sozialreportage zu nennen, wäre zuviel behauptet, denn vor ihm hatte ja schon Victor Adler durch seine Artikelserie über das Elend der Ziegeleiarbeiter auf dem Wienerberg in der »Gleichheit« vorbildliche Sozialreportagen geschaffen. Jedenfalls aber war dieser Max Winter ein großartiger Journalist und ein Genie der Menschlichkeit.

Das Blatt, für das er seine aufwühlenden Artikel schrieb, war arm, so arm, daß er lange darum kämpfen mußte, für seine Entdeckungsfahrten in das unterirdische Wien ein paar Kanalräumerstiefel bewilligt zu bekommen.

Vor fünf Jahren waren es am 9. Jänner hundert Jahre, daß Max Winter in Tarnok in Ungarn, in eine gutbürgerliche Familie hineingeboren wurde. Es war also nicht proletarisches Elend, das den begabten Mann zur Sozialdemokratie und in die Redaktion der »Arbeiter-Zeitung« gebracht hat. Es war sein menschliches Gefühl, sein Herz, das ihn zu einem der publizistischen Vorkämpfer der Erniedrigten und Beleidigten gemacht hat.

Nicht jeder, der schreiben kann, kann auch reden. Diese Doppelbegabung ist seltener, als man glauben sollte. Doch wer sie hat, der ist zum Politiker prädestiniert. Und so sehen wir Max Winter 1911 als Abgeordneten von Wien-Alsergrund im Reichsrat.

Kurz vorher war in Graz unter der Führung eines anderen sozialistischen Journalisten, des Redakteurs des »Arbeiterwillens« Anton Afritsch, eine neue proletarische Organisation entstanden: die »Kinderfreunde«. Es war diesem Verein bestimmt, zu einer der populärsten Einrichtungen der Arbeiterbewegung zu werden. Aber nicht gleich. Mit den »Kinderfreunden« war es so, wie es vorher mit den »Naturfreunden« gewesen war, es gab Vertrauensleute, die Angst hatten, die neue Organisation würde der Partei Mitarbeiter entziehen. Das Gegenteil war der Fall, die neue Aufgabe lockte Menschen an, die sich mit der üblichen Parteiarbeit nicht richtig befreunden konnten, aber gerne mit einer Schar Kinder an schönen Sonntagen ins Grüne oder in ein Bad zogen.

Natürlich waren sie auch keine geschulten Pädagogen, diese unverheirateten, schon nicht mehr ganz jungen Frauen, und die Arbeiter, die es zu den Kindern zog. Sie fanden aber sichtlich den richtigen Ton mit den jungen Menschen, denn sonst wären ihnen die Kinder nicht zu den Zusammenkünften gekommen und hätten schon gar nicht in den Schulen unter den Klassenkameraden geworben. Es ist damals vorgekommen, daß Mütter von ihren Sprößlingen für den neuen Verein gewonnen wurden. Allerdings haben die »Kinderfreunde« nicht nur Ausflüge organisiert und Märchenvorlesungen veranstaltet, sie haben auch Kinderbibliotheken organisiert, und die lockten so manchen Buben und so manches Mädel unwiderstehlich an.

Es war wohl selbstverständlich, daß ein Elternverein von der Art der »Kinderfreunde« sich auch mit Erziehungsfragen beschäftigen mußte. Das war in einer Zeit um so wichtiger, in der in der Schule der Rohrstock und in der proletarischen Familie der Hosenriemen des Vaters und der Teppichklopfer in der Hand der Mutter als die wichtigsten Erziehungsinstrumente galten. Max Winter und seine Mitarbeiter kämpften gegen diese Methode mit aller Macht an, und es ist bezeichnend für die moralische Kraft, die der Arbeiterbewegung damals innewohnte, daß das Schlagen von Kindern ziemlich bald als ein Verstoß gegen die Weltanschauung eines aufgeklärten Sozialdemokraten galt. Kinder, die in der neuen Weise aufgezogen wurden, nahmen dann später die Ohrfeigen der Lehrherren nicht mehr als einen festen und unaufhebbaren Bestandteil der göttlichen Weltordnung hin.

So führte der Weg von den »Kinderfreunden« geradewegs zu den »Jugendlichen«, dem »Verein jugendlicher Arbeiter«, der sozialdemokratischen Jugendorganisation, und von da in die Gewerkschaft und in die Partei. Dies kam ganz von selbst, auf natürliche Weise; die Gründer des Fürsorgevereines, als was sich die »Kinderfreunde« ursprünglich allein auffaßten, haben anfänglich gar nicht so weit gedacht. Noch weniger an das, was dann später in der Ersten Republik kam, an die Theorien von der »Sozialistischen Erziehung«, die heute von jungen Radikalen wieder entdeckt werden.

Max Winter, der während des Krieges Obmann der »Kinderfreunde« Niederösterreichs geworden war, wurde nach der Gründung der Republik als Vizebürgermeister ins Wiener Rathaus berufen. Er hat da für die Sache, die er als eine Lebensaufgabe ansah, viel geleistet, aber er scheint im Rathaus doch nicht recht warm geworden zu sein. Er gab das Mandat auf und übernahm dafür die Funktion des Kinderfreunde-Obmannes von ganz Österreich. Unter seiner Obmannschaft entstand der Verlag »Jungbrunnen«, und außerdem hatte er die Genugtuung, mitzuerleben, wie die Idee der Bewegung sich international ausbreitete.

Obwohl Max Winter in der Arbeit für seine Organisation fast aufging, hatte er in seinen alten Tagen doch nicht auf jede journalistische Betätigung verzichtet. Er unterrichtete in der »Arbeiterhochschule« Journalismus, und außerdem gelang ihm ein wahres journalistisches Meisterstück: Es ging darum, vor Nationalratswahlen eine Zeitschrift für Frauen herauszubringen, die nach den Wahlen wieder eingestellt werden sollte. Max Winter bekam den Auftrag, diese Arbeit durchzuführen.

Er übernahm die Aufgabe und löste sie so glänzend, daß das Wochenblatt, das »Die Unzufriedene« genannt worden war, ein durchschlagender Erfolg wurde. Diese Zeitschrift ging so gut, daß nach den Wahlen niemand mehr ans Einstellen dachte. Das Nachfolgeblatt dieser in jedem Sinne des Wortes populären Publikation ist heute »Die Frau«.

Der Lebensabend des großartigen Journalisten und Menschen Max Winter war leider sehr trübe. Er verlebte seine letzten Jahre im amerikanischen Exil, wo er vereinsamt und in materieller Not gestorben ist. Seine Asche wurde später auf dem evangelischen Friedhof beim Wiener Matzleinsdorfer Platz beigesetzt.

Hugo Breitner
Ein Bankprokurist wird Stadtrat

Im Jahr 1911 gaben die Wiener Banken ihren Angestellten den Samstagnachmittag frei. Das war damals ein unglaubliches Sonderrecht. Es wurde aber nicht aus freien Stücken bewilligt, sondern von einer Gewerkschaft erkämpft.

Diese Organisation hatte sich aus einem Geselligkeitsverein entwickelt. Der Mann, der diese Umwandlung organisiert hatte, war ein Prokurist der Länderbank; er hieß Hugo Breitner.

Die Ernennung Breitners zum Prokuristen war erfolgt, nachdem er in Versammlungen der Bankbeamten die kargen Gehälter der großen Masse der Angestellten der Finanzinstitute den Rieseneinkommen der Direktoren gegenübergestellt hatte. Es dürfte ein Versuch gewesen sein, den kühnen Agitator von seinen Kollegen zu trennen. Freilich, es war ein vergeblicher Versuch. Breitner blieb ein Vorkämpfer der Bankbeamten. Breitner hatte also in seinem Beruf eine glänzende Karriere gemacht, er gab aber nach dem Zusammenbruch der Monarchie das Erreichte auf und kandidierte bei den ersten demokratischen Gemeindewahlen der österreichischen Hauptstadt im ersten Bezirk für den Gemeinderat. Nachdem die Sozialdemokraten in diesem Wahlgang im Mai 1919 von 165 Sitzen im Gemeinderat 100 gewonnen hatten, wurde Breitner zum amtsführenden Stadtrat für Finanzen gewählt.

Der neue Wiener Finanzreferent stand vor schier unlösbaren Aufgaben. Die Gemeinde war tief verschuldet, in ihren Kassen lagen wertlos gewordene Kriegsanleihen, ihr Finanzwesen war im höchsten Maß unsozial und unanwendbar geworden. Es beruhte im wesentlichen auf der Mietzinssteuer, die im Jahr 1913 nahezu die Hälfte der Gemeindeeinnahmen, nämlich 73 Millionen Goldkronen, einbrachte, den Überschüssen der städtischen Monopolbetriebe (Wasserversorgung, Elektrizitätswerk, Gaswerk und Straßenbahn) und den Zuschlägen zur Verzehrungssteuer.

Die drückende Mietzinssteuer, die auch auf den ärmlichsten Zimmer-Küche-Wohnungen lastete, war mitschuldig an den furchtbaren Wohnungsverhältnissen in den Arbeitervierteln der Kaiserstadt Wien. Verschlang doch der Monatszins in der Regel einen ganzen Wochenlohn vom Einkommen eines Arbeiters!

Ebenso widersprachen Verzehrungssteuer und Gewinne aus städtischen Betrieben sozialdemokratischen Grundsätzen. Letztere waren um so aufreizender, als für das Personal nur Schundlöhne abfielen. So waren die Schaffner der Straßenbahn und der von Pferden gezogenen sogenannten Stellwagen auf Trinkgelder angewiesen.

Beim Einzug Breitners in das Rathaus wurde das alles gründlich geändert. Die städtischen Monopolbetriebe durften von da an nur noch die Selbstkosten einbringen, mußten jedoch anständige Löhne zahlen. Das hatte zur Folge, daß die Tarife heruntergesetzt werden konnten.

Waren bisher Gas und elektrischer Strom nur für Leute mit höheren Einkommen erschwinglich gewesen, so verdrängten sie nun auch in den Wohnungen Minderbemittelter den Spirituskocher und die Petroleumlampe.

Breitner mußte nun für die sozialdemokratische Gemeindeverwaltung neue und möglichst ertragreiche Einkommensquellen finden. Die neuen Leute im Rathaus hatten viel vor. Anstelle der entwürdigenden »Armenpflege« der Christlichsozialen sollte ein umfassendes modernes Fürsorgewesen treten, die Schule mußte reformiert werden, das Verhältnis zu den städtischen Angestellten neu gestaltet und schließlich auch in Neuland vorgestoßen werden.

Das große Experiment des kommunalen Wohnungsbaus, das für die ganze Welt zum Vorbild wurde, begann auf Wiener Boden. Dazu kamen noch Aufgaben wie die Schaffung von Bädern und Sportanstalten, die Neugestaltung der Mistabfuhr, die Ausgestaltung der städtischen Gärten und so weiter und so fort.

Der Finanzreferent des »Roten Wien« löste seine Aufgabe auf eine Weise, die ihm die Bewunderung und die Liebe der arbeitenden Menschen weit über die Grenzen seines Wirkungsbereiches und den grenzenlosen Haß der Gegner der Arbeiterbewegung eintrug. »Steuersadist« war eine der Bezeichnungen, die Wiens bürgerliche Presse für Breitner erfand.

Gerade deren Zorn war zu verstehen, war doch der Wiener Finanzreferent auf die Idee gekommen, die Inserateneinnahmen der Blätter zu besteuern. Charakteristisch für die »Breitnersteuern« war ihre starke Progression. So war die Verzehrungssteuer, die jedes Stück Fleisch, ganz gleichgültig, wer es kaufte, gleichmäßig belastete, durch die völlig anders konstruierte Nahrungs- und Genußmittelabgabe abgelöst worden. Sie wurde von Betrieben eingehoben, die Nahrungs- und Genußmittel abgaben. Doch nur von jenen, die für die Bessersituierten da waren. So zahlten von den etwa 3600 Wiener Gasthäusern nur rund 700, von 1200 Kaffeehäusern 320, von 22.000 Delikatessenhändlern nur rund 250 die Abgabe.

Aber auch die eingereihten Betriebe waren nicht gleichmäßig belastet. Die Progression begann bei 2 Prozent und endete bei 15. Sehr scharf bekämpft wurde auch die Lustbarkeitssteuer. Diese wieder war nach kulturellen Gesichtspunkten gestaffelt. Theater- und Opernaufführungen wurden durch sie mit 4, Operettenvorstellungen mit 6 Prozent belastet; bei Filmvorführungen galt ein Steuersatz zwischen

3 und 28$^{1}/_{2}$ Prozent, bei Pferderennen, Box- und Ringkämpfen von 33$^{1}/_{2}$ Prozent.

Daß die Gemeinde auch auf den Mittelstand Rücksicht zu nehmen wußte, zeigte die Gestaltung der Hauspersonalabgabe. Hielt ein Haushalt eine Hausgehilfin, so war überhaupt nichts zu bezahlen; hatte man zwei Hausgehilfinnen, so hob die Gemeinde 50 damalige Schilling im Jahr ein, drei Hausmädchen kosteten die so Bedienten bereits 300 Schilling, und leistete man sich den Luxus, noch mehr Menschen mit seiner persönlichen Bedienung zu beschäftigen, so griff die Gemeinde sehr kräftig zu. So wurden von den zwei am höchsten besteuerten Haushalten 1931 rund dreihunderttausend damalige Schilling Hausgehilfenabgabe abgeführt.

Dreizehn Jahre lang war Breitner Wiener Finanzreferent: Er dürfte neben Otto Bauer wohl jener sozialdemokratische Vertrauensmann gewesen sein, der am ärgsten beschimpft wurde. Wobei Christlichsoziale, Heimwehrpolitiker und braune Faschisten die jüdische Abstammung des ihnen Verhaßten ins Spiel brachten. Besonders arg trieb es der Aristokrat und Heimwehrführer Starhemberg. In einer Versammlung rief er seinen Gefolgsleuten zu: »Der Kopf dieses Asiaten muß in den Staub rollen!«

Im Jahr 1932 gab Breitner sein Amt an Robert Danneberg ab, im Feber 1934 warfen ihn die zur Macht gekommenen Austrofaschisten ins Gefängnis. Gerne hätte man ihm den Prozeß gemacht, seine Amtsführung war aber so untadelig gewesen, daß sich bei allem Eifer gegen ihn nichts Belastendes finden ließ. Breitner übersiedelte einige Monate später nach Florenz, dann fuhr er nach Amerika, wo er in der kleinen Stadt Claremont Universitätsvorlesungen hielt.

Sein sehnlicher Wunsch, Wien noch einmal zu sehen, ist nicht in Erfüllung gegangen. Eine schwere Herzkrankheit, an der er am 5. März 1946 in Claremont gestorben ist, hat dies verhindert.

Robert Danneberg
»Jeder Zoll ein großer Mann«

In diesem Dezember ist es 35 Jahre her, daß Robert Danneberg, eine der großen politischen Persönlichkeiten der Ersten Republik Österreichs, in Auschwitz ermordet wurde. »Märtyrertum ist nicht umsonst«, hatte er auf einen Zettel geschrieben, den ein Genosse, der mit ihm in der Hölle von Dachau gewesen war, in die Emigration gebracht hat.

Ob ihm dieser Gedanke bis zuletzt Trost gewesen ist, wer weiß es? Andere waren aus den Konzentrationslagern entlassen worden, durften sich um ein Ausreisevisum bemühen und konnten, wenn sie das Glück hatten, eines zu erlangen, auch wirklich emigrieren. Danneberg war dies verwehrt, denn die braunen Mörder ließen keinen gehen, den sie als einen bedeutenden politischen Gegner ansahen. Und bei dem ehemaligen Parteisekretär der österreichischen Sozialdemokratie stimmte es, daß er einer von den bedeutendsten Vertrauensmännern der österreichischen und internationalen Arbeiterbewegung war.

Dannebergs Heimatstadt war Wien, hier kam er am 23. Juli 1885 zur Welt. Als Jusstudent schloß sich der Sohn eines gutbürgerlichen, jüdischen Hauses der sozialistischen Jugendbewegung an. Hier kümmerte er sich besonders eifrig um den Lehrlingsschutz. Das war in der Zeit, in der die »Lehrbuam«, oft noch bei ihren Meistern in Kost und Quartier, der Willkür ihrer Lehrherrn geradezu schutzlos ausgeliefert waren, dringend nötig. Die Arbeitszeit dieser halben Kinder war in vielen Fällen länger als die der erwachsenen Arbeiter, denn zu ihren vielen Aufgaben gehörte es ja auch, die Werkstätten aufzuräumen. Körperliche Mißhandlungen waren an der Tagesordnung.

Die sozialistische Jugendorganisation, die als eine Art Lehrlingsgewerkschaft wirkte, brachte besonders arge Fälle vor allem in ihrem Vereinsorgan »Der jugendliche Arbeiter« zur Kenntnis der Öffentlichkeit. Danneberg wirkte, so wie Josef Luitpold Stern, in der Redaktion der Monatszeitschrift mit. Die Jugendorganisation der Sozialdemokratie war aber auch oder, besser gesagt, vor allem eine Bildungsorganisation.

»Bildung macht frei« war ihr Wahlspruch. Es ist also nicht weiter überraschend, daß Josef Luitpold Stern und Robert Danneberg, die aus dieser Bewegung kamen, später unter den Gründern der sozialdemokratischen Bildungszentrale waren.

Zur Tätigkeit der Jugendorganisation gehörte außerdem, neben dem bereits Geschilderten, der Kampf gegen den Krieg und den Militarismus. Daß dieser nicht einseitig in einem Lande, sondern international geführt werden müßte, war damals, zum Unterschied von heute, jedermann klar. Deshalb stand die 1907 in Stuttgart gegründete Jugendinternationale vor allem im Zeichen des Antimilitarismus und der Kriegsgegnerschaft. Der damals 22 Jahre alte Robert Danneberg war der erste Sekretär der neuen internationalen Organisation.

Danneberg, der 1910 durch einen populären Kommentar zum Hainfelder Programm weiten Kreisen bekannt geworden war, blieb auch im Krieg dem Internationalismus treu. Er gehörte zu den sogenannten Kriegslinken, die sich im Verein »Karl Marx« um Friedrich Adler scharten.

Nach dem Krieg kam für Danneberg die Zeit der Bewährung. Er nahm eine Arbeitslast auf seine Schultern, die kaum bewältigbar erschien. So wurde er 1918 in den provisorischen Wiener Gemeinderat entsandt, 1922 wurde er dann zum Landtagspräsidenten und 1923 zum Obmann des Gemeinderatsklubs gewählt, neun Jahre später übernahm er von Hugo Breitner das Finanzreferat. Besser als die Aufzählung geben die folgenden Sätze, die Oskar Helmer im Jahre 1952 in einer Gedenkrede formulierte, einen Begriff davon, was Danneberg im Wiener Rathaus geleistet hat: »Er war der Schöpfer der Wiener Gemeindeverfassung, er führte die Neuordnung der Verwaltung des Wiener Magistrats durch, er schuf die Institution der Wiener Stadträte und begründete schließlich ... die Wiener Wohnbausteuer.«

Die Wiener Wohnbausteuer war aber ein wesentlicher Teil der finanziellen Grundlage einer wahrhaft revolutionären Tat, des öffentlichen, des sozialen Wohnbaus, der im »Roten Wien« zum erstenmal praktiziert wurde. Danneberg war also unter den Schöpfern des vielbewunderten Neuen Wien einer der hervorragendsten. Die politische Leistung wurde ergänzt und abgerundet durch eine publizistische, deren Umfang, wenn man bedenkt, was sonst noch für Anforderungen an die Arbeitskraft dieses Mannes gestellt wurden, wahrhaftig erstaunlich war.

Danneberg war aber keineswegs nur Kommunalpolitiker, er war kraft seiner Persönlichkeit der erste unter den Sekretären der Gesamtpartei und füllte auch im Nationalrat seinen Platz aus. Sicher gehörte er zur ersten Reihe der Führer der österreichischen Sozialdemokratie in der Zwischenkriegszeit. Zu seinen wichtigsten Talenten gehörte eine geradezu unübertreffliche Verhandlungskunst. Das zeigte sich, als im Jahre 1929 unter dem Druck der faschistischen Heimwehren von dem damals amtierenden Kabinett Schober ein Entwurf zu einer Verfassungsreform vorgelegt wurde, der, wenn er Gesetz geworden wäre, die demokratische Republik in einen autoritären Staat verwandelt hätte. Danneberg wurde beauftragt, mit Schober zu verhandeln. Die Verhandlungen waren schwer, zum Schluß war aber die Demokratie gerettet. Wie groß der sozialdemokratische Erfolg war, geht aus einem Witz hervor, der damals in Wien umlief. »Was ist der Unterschied zwischen Hindenburg und Schober? Hindenburg hat die Schlacht bei Tannenberg (wo er Oberbefehlshaber der deutschen Armee war, die ein russisches Heer vernichtete) gewonnen, Schober hat die Schlacht bei Danneberg verloren.«

Leider war das Unheil nicht für immer durch die Kunst des Verhandelns aufzuhalten, obwohl Danneberg sich buchstäblich bis zur letzten Minute darum bemühte. Als er am 12. Feber 1934, von einem Versuch, mit den Christlichsozialen ins Gespräch zu kommen, in seine Wohnung zurückkehrte, wurde er verhaftet. Obwohl er nach seiner Haft von der Polizei sehr scharf überwacht wurde, hat er trotzdem Verbindung mit der illegalen Bewegung aufgenommen und ihr wichtige Dienste geleistet.

Er hat den Überfall durch den braunen Faschismus herankommen gesehen, zögerte aber mit dem Verlassen des Landes leider allzu lange. So wurde auch er ein Opfer des damaligen moralischen Zusammenbruchs des demokratisch gebliebenen Teiles der Welt. Der Zug, mit dem er am 11. März in die Tschechoslowakei zu entkommen versuchte, wurde mit all den Flüchtlingen, die in ihm über die Grenze gekommen waren, von der tschechoslowakischen Grenzpolizei zurückgeschickt. Nicht einmal ein Telephongespräch mit Prager Freunden wurde Danneberg erlaubt.

In Wien wartete die Gestapo bereits auf ihn. Sein Leidensweg führte von Dachau über Buchenwald nach Auschwitz. Daß er in all dem Leiden seine menschliche Größe und Würde bewahrt hat, dafür zeugen die Worte seines Leidensgefährten Jacques Hannak, die Eduard März in »Werk und Widerhall« zitiert. Sie sollen auch hieher gesetzt werden, denn man sollte sie immer wiederholen, wenn Robert Dannebergs gedacht wird.

»Nicht einen Augenblick hörte er auf, selbst in der Hölle noch unser geistiger Berater zu sein«, berichtet Hannak. »Nicht einen Augenblick verlor er die Fassung. In Lumpen gekleidet, mit einem Bettelsack auf dem Rücken, wie ein Zugtier vor den Lastwagen gespannt, zu niedrigster, demütigendster Arbeit verurteilt, blieb er doch jeder Zoll ein großer Mann.«

Otto Glöckel:
Schulbildung ist kein Vorrecht

»Eine neue Schulorganisation ist entstanden, das innere Wesen der Schule hat sich von Grund auf geändert. Das ist das Werk der Sozialdemokraten, die in Wien 1919 zur Herrschaft gelangten. In der Sorge um die Jugend, die ›Kriegskinder‹, in der Erkenntnis, daß die Demokratie sich erst dann voll entfalten kann, wenn das Volk eine möglichst demokratische Ausbildung genossen hat, ging die Gemeinde planmäßig und wohlüberlegt vor. Solange die Sozialdemokraten in der Bundesregierung saßen, waren von dort Anregungen zum Schulumbau ausgegangen. An dem Tage, an dem die Koalition gesprengt worden war, eröffneten die Klerikalen ihren traditionellen erbitterten Kampf gegen jede Verbesserung der Schule, so daß jede Änderung in dem veralteten Schulwesen nur in stetem Kampf gegen das klerikale Unterrichtsministerium durchgeführt werden konnte. Die Wiener Gemeindeverwaltung gab großzügig die Mittel und die Möglichkeiten, die Wiener Lehrerschaft stellte sich in den Dienst der Sache, die Eltern wurden zur tragfähigen Stütze der Bewegung — so gelang die Tat.«

In dieser Weise charakterisierte Otto Glöckel, der Mann, dessen Name mit der Wiener Schulreform in der Ersten Republik verbunden ist, dieses gewaltige Werk im »Wiener Wahlhandbuch 1932«, das bei den damaligen Gemeinderatswahlen den sozialdemokratischen Kandidaten und Redaktionen als Hilfsmittel bei der Wahlwerbung diente.

Glöckel kam, so wie andere führende sozialdemokratische Vertrauensleute, zum Beispiel Karl Seitz und Paul Speiser, aus der Lehrerschaft. Bereits mit 18 Jahren hat er auf der Wiener Schmelz, also in einem proletarischen Gebiet, mit seiner Berufstätigkeit begonnen. Gleichzeitig aber hatte er auch in der Übungsschule des »Pädagogiums«, das der Fortbildung der Lehrer diente, zu unterrichten. Der Gegensatz zwischen den wohlgenährten und gut gekleideten Kindern aus wohlhabenden Häusern in der Übungsschule und den Schmelzer Proletenbuben, die oft schmutzig, manchmal auch hungrig und abgerissen in die Schule kamen, berührte ihn tief.

Er mußte auch die Erfahrung machen, daß die fröhlichen Kleinen aus den inneren Bezirken relativ leicht zu unterrichten waren, während ihm von den anderen oft einer im Verlaufe des Unterrichts einschlief.

Das war eines der Erlebnisse, die Glöckel zuerst einmal die Gemeinschaft mit jenen Kollegen suchen ließ, die den Klassenunterschied, der ihnen in der Schulstube so anschaulich vor Augen gehalten wurde, nicht als etwas Selbstverständliches und Unaufhebbares ansahen. Da auch die wirtschaftliche Stellung und die gesellschaftliche Position der »Schulmeister« nicht rosig war, ergab es sich von selbst, daß Bestrebungen nach Besserstellung der eigenen Berufsgruppe sich mit dem Wunsche, die Institution »Schule« gründlich zu reformieren, verbanden.

So war er denn in der kleinen Schar derer, die die Zeitschrift »Freie Lehrerstimme« gründeten, um ihre Ideen der Welt zu verkünden und einen Verein »Die Jungen« schufen. Dieser Verein beschloß 1889 ein Schulprogramm. »Das erste Schulprogramm, das von Lehrern stammte«, wie Ernst Mayer in »Werk und Widerhall« konstatiert. In die-

sem Programm wandte sich die fortschrittliche Lehrer-
gruppe gegen das Bildungsprivileg und verlangte: Verbot
der Kinderarbeit, Schaffung von Kindergärten und Kinder-
horten, Vermehrung der Schultypen, bessere Lehrerbildung
sowie Unentgeltlichkeit von Unterricht und Lernmitteln.
Dann schufen die »Jungen« eine Organisation, die Lehrer
aller Art umfassen sollte, den »Zentralverein der Wiener
Lehrerschaft«. Als sie 1897 für den Wiener Bezirksschulrat
Kandidaten aufstellten und einige von ihnen als Lehrerver-
treter in diese Körperschaft gewählt wurden, schlug der
Wiener Bürgermeister Dr. Karl Lueger in bekannter christ-
lichsozialer Manier zu. Fünf Unterlehrer wurden aus dem
Schuldienst entlassen, darunter Otto Glöckel, der seit 1894
Mitglied der Sozialdemokratischen Partei war.

Damals entbrannte in Österreich der sogenannte »Kultur-
kampf« mit voller Wucht. Unter dem Eindruck der Niederlage im österreichisch-preußischen Krieg des Jahres 1866
hatte es in der österreichischen Politik einen fortschrittliche-
ren Kurs gegeben. Da man damals nicht nur den veralter-
ten österreichischen Vorderladern, denen das preußische
Zündnadelgewehr an Feuerkraft weit überlegen war, sondern auch den österreichischen Schulverhältnissen einen
Teil der Schuld für die militärische Katastrophe anlastete,
kam ein für die damaligen Zeiten sehr fortschrittliches Gesetz, das Reichsvolksschulgesetz, und die Trennung von
Schule und Kirche zustande.

Dagegen liefen der Klerus, die Christlichsozialen und der
»Katholische Schulverein« Sturm. Da die Christlichsozialen
im Wiener Rathaus herrschten, verschlechterten sie die
Schulverhältnisse systematisch. Gerade Glöckel, der am
8. Feber 1874 im niederösterreichischen Pottendorf zur
Welt gekommen war, war schon von Kindheit an mit der
Trostlosigkeit der Existenz einer dem Pfarrer unterstellten
Lehrerschaft vertraut. So stand er denn mitten im Abwehr-
kampf gegen die Schulverschlechterer.

Am 14. Mai 1907 wurde Otto Glöckel ins Parlament gewählt. Am 15. Mai 1915 wurde er, obwohl er als Abgeordneter immun war, wegen »Aufreizung zum Hasse gegen die
Staatsmacht« in Pilsen vor ein Militärgericht gestellt, das
ihn aber freisprach.

Nach dem Zusammenbruch der österreichisch-ungarischen Monarchie wurde er im 3. Wiener Wahlkreis, der die Bezirke 9, 18 und 19 umfaßte, in die konstituierende Nationalversammlung gewählt und als Unterstaatssekretär für Unterricht in die Koalitionsregierung berufen, die von den Sozialdemokraten und den Christlichsozialen gebildet wurde. Hier begann er nun das Reformwerk, dessen Grundsätze die »Jungen«, der »Zentralverein« und die »Freie Schule« erarbeitet hatten. Damit war es zu Ende, als 1920 die Zusammenarbeit der beiden großen Parteien in der Regierung ein Ende fand. Obwohl Glöckel nun das Unterrichtsministerium verlassen mußte, blieb ein Teil des Werkes erhalten. Er fand sofort als Leiter des Stadtschulrates für Wien einen neuen Wirkungskreis.

Die Wiener Schulreform, die unter seiner Führung durchgeführt wurde, hat die Aufmerksamkeit der ganzen Welt erregt. Anstelle der alten dreiklassigen Bürgerschule trat nun die vierklassige Hauptschule, die eine Parallele zur Untermittelschule darstellte und so die Aussicht auf eine allgemeine Mittelschule für alle Kinder eröffnete. Die Lernmittel wurden gratis an alle Schüler abgegeben, Lehrbücher und Klassenlesestoff sahen ganz anders aus als die Schulbücher der Vergangenheit.

Der Austrofaschismus machte der Reformarbeit im Wiener Stadtschulrat ein Ende. Otto Glöckel wurde am 13. Feber 1934 von der Polizei aus seinem Amtszimmer geholt und in Polizeihaft geworfen. Nun rächten sich seine alten Gegner an dem Wehrlosen. Er wurde monatelang bei der Polizei und im Anhaltelager Wöllersdorf festgehalten. Schwer krank wurde er endlich im Spätherbst entlassen. Hätte man sich nicht im Ausland seiner erinnert und dringend seine Freilassung verlangt, wäre er noch viel länger in der Gefangenschaft geblieben. In der Nacht vom 22. auf den 23. Juli 1935 ist er dann einem Herzschlag erlegen. Zur Beisetzung seiner Urne sind Tausende gekommen. Sie demonstrierten, der Diktatur zum Trotz, was Glöckel und sein Reformwerk den Wiener Arbeitern bedeutete.

Julius Tandler,
berühmter Arzt und Stadtrat

»Jedes Mitglied der menschlichen Gesellschaft hat ein Anrecht auf Hilfe, die menschliche Gesellschaft hat sie pflicht-
gemäß zu leisten.« Mit diesem Satz hat der Anatomieprofes-
sor und Stadtrat für das Wohlfahrtswesen, Julius Tandler,
im Jahre 1919 in Wien eine neue Ära der kommunalen
Wohlfahrtspflege eingeleitet.

Julius Tandler kam aus einer verarmten jüdischen Familie. In Iglau, wo er am 16. Feber 1869 zur Welt kam, ist
sein Vater Moritz Kaufmann gewesen. Er war aber kein
erfolgreicher Geschäftsmann. Die Familie übersiedelte zwei
Jahre nach der Geburt des Knaben nach Wien, wo der Vater
als Redaktionsdiener arbeitete. Die Familie litt Not, und der
heranwachsende Julius sah in seiner Umgebung, in der Wur-
litzergasse in Hernals und in der Nestroygasse in der Leopoldstadt, auch andere Not leiden. Er mußte sich durch die
Mittelschule durchkämpfen und schon als Schüler Geld verdienen. All diesen widrigen Umständen zum Trotz ist aus

ihm ein großer Anatom geworden, der Weltruhm erlangte und zum Glanze der Wiener medizinischen Schule beitrug.

Forscher und Lehrer zu sein, war diesem Universitätsprofessor aber nicht genug. Der Elfenbeinturm des Fachgelehrtentums war ihm viel zu eng. Er faßte die Aufgabe des Arztes viel weiter auf, er wollte Krankheiten nicht nur heilen, sondern vor allem verhüten; und außerdem war er immer ein durch und durch politischer Mensch. Das drückte sich schon in seiner äußeren Erscheinung aus. Der breitkrempige schwarze Hut, die Schmetterlingsbinde, der buschige Schnauzbart, waren das nicht die »besonderen Kennzeichen«, die steckbriefartig die politische Herkunft dieses Radikalen verrieten? Diese Merkmale seines Äußeren, wo kamen sie denn her? Vom breitrandigen Demokratenhut, von der flatternden Binde, vom Bart des Achtundvierziger-Revolutionärs natürlich.

So ist es denn nicht überraschend, daß er, wie es sein Schüler Alfred Gisel in »Werk und Widerhall« erzählt, die Methode der Anatomie im übertragenen Sinn auch auf die menschliche Gesellschaft anwandte.

Er begegnete dabei Zustimmung und Ablehnung. Unter denen, die ihm zustimmten, war ein anderer Großer seiner Zeit. Einer, der auch Medizin studiert hatte und sich nun als Arzt am Körper der Gesellschaft mühte. Victor Adler sagte über den Professor: »Wenn wir den Tandler gewinnen...«

Im damaligen Österreich hatte ein Tandler, wenn er gemäß seinen Auffassungen wirken wollte, nur eine Möglichkeit: er mußte sich der Sozialdemokratie zuwenden, so wie sie sich ihm zuwandte. Als der Tandler nach dem Wunsche Victor Adlers wirklich gewonnen war, hat die Sozialdemokratische Partei den Professor dorthin gestellt, wo er am besten im Sinne seiner Vorstellungen wirken konnte.

Die erste öffentliche Funktion, die ihm anvertraut wurde, war die eines Staatssekretärs für das Gesundheitswesen in der ersten Regierung der Ersten Republik. Wahrlich ein ungeheuer schweres Amt unmittelbar nach dem Ersten Weltkrieg. Niemand wußte das besser als Tandler, der die Bilanz des Krieges so darstellte: »Vielfacher, verfrühter Tod bei Soldaten und Zivilbevölkerung, hohe Sterblichkeit bei Kindern, Abnahme der Geburtenzahl, voraussehbarer schlechter Gesundheitszustand durch Infektionen, Invalidität, Unterernährung und die Auswirkung des übergroßen Alkoholkonsums, der in Elendszeiten zu erwarten ist.«

Wie man weiß, war die Periode der Zusammenarbeit der großen politischen Parteien in der Ersten Republik viel zu kurz, um Tandler Gelegenheit zu geben, das Bekenntnis zur gesellschaftlichen Solidarität, das an der Spitze dieses Artikels steht, erfolgreich in die Praxis umzusetzen. Was im Rahmen der Verwaltung der Republik nicht geschehen konnte, konnte aber in der Hauptstadt, in Wien, verwirklicht werden. Wenn das von Sozialdemokraten zum erstenmal verwaltete Wien, das »Rote Wien«, zu einem Vorbild für die ganze Welt, zum Stadtstaatmodell des Wohlfahrtsstaates von heute wurde, so hat sein Stadtrat für das Wohlfahrtswesen, Julius Tandler, einen wohlgemessenen Teil dazu beigetragen.

Man bedenke, was er mit seinen sozialdemokratischen Kollegen Seitz, Breitner, Glöckel, Speiser und anderen damals von den Christlichsozialen in der Wiener Gemeindeverwaltung übernommen hat. Die Finanzen der Stadt waren ruiniert, und es herrschte rückständiges Denken. Wir wollen in diesem Zusammenhang an den Geist erinnern, der die sogenannte Armenpflege beherrschte: Da war der auf Unterstützung durch die Gemeinschaft Angewiesene ein Paria, ein Bettler. Der alt und arbeitsunfähig gewordene Arbeiter hatte kein Anrecht auf eine Rente oder Pension. Man gab ihm unter so entwürdigenden Umständen eine »Pfründe«, daß das Wort »Pfründner« im Wiener Volksmund bis heute eine herabsetzende Bedeutung hat.

Wer von der Gemeinde Unterstützung erhielt, verlor das Wahlrecht zum Gemeinderat. Armut galt als Schande, mehr noch, als selbstverschuldete Strafe für Faulheit und Untüchtigkeit. Es ist geradezu unfaßbar, daß eine Verwaltung, die sich christlichsozial nannte, die Mühseligen und Beladenen der Gemeinschaft in dieser Weise zu Erniedrigten und Beleidigten machen, nach so typisch unchristlichen, vom Kapitalismus geprägten Grundsätzen behandeln konnte.

Die Christlichsozialen im Wiener Rathaus begriffen nicht, daß der Kapitalismus, der die alten Sicherungen in der kleinen, bäuerlichen Landgemeinde, in der städtischen Zunft, in der Großfamilie aufgelöst und zerstört hatte, an dem maßlosen Elend der in der Industriegesellschaft Isolierten schuld war. Sie begriffen nicht, daß an die Stelle der kleinen Gemeinschaften, die den Menschen früher geschützt und vor dem äußersten Elend solidarisch bewahrt hatten, nun im Falle der Not, der Krankheit, der Arbeitsunfähigkeit oder Arbeitslosigkeit und des Alters eben größere treten mußten. Begriffen nicht oder wollten — trotz der christlichen Soziallehre — nicht begreifen, daß nun vor allem die Gemeinden und der Staat jene Hilfe gewähren, jene Fürsorge leisten mußten, auf die eben jedes Mitglied der menschlichen Gemeinschaft Anspruch hat.

Tandler war einer von denen, die diesen Grundsatz verkündeten, und er hat sich der Sozialdemokratie wohl nicht zuletzt deshalb angeschlossen, weil sie die einzige Partei war, die des Menschen Recht auf Hilfe durchsetzen konnte und wollte.

Und wie dieses Recht durchgesetzt worden ist! Tandler war schließlich nicht nur ein Mann mit festem Willen, sondern auch einer mit großem Können. Unter seiner Führung wurde jenes Wiener Wohlfahrtswesen aufgebaut, das bereits die Ungeborenen in Obhut nahm und die Menschen dann durch ihr ganzes Leben begleitete.

Der Faschismus hat dem Wirken Tandlers in Wien ein Ende gesetzt. Er ging zuerst nach China und folgte dann einer Einladung der Sowjetregierung nach Moskau. Er sollte den Gesundheitsminister bei der Durchführung von Reformen beraten. Es kam nicht dazu. Sein Herz versagte, und so ist er in der Nacht vom 25. auf den 26. August 1936 aus einer Welt gegangen, in der die Brandfackeln der Unmenschlichkeit das Licht der Humanität zu überstrahlen begannen.

Friedrich Adler
Im Sturm der Weltgeschichte

Obwohl sein Geist von den Wundern der Mathematik und der Physik gefesselt war, gehörte sein Herz der Arbeiterbewegung und dem Sozialismus. Diese Kennzeichnung Friedrich Adlers, des Sohnes des Einigers der österreichischen sozialistischen Arbeiterbewegung, Victor Adler, stammt von Julius Braunthal.

Es war wohl selbstverständlich, daß sich der am 9. Juli 1879 geborene Sohn des Führers der österreichischen Sozialdemokratie von Kindheit an dem Sozialismus zuwandte. Daher wollte er auch Gesellschaftswissenschaften studieren, der Vater wünschte aber, daß er sich auf einen Beruf vorbereite, der ihn von der Politik unabhängig machte. So erwarb er denn in Zürich, nachdem er sich mit Chemie, Mathematik und Physik entsprechend vertraut gemacht hatte, sein Doktorat. Dann führte er als Physiker und sozialdemokratischer Journalist sozusagen ein Doppelleben. Doch war seine Tätigkeit als Naturwissenschafter keineswegs von seiner politischen hermetisch getrennt. So suchte er zwischen dem Marxismus und den philosophischen Theorien seines Lehrers Ernst Mach eine Verbindung herzustellen. Das war für die Weiterentwicklung des wissenschaftlichen Sozialismus von ziemlicher Bedeutung. Von dem Physiker und Philosophen Ernst Mach sagen die Fachleute, daß er derjenige war, dessen Philosophie in entscheidender Weise den Boden für die Aufnahme der Relativitätstheorie vorbereitete, obwohl er selber ihr skeptisch gegenüberstand.

Das Buch Friedrich Adlers über die Philosophie Ernst Machs hat einen Sturm erregt. Nicht in der Schweiz und auch nicht in Österreich, sondern in Rußland. Dort wurde es von einer nicht unbedeutenden Gruppe von Sozialdemokraten mit großem Interesse aufgenommen, nicht wenige von ihnen waren führende Bolschewiki. Lenin gefiel das gar nicht, und er ließ es sich nicht verdrießen, sich sehr gründlich mit der modernen Physik auseinanderzusetzen. Nach viele Monate in Anspruch nehmenden Studien schrieb er dann ein schwer verständliches Buch gegen die »Irrlehre des Machismus«.

Neben seiner wissenschaftlichen Tätigkeit widmete sich Friedrich Adler in Zürich der Arbeiterbewegung. Er hielt Vorträge in Arbeitervereinen, arbeitete an der sozialdemokratischen Tageszeitung »Volksrecht« mit und übernahm 1910 den Posten des Chefredakteurs. Diesen gab er aber gerne wieder auf, als er ein Jahr später von der österreichischen Partei ins Parteisekretariat als einer der vier Sekretäre berufen wurde.

Die Katastrophe des Ersten Weltkriegs traf ihn, den kompromißlosen Internationalisten, doppelt hart. Wohl war sie nicht unerwartet gekommen, doch hatte Friedrich Adler erwartet, daß sich die in der Sozialistischen Internationale zusammengefaßten Parteien dem Krieg mit aller Macht entgegenstemmen würden. An Warnungen der einzelnen Parteien und auch der Internationale hatte es wohl nicht gefehlt, doch den Warnungen folgte, als die Herrschenden die Hölle des Krieges auf die Menschheit losließen, nirgends die Tat. Freilich hatte Victor Adler schon Jahre vorher die tatsächlichen Möglichkeiten für eine sozialistische Aktion gegen den Krieg sehr, sehr skeptisch beurteilt. Wer die Tage des

Kriegsausbruches und die willige Begeisterung miterlebt hat, mit der die Massen zu den Fahnen eilten, wird dafür Verständnis aufbringen.

Friedrich Adler aber war tief enttäuscht, und er zog aus seiner Enttäuschung sofort die Konsequenzen. Er verzichtete auf seine Funktion als Parteisekretär und begründete seine Haltung in einer Denkschrift. Darin verlangte er keineswegs eine Massenaktion, deren Aussichtslosigkeit auch ihm nur zu klar war, warf der Partei aber vor, daß auch sie sich mobilisieren und in den Dienst des Krieges hatte stellen lassen. Im theoretischen Organ der Partei, dem »Kampf«, führte er diese Auseinandersetzung weiter. Ihm schloß sich eine kleine Gruppe an, die sich im Verein »Karl Marx« zusammenfand. Von der letzten aus der Reihe von gleich Friedrich Adler Denkenden — Gabriele Proft — haben wir auch schon für immer Abschied genommen. Andere, wie Max Adler, Therese Schlesinger, Robert Danneberg, Leopold Winarsky, sind ihr schon lange vorausgegangen.

Die Idee, daß der Krieg kurz sein würde, hatte sich als Illusion erwiesen. Viele, allzu viele von den Soldaten, die mit dem Ruf »Zu Weihnachten sind wir wieder zu Hause« an die Front gefahren waren, ruhten längst in fremder Erde. An den Fronten ging das Morden weiter, und im Hinterland herrschte der Hunger. Und es war kein Ende des Grauens abzusehen.

In dieser Lage entschloß sich Friedrich Adler, sein Leben an der Front des Friedens ebenso einzusetzen, wie es täglich an den Kriegsfronten Hunderttausende tun mußten. Allerdings war seine Chance, nach vollbrachter Tat mit seinem Leben davonzukommen, weitaus geringer als die eines Frontsoldaten. Er ging hin und erschoß am 21. Oktober 1916 den österreichischen Ministerpräsidenten Graf Stürgkh. Dafür wurde er zum Tode verurteilt; dieser Ausgang seines Prozesses war für niemanden eine Überraschung. Seine Begnadigung zu 18 Jahren Kerker zeigte, daß sich die Obrigkeit im Habsburgerstaat ihrer Sache nicht mehr ganz sicher war. Seine Verteidigungsrede vor Gericht ist eines der bedeutendsten Dokumente in der Geschichte der Arbeiterbewegung.

Als er am 1. November 1918 das Gefängnis verließ, war er einer der populärsten Männer Österreichs und fand sich sofort vor eine Schicksalsfrage gestellt.

Die Bolschewiki rechneten damit, daß er sich auf ihre Seite schlagen und die Führung der österreichischen KP übernehmen würde. Doch sie rechneten falsch, denn, wie er im Feber 1932 an Karl Kautsky schrieb, neigte er zu der Auffassung, daß die bolschewistische Machtergreifung in Rußland »historisch ein Unglück gewesen ist«. Die große Autorität, die er sich erworben hatte, benützte er nun als Vorsitzender des Reichsarbeiterrats, um die Auseinandersetzung zwischen Sozialdemokraten und Kommunisten in den Grenzen eines geistigen Ringens zu halten und nicht wie anderswo in einen blutigen Bruderkampf ausarten zu lassen. Damit, daß er selbst in der Sozialdemokratie blieb, gab er den breiten Massen der Arbeiterschaft, der jungen Intelligenz, aber auch der Jugend im allgemeinen ein Signal, das verstanden und aufgenommen wurde.

Seine späteren Jahre widmete Friedrich Adler der Idee der Internationale. Im Feber 1921 fand in Wien eine internationale Konferenz jener sozialistischen Parteien statt, die sich weder zur alten, am Beginn des Krieges zusammengebrochenen Zweiten Internationale, noch zur kommunistischen Dritten bekennen wollten. Sie gründeten die Internationale Arbeitsgemeinschaft Sozialistischer Parteien und bestellten Friedrich Adler zu deren Sekretär. Als sich nach einigen Jahren alle Versuche, die Spaltung zu überwinden und wieder eine einheitliche Internationale zu schaffen, als vergeblich erwiesen hatten, wurde im Mai 1923 in Hamburg die neue Sozialistische Arbeiter-Internationale gegründet, in der sich der Rest der alten Zweiten Internationale und die Internationale Arbeitsgemeinschaft vereinigten. Das Sekretariat dieser alle Parteien des demokratischen Sozialismus umfassenden Organisation betreute Friedrich Adler dann durch 17 Jahre. Es waren am Ende furchtbar böse Jahre für jeden Sozialisten.

Erschöpft kehrte der gealterte große Mann des internationalen demokratischen Sozialismus nach dem Krieg aus Amerika nach Europa zurück und ließ sich in Zürich nieder.

Am 2. Jänner 1960 ist er von uns gegangen.

Max Adler,
der Philosoph des Austromarxismus

Am 29. Jänner 1974 enthüllte Wissenschaftsminister
Dr. Hertha Firnberg am Hause Waschhausgasse 1a im
zweiten Wiener Gemeindebezirk eine Gedenktafel. Diese
zeigt den Charakterkopf des großen sozialistischen Denkers
Max Adler, der am 15. Jänner 1873 in dem Haus als Sohn
eines Kaufmanns zur Welt kam. Betrachtet man das Relief
und erinnert man sich an die Zeit zurück, in der Max Adler
lebte und lehrte, dann hat man den Eindruck, so muß der
griechische Philosoph Sokrates ausgesehen haben.

Mit dem berühmten Griechen hatte der Wiener Philosoph
jedenfalls zweierlei gemeinsam: Was er lehrte, war sein Leben lang umkämpft, es wurde selbst von so manchem seiner
Schüler, die ihn ansonsten verehrten, wenigstens zu einem
Teil abgelehnt. Außerdem war es mit Max Adler so, daß er
gerne junge Menschen um sich hatte. Viele seiner Schriften
sind von solcher Tiefgründigkeit und so schwierig, daß ihr
Inhalt nur dem tief in die Philosophie Eingedrungenen zu-

gänglich ist. Diese Schwierigkeit ist nicht zuletzt auf die Sprache zurückzuführen, die er in seinen wissenschaftlichen Werken anwandte. Doch zur Jugend wußte er in einer Sprache zu reden, die in ihrer Schönheit kristallklar und sowohl dem Studenten und dem Mittelschüler wie auch dem Lehrling verständlich war. Dieser Tatsache und dem Umstand, daß er seine sozialistische Überzeugung stets kompromißlos vertrat, war es zuzuschreiben, daß er es gewesen ist, der neben Otto Bauer von allen hervorragenden Sozialisten der Zwischenkriegszeit den stärksten Einfluß auf die sozialistische Jugend hatte.

Zum Sozialismus ist Max Adler schon als Student gestoßen. Bereits vor der Jahrhundertwende war er Obmann einer kleinen Schar von Gleichgesinnten, die sich in Wien zur »Freien Vereinigung Sozialistischer Studenten« zusammenschlossen. Im Jahre 1903 war er unter denen, die den Verein »Zukunft« gründeten, dessen Aufgabe es war, für Wiener Arbeiter eine Schule zu errichten. Hier begann die Vortragstätigkeit dieses Mannes, die sich in seinem späteren Leben nicht nur über Österreich, sondern auch über Deutschland erstrecken sollte.

Sein Studium scheint durch seine frühzeitige politische Aktivität nicht behindert worden zu sein, denn er promovierte bereits 1896 an der Wiener Universität zum Doktor der Rechte und wurde Rechtsanwalt. Seine Abstammung und Gesinnung haben es wohl mit sich gebracht, daß er von seiner Anwaltspraxis leben mußte und nicht von Anfang an die Laufbahn einschlagen konnte, die für ihn nach Veranlagung und Können die richtige gewesen wäre: die eines Universitätslehrers. Erst mußte das alte Reich untergehen, die Habsburgermonarchie vom Sturm der Weltgeschichte hinweggefegt werden, bevor der Sozialdemokrat Max Adler im Jahre 1919 an der Wiener Universität Professor für Gesellschaftslehre werden konnte.

Als dies geschah, war sein Ruf in der Welt der Wissenschaft längst begründet. Er gehörte zum Kreis der »Austro-Marxisten«. So bezeichnete man eine kleine Schar von sozialistischen Theoretikern, die in Wien versuchte, mit Hilfe des Marxismus Probleme der eigenen Zeit zu lösen. Eines der brennendsten Probleme war im Kaiserreich sicher die

Nationalitätenfrage, zu deren Lösung die beiden Austromarxisten Karl Renner und Otto Bauer wissenschaftlich untermauerte Vorschläge machten. Karl Renner hat sich außerdem auch mit staatsrechtlichen Problemen beschäftigt. Der gleichfalls aus dem Kreis der Austromarxisten kommende spätere deutsche Reichsfinanzminister Rudolf Hilferding hat mit seinem Buche »Das Finanzkapital« eine Durchleuchtung des Imperialismus geliefert, die bis heute viel von ihrer Gültigkeit bewahrt hat.

Max Adler war der Philosoph unter den Austromarxisten, was nicht heißen will, daß alle seine Freunde seine Auffassungen übernahmen. Im Gegenteil. Er versuchte, den Marxismus mit den Lehren von Immanuel Kant zu verbinden. Weil aber Marx und Engels und auch spätere marxistische Theoretiker anderen philosophischen Richtungen angehörten, gab es bald heftige Auseinandersetzungen, vor allem mit russischen Marxisten, darunter auch Lenin, die von einer Trennung der Philosophie der Begründer des Marxismus von ihren sonstigen Lehren nichts wissen wollten. So hat schon ein Frühwerk Max Adlers, das als erster Band einer von Hilferding herausgegebenen Reihe der »Marx-Studien« erschienen ist, Aufsehen und heftigen Widerspruch erregt. Auch im »Kampf«, dem von den Austromarxisten im Jahre 1907 gegründeten theoretischen Organ der österreichischen sozialdemokratischen Partei, wurde die Diskussion über Max Adlers philosophische Anschauungen geführt.

Diese Auseinandersetzungen haben jedoch verständlicherweise die sozialdemokratisch gesinnten Arbeiter wenig berührt, sie blieben eine Angelegenheit der Theoretiker.

Anders war das jedoch, als Max Adler im Ersten Weltkrieg seine Stimme erhob. Er gehörte zu jenen, die gegen diesen vom Anfang an auftraten. Er hat seinen Standpunkt in einer Broschüre »Prinzip oder Romantik« — »Sozialistische Betrachtungen zum Weltkriege« niedergelegt, und als im Jahre 1917 auf dem Parteitag der österreichischen Sozialdemokratie eine »Erklärung der Linken« von Gabriele Proft vorgelegt wurde, hat er sich für dieses Manifest eingesetzt. Er gehörte also eindeutig zur damaligen »Linken«, hat sich selbst als Linker verstanden und wird auch heute noch von Anhängern und Gegnern seiner Auffassungen als solcher angesehen. Das hat ihn aber nicht davor bewahrt, von den Kommunisten scharf angegriffen zu werden.

Adler gehörte zwischen 1919 und 1921 dem niederösterreichischen Landtag und dem Wiener Gemeinderat an; von 1920 bis 1923 saß er auch als Abgeordneter von Wien-Floridsdorf im Parlament. Von besonderer Wichtigkeit war sein Auftreten im Arbeiterrat, wo er, der grundsätzlich dem Rätegedanken zuneigte, scharf gegen die Kommunisten auftrat.

Vom Einfluß Max Adlers auf die Jugend haben wir schon berichtet. Er traf mit ihr in Kursen und Vorträgen sowohl im Rahmen sozialdemokratischer Veranstaltungen wie in Volksbildungshäusern zusammen. Seine Vorträge waren nicht nur inhaltsreich, sondern auch formvollendet, wahre Meisterwerke der Rhetorik; es war ein großes Vergnügen, ihn anzuhören. Als die Kinderfreundebewegung immer bedeutungsvoller wurde, ist er es gewesen, der ihr und der sozialistischen Jugendbewegung mit der Idee der sozialistischen Erziehung neue Impulse gab. Er hat den Begriff des »Neuen Menschen« geprägt. Eines seiner Bücher, das 1924 in Berlin erschien, trägt nämlich den Titel »Neue Menschen«, Gedanken über sozialistische Erziehung.

Manfred Ackermann sagte in einer Gedenkstunde, die anläßlich des 30. Todestages von Max Adler am 27. Juli 1967 in Wien abgehalten wurde: »Von dem, was die Jugend brauchte und — wie ich überzeugt bin — auch heute noch braucht, ja, wonach sie geradezu verlangt, wußte Max Adler, der Erzieher, sehr viel. Otto Bauer rühmte ihm nach, er hätte gewußt, daß man der Jugend ein Ziel, etwas Großes geben muß, etwas, ›wofür zu leben dafürsteht‹.«

Es wird wohl so sein, daß nicht nur die Jugend »das braucht«. Was Max Adler zu seiner Zeit der Jugend gegeben hat, lebt in denen weiter, die es empfangen haben. Ob sie nun die Gabe in der Heimat bewahren oder irgendwoanders in der Welt.

Nachdem Max Adler am 28. Juni 1937 dahingegangen war, wurde seine Bestattung zu einer Kundgebung gegen den Austrofaschismus.

Adelheid Popp,
die Erweckerin der Arbeiterin

Die Erweckerin der österreichischen Arbeiterin wird Adelheid Popp von ihrer Kampfgefährtin Gabriele Proft in einer warmherzigen Schilderung genannt. Wie überall in Europa hat auch in Österreich der Frühkapitalismus die Frauen und Mädchen des Proletariats in die Fabriken geführt. Ob sie es wollten oder nicht, sie mußten weg vom häuslichen Herd und Geld verdienen gehen, das ihre Familien bitter notwendig hatten. Es war wenig genug, doch Frauenarbeit war unentbehrlich geworden, unentbehrlich für die sich entwickelnde Industriegesellschaft und unentbehrlich für die Proletarierfamilie, denn die Männer verdienten nicht genug oder waren arbeitslos. Den Fabrikanten waren die Arbeiterinnen willkommen, denn Frauenarbeit war billiger als Männerarbeit, und für manche Tätigkeit an den Maschinen eigneten sich Frauenfinger besser als Männerhände.

Die bürgerliche Gesellschaft ist eine Gesellschaft voller

Widersprüche. Während sie die Frauen des Proletariats gegen deren Willen in die Fron der Fabriken zwang, hielt sie die Frauen des Bürgertums gegen deren Willen in den Heimen fest. Doch die Frauen rebellierten da und dort. Die bürgerlichen Frauen verlangten das Recht, zu studieren, also berufstätig zu werden, und das Frauenwahlrecht. Die proletarischen Frauen mußten sich um das Recht, einen Beruf auszuüben, nicht bemühen, auf das Wahlrecht erhoben sie jedoch ebenfalls Anspruch. Daneben aber hatten sie vor allem sozialpolitische Forderungen. Noch dringender als die Männer brauchten sie eine Verkürzung der Arbeitszeit in den Betrieben, hatten sie doch neben der Lohnarbeit noch die häusliche Arbeit zu bewältigen.

Interessant ist, daß die proletarische Frauenbewegung Forderungen nach Schutz der Frauen und der Jugend von Anfang an miteinander verknüpfte und ein Verbot der Nachtarbeit für Frauen und Jugendliche in einem verlangten. Dazu kamen dann noch spezielle Frauenforderungen, wie die nach einer bezahlten Karenzzeit für die Mütter, nach Entbindungsanstalten, Wöchnerinnenheimen und Hauspflege sowie nach einem Hausgehilfinnengesetz. Der »Hausssklavinnen« hat sich Adelheid Popp speziell angenommen. Eine von ihr 1912 unter diesem Titel verfaßte Broschüre wurde weit verbreitet.

Noch bekannter wurde »Die Geschichte einer Arbeiterin, von ihr selbst erzählt«, die 1909 anonym erschienen ist und sowohl in der Ersten wie in der Zweiten Republik neu aufgelegt wurde.

Adelheid Popp, die ehemalige Textilarbeiterin, die als Kind nur die Volksschule besuchen konnte, war eine begabte Schriftstellerin und eine vorzügliche Redakteurin der »Arbeiterinnen-Zeitung«, die schon 1892 gegründet worden war. Um ihre Begabung auch nützen zu können, mußte sie als Erwachsene nachlernen. Sie fand in der Frau Victor Adlers, Emma Adler, die Lehrerin, die ihr half, die Schranken, die das Bildungsprivileg zwischen den »gebildeten Ständen« und den Arbeitern aufgerichtet hatte, zu übersteigen.

Freilich, spezialisieren konnte sich damals in der Arbeiterbewegung keiner in dem Maß, wie das heute möglich geworden ist. Die Redakteure der Arbeiterpresse mußten auch als Redner, Arbeiterbildner und Organisatoren wirken. Bei Adelheid Popp war das nicht anders. Bevor sie als Broschürenverfasserin und Redakteurin hervortrat, war sie schon als Versammlungsrednerin bekannt geworden. Es interessierten sich aber nicht nur die Besucher ihrer Versammlungen für sie, sondern auch die Behörden. Es gab, wie das damals üblich war, oft genug Anzeigen, Anklagen und Haftstrafen.

So elend es den Fabriksarbeiterinnen auch gehen mochte, es gab neben ihnen eine Schicht von arbeitenden Frauen, die noch schlechter daran waren, die Heimarbeiterinnen. Der Betrieb führt die arbeitenden Menschen zusammen und macht ihnen bewußt, daß in ihrer Zahl ihre Stärke liegt. Einen Fabriksarbeiterinnenstreik — es waren Textilarbeiterinnen, die in Österreich zuerst zu dieser klassischen Waffe des Proletariats griffen — hat es schon 1866 gegeben. Die Heimarbeiterin aber war — und ist — allein. Das machte sie noch wehrloser als ihre Schwester, die in einer Fabrik schuftete. Die Sozialdemokraten fanden buchstäblich den Weg zu ihnen in ihre Wohnungen, die gleichzeitig auch ihre Werkstätten waren. Selbst Victor Adler nahm sich Zeit, um eine Heimarbeiterin, die der »Arbeiter-Zeitung« einen Brief geschrieben hatte, in ihrer Mansarde aufzusuchen.

Eine der Organisatorinnen der Heimarbeiterinnen war Adelheid Popp. Ein eigener Verein war unter ihrer Mitwirkung gegründet worden, um diese Gruppe zu sammeln.

Als die alte Monarchie zusammenbrach, kam auch für die Frauen endlich die Zeit, um jahrzehntelang erhobene Forderungen durchzusetzen. Plötzlich gab es nun Frauen in den öffentlichen Körperschaften. Im Dezember 1918 zog Adelheid Popp in den Wiener Gemeinderat ein, zuerst als vom Bürgermeister ernanntes Mitglied. Im Jahre 1919 wurde sie dann gewählt, sowohl in den Wiener Gemeinderat als auch in die Konstituierende Nationalversammlung. Von da an war sie bis 1934 Mitglied des Nationalrats. 1919 wurde von der österreichischen Sozialdemokratie ein großer Teil der Gesetzeswerke durchgesetzt, die zur Grundlage der Sozialpolitik in der Republik geworden sind. Ganz selbstverständlich wurden dabei auch viele Verbesserungen, die von den Frauen schon lange verlangt worden waren, Wirklichkeit.

Unter diesen war auch das neue Hausgehilfinnengesetz, das von Adelheid Popp und Anna Boschek eingebracht worden war. Es ist auch nicht überflüssig, heute, da eine sozialistische Regierung Österreichs das Familienrecht modernisiert hat, daran zu erinnern, daß Adelheid Popp 1919 zu den Abgeordneten gehörte, die damals Änderungen des Bürgerlichen Gesetzbuches und des Strafrechtes verlangten.

Adelheid Popp war mit Julius Popp, dem Freund und Mitarbeiter Victor Adlers, der in Hainfeld den Vorsitz geführt hatte, verheiratet. Sie verlor den um 20 Jahre älteren Mann schon acht Jahre nach der Eheschließung; ihre beiden Söhne sind ebenfalls früh dahingegangen. Der Ältere fiel im Ersten Weltkrieg, der Jüngere wurde ein Opfer einer Infektionskrankheit.

Damit war das Maß des Unglücks aber nicht voll. Im Jahre 1934 sah die schwer Erkrankte alles zusammenbrechen, wofür sie sich ein ganzes Leben lang eingesetzt hatte. Wie so viele andere Vertrauensleute der Arbeiterbewegung hat auch sie die schweren und düsteren Jahre, die danach kamen, nicht überstanden. Es war tiefe Nacht über Österreich und Europa, als sie im März 1939 dahinging. Eine kleine Schar von treuen Freunden gab ihr das letzte Geleit.

Mit der österreichischen Arbeiterbewegung ist nach der Niederlage des Faschismus auch das Lebenswerk von Adelheid Popp wiedererstanden. Wenn unserer Pioniere gedacht wird, dann wird auch der Name Adelheid Popp an führender Stelle genannt.

Anna Boschek,
das Fabriksmädel aus Ottakring

Fabriksmädeln genossen im alten Österreich kein besonders hohes Ansehen. Obwohl sie — freilich recht ungewollt — die Vorläuferinnen der gleichberechtigten berufstätigen Frau von heute waren. Sie waren es vor allem, die vom Kapitalismus aus der Hauswirtschaft in die von ihm entwikkelte Volkswirtschaft überführt wurden. Diese in vielen Beziehungen grausame Entwicklung hatte aber auch Wirkungen, welche die guten Bürger, die sie eingeleitet hatten, gar nicht freute. Fabriksmädel begannen, das Industriesystem kritisch zu sehen, sie empfanden seine furchtbare Ungerechtigkeit und suchten gefühlsmäßig nach Abhilfe. Dabei ging eine Auslese vor sich; da zeigte es sich, wo eine wirkliche Persönlichkeit im Arbeitskittel steckte, die imstande war, das Einzellos im Zusammenhang mit dem von anderen zu sehen und auch zu entdecken, daß dort, wo der einzelne hilflos ist, die Gemeinschaft doch eine Chance hat.

Solche Persönlichkeiten waren die Textilarbeiterinnen

Anna Boschek und Marie Krasa, die einander im Jahre 1891 in einer Ottakringer Textilfabrik fanden. Von Marie Krasa hörte Anna Boschek zum erstenmal auf dem Arbeitsplatz, daß die Arbeiter einander beistehen, zusammenhalten müßten. Marie Krasa, die einem Arbeiterinnenbildungsverein angehörte, betrieb Aufklärung mit persönlicher Hilfe, indem sie dem Neuling, der verzweifelt vor gerissenen Fäden stand, beisprang. Ihr Andenken wurde durch Erzählungen von Anna Boschek, als diese bereits zur bekannten Arbeiterinnenführerin geworden war, an Jüngere weitergegeben.

Durch Marie Krasa kam Anna Boschek auch zum Arbeiterinnenbildungsverein. Man mußte schon aus einem besonderen Holz sein, wenn man nach einer täglichen Arbeitszeit von elf Stunden noch die Kraft aufbrachte, im Verein Vorträge anzuhören. Das Fabriksmädel Anna Boschek empfand das aber nicht als Last, sondern freute sich auf die Abende, die sie so verbringen konnte.

Allerdings war man damals noch fortschrittsgläubig und hielt die menschliche Vernunft für eine Kraft, die allein Erlösung von vielen Übeln bringen könne. Im Zeichen der Atombombe und nach zwei Weltkriegen stehen der Fortschritt und die menschliche Vernunft viel niedriger im Kurs. Freilich waren die Arbeiterbildungsvereine mehr, als ihr Name verriet, sie waren richtige politische Organisationen und sind auch die Vorläufer der Gewerkschaften gewesen.

Anna Boschek ging es im Verein so wie vielen anderen Menschen aus der Arbeiterklasse. Sie entdeckte bei sich Begabungen und Fähigkeiten, die sonst nie ans Tageslicht gekommen wären. Anna Boschek war eine geborene Rednerin; das zeigte sich erstmals, als sie nach einem Vortrag von Adelheid Dworschak, der späteren Adelheid Popp, eine viertelstündige Diskussionsrede hielt. 1893 war sie eine von den drei weiblichen Delegierten beim ersten österreichischen Gewerkschaftskongreß, auf dem die drei Frauen durchsetzten, daß die Arbeiterinnen allgemein in die Gewerkschaften aufgenommen werden sollten.

Nun kam es aber auch darauf an, die Kolleginnen in die Gewerkschaft hineinzubringen. Das wurde jetzt ihr Beruf als Angestellte der Gewerkschaftskommission. Eine solche Arbeit läßt sich nicht hinter dem Schreibtisch verrichten.

Anna Boschek mußte, wie die männlichen Funktionäre der Arbeiterbewegung, in die Industriegebiete, nach Nordböhmen, nach Vorarlberg, überallhin, wo es Arbeiterinnen gab, die für die Gewerkschaften gewonnen werden sollten. Unter den damaligen Verhältnissen, den für unsere Begriffe überlangen Bahnfahrten, den verrauchten Wirtshaussälen, in denen die Versammlungen abgehalten werden mußten, den nicht gerade übermäßig bequemen Übernachtungsstätten und den Schikanen der Behörden, war diese Tätigkeit anstrengend genug.

Für die sozialistische Frauenbewegung und die parallelen Bestrebungen in den Gewerkschaften waren natürlich die Bemühungen um den gesundheitlichen Schutz der Frauen, Jugendlichen und Kinder von besonderer Bedeutung. Der raffgierige Frühkapitalismus kannte ja keine Rücksicht; er setzte die billigeren Arbeitskräfte überall ein, auch dort, wo die Gefahr für sie besonders groß sein mußte. Die Sozialdemokratie hat es schon in der Monarchie verstanden, sozialpolitische Schutzgesetze für Frauen, Jugendliche und Kinder im Parlament durchzudrücken. Dabei mußten es die aktiv politisch tätigen Frauen besonders bitter empfinden, daß sie von der gesetzgeberischen Arbeit ausgeschlossen waren und die Masse der arbeitenden Frauen auf das Parlament keinerlei Druck ausüben konnte. Denn es fehlte den Frauen ja das Wahlrecht! Sie mußten es den männlichen Abgeordneten überlassen, sich für die Interessen und Bedürfnisse der Frauen und Kinder einzusetzen. Die Frauen konnten nur durch vorbereitende Arbeiten und öffentlich höchstens bei Tagungen für den sozialpolitischen Fortschritt eintreten. Dennoch wurde viel erreicht, besonders, was die Beschränkung der Arbeit von Frauen und Jugendlichen betrifft. Das waren wichtige und große Errungenschaften, wenn auch manche von ihnen — so beispielsweise die Beschränkung der Frauenarbeit in bleiverarbeitenden Betrieben, wie etwa in Druckereien — heute von der einen oder anderen Verfechterin von Frauenrechten als beengend empfunden wird.

Wenn die Namen der damals in der Arbeiterbewegung führenden Frauen nicht mit der Sozialgesetzgebung verbunden erscheinen, so sagt das keineswegs, daß diese dabei nicht mitgeholfen hätten, sondern nur, daß sie keine Möglichkeiten hatten, auf das Werden von Gesetzen im Parlament selbst Einfluß zu nehmen.

Das änderte sich mit einem Schlag, als die Monarchie von der Republik abgelöst wurde. Denn nun erhielten die Frauen endlich das Wahlrecht. Es war selbstverständlich, daß Anna Boschek eine von den sieben Sozialdemokratinnen war, die am 16. Feber 1919 ins Parlament gewählt wurden. Nun konnte sie die reiche Erfahrung ausnützen, die sie als Frauenreferentin der Gewerkschaftskommission gesammelt hatte.

Jetzt war das zur Gesetzgeberin gewordene ehemalige Fabriksmädel aus Ottakring in der Lage, als Ferdinand Hanusch sein gewaltiges sozialpolitisches Gesetzgebungswerk aufrichtete, in der Konstituierenden Nationalversammlung daran direkt mitzuwirken. Hier hat sie sich mit der Gewerbeinspektion beschäftigt, zum Achtstundentag-Gesetz und zum Verbot der Nachtarbeit in Gewerbebetrieben Stellung genommen. Besonders kümmerte sie sich um die Hausgehilfinnen. Sie war Berichterstatterin, als das Hausgehilfinnengesetz die alte Gesindeordnung ablöste. Es kamen nun fünfzehn Jahre der Arbeit im Hohen Haus. Erfolge konnten errungen werden. Mißerfolge blieben aber auch nicht aus, denn wenn der Einfluß der Sozialdemokratie abnahm, war die sozialpolitische Ernte mager.

Nach fünfzehn Jahren kam die lange und bittere Unterbrechung durch die beiden faschistischen Gewaltherrschaften. Anna Boschek hatte das Glück, die Wiederauferstehung der Demokratie und der Arbeiterbewegung zu erleben. Hochbetagt ist sie im November 1957 von dieser Welt gegangen.

Emmy Freundlich,
eine Dame aus gutem Hause

Sie hieß nicht nur so, sie war es auch, die Frau Nationalrat Freundlich. Das merkte der Obmann der Sozialistischen
Arbeiterjugend des zweiten Wiener Gemeindebezirkes, als
er die Frau Abgeordnete einmal einlud, bei den Jugendlichen über die Genossenschaftsbewegung zu sprechen. So
etwas war vordem nie vorgekommen, schließlich hatten die
Abgeordneten des Wahlkreises anderes zu tun, als vor einer
kleinen Schar von Lehrlingen und Lehrmädchen zu referieren. Junge Leute mußten damals, knapp nach dem Ersten
Weltkrieg, erst allerhand leisten, bevor man ihr Vorhan-
densein überhaupt zur Kenntnis nahm.

Emmy Freundlich hielt aber die Jugendgruppe für wichtig genug, um ihr einen Abend zu opfern. Sie kam und
sprach nicht nur über die Konsumgenossenschaft, sondern
erklärte auch weltwirtschaftliche Zusammenhänge so, daß
die jungen Leute sie verstanden.

An ihrer Aussprache konnte man es merken, daß Emmy

Freundlich nicht in Wien aufgewachsen war. Sie kam aus Aussig, wo ihr Vater, der Zivilingenieur Kögler, Bürgermeister gewesen ist. Es war ein gutbürgerliches Haus, in das sie am 25. Juni 1878 hineingeboren wurde; ein politisches Zentrum der Deutschen in Böhmen, in dem zahlreiche Abgeordnete als gerngesehene Gäste ein- und ausgingen. So wurde die kleine Emmy Kögler bald mit politischen Problemen vertraut, mit elf Jahren las sie bereits täglich die Zeitung, und außerdem vergrub sie sich gerne in Bücher. Publikationen, die man damals für junge Mädchen passend hielt, dürften es allerdings nicht gewesen sein. Mit 13 Jahren kam sie in ein Pensionat, das sie für das geruhsame Leben einer Dame aus gutem Haus vorbereiten sollte. Doch dann wurde die Mutter krank und der Vater plötzlich von einem Herzschlag aus dem Leben gerissen. Die Mutter folgte ihm bald nach.

Nun kommen wir zu einer dramatisch-romantischen Periode im Leben der Bürgermeisterstochter Emmy Kögler. Sie lernte den Redakteur Leo Freundlich kennen, der bei einer sozialdemokratischen Zeitung in Aussig tätig war. Emmy und Leo waren sehr bald miteinander einig: Sie wollten heiraten. Es war aber von vornherein klar, daß die Familie und die Vormundschaftsbehörde diese Ehe nie erlauben würden, denn Leo Freundlich war nicht nur Sozialdemokrat, was ihn allein schon als Heiratskandidaten ausschloß — er war dazu auch noch Jude. Emmy ließ sich aber weder von der vornehmen Verwandtschaft noch von der hohen Behörde in ihre höchst persönlichen Angelegenheiten dreinreden: Sie fuhr heimlich mit dem Mann ihrer Wahl nach Schottland. Dort ließ sich das Paar vom Schmied von Gretna Green trauen, der dafür berühmt war, verzweifelte Brautleute nicht lange bitten zu lassen. Er machte also von seinem uralten Vorrecht, am Amboß gültige Ehen einzuweihen, Gebrauch.

Daß eine junge Rebellin vom Temperament der Emmy Freundlich sich nun auch der Sozialdemokratie anschloß, ist nicht verwunderlich. Als in Österreich zum erstenmal nach dem gleichen, allgemeinen und direkten Wahlrecht Parlamentswahlen abgehalten wurden, errang auch Leo Freundlich ein Mandat für den Reichsrat.

Die ersten zehn Jahre ihrer Ehe verlebte die junge Frau in Mährisch-Schönberg, wo sie sich mit den Lebensbedingungen von Textilarbeitern und Handschuhmachern vertraut machte. Die einen wie die anderen waren Heimarbeiter und wurden in gleicher Weise schamlos ausgebeutet. Was sie da an Elend mitansehen mußte, hat ein Leben lang in ihr nachgewirkt. Sie wurde eben deshalb eine der Vorkämpferinnen der Heimarbeiter.

Als die zehn Jahre verronnen waren, übersiedelte Emmy Freundlich 1911 mit ihren beiden Töchtern nach Wien; ohne Gatten. Sie hatte sich von Leo Freundlich getrennt. Sie fand bei dem Verein »Kinderfreunde«, den Anton Afritsch drei Jahre vorher in Graz gegründet hatte und der sich rasch ausbreitete, eine ihr zusagende ehrenamtliche, das heißt unbezahlte Betätigung. Eine Studie, die sie 1913 über die Kinderarbeit im Habsburgerreich veröffentlichte, machte starken Eindruck. Als 1917 die Zeit für die Gründung des Reichsvereines »Kinderfreunde« reif war, übernahm Emmy Freundlich die Funktion der Sekretärin. In dieser Eigenschaft betätigte sie sich nun regelmäßig publizistisch. In jeder Nummer des monatlich erscheinenden Organs der Organisation gab es zumindest einen Artikel von ihr, ebenso in deren Beilage »Jugendpost«.

Gleichzeitig stellte sich Emmy Freundlich der Genossenschaftsbewegung zur Verfügung. Auch hier war sie organisatorisch und publizistisch tätig. Sie war sich darüber klar, daß der »Konsum« die Hausfrauen nicht bloß als »Kundschaften« behandeln dürfe, sondern daß auf diesem Gebiet aktive Mitarbeit und Einflußnahme der Mitglieder aus praktischen wie aus demokratischen Gründen notwendig sei. Sie war auch dabei, als 1912 das »Genossenschaftliche Frauenkomitee« gegründet und eine Frauenzeitung der Konsumvereine geschaffen wurde.

Während des Ersten Weltkrieges — die Volksernährung wurde in jenen Jahren immer elender — dachte sie bereits an die Schaffung einer »Internationalen Genossenschaftlichen Frauengilde«, und als die Voraussetzungen für deren Entstehen erst einmal vorhanden waren, wurde sie die erste Präsidentin dieser neuen internationalen Organisation.

Mit dem Ende des Ersten Weltkrieges kam im neuen,

kleinen, demokratisch und republikanisch gewordenen Österreich mit vielen anderen Errungenschaften auch endlich das Frauenwahlrecht. Es lag nahe, eine bereits so bewährte und kenntnisreiche Frau, wie es Emmy Freundlich war, dorthin zu stellen, wo das Neue im Lande geformt werden mußte, dorthin, wo neue Gesetze geschaffen und neue Formen der Verwaltung gefunden werden mußten. Im Jahre 1919 wurde sie sowohl in den Wiener Gemeinderat wie in den Nationalrat gewählt. In diesem gehörte sie zur Vertretung des Wiener Wahlkreises 4, der die Gemeindebezirke 2, 20 und 21 umfaßte.

Wer auch nur eine Ahnung von der entsetzlichen Not hat, unter der die Menschen damals in Österreich, vor allem aber in Wien litten, wird es nicht überraschend finden, daß sich die als Volksvertreterin sehr junge, als Sachverständige für Ernährungs- und Wirtschaftsfragen bereits außerordentlich erfahrene Frau im Hause der Gesetzgebung vor allem um diese Probleme kümmerte. Sie setzte selbstverständlich auch ihre Arbeit in der Genossenschaftsbewegung fort, und sie fand auch zu publizistischer Tätigkeit noch Zeit. Sie hatte schon vorher über Frauenfragen geschrieben, sich in einer Broschüre für das Frauenwahlrecht eingesetzt und eine Einführung in die Probleme der Zoll- und Handelspolitik vorgelegt.

Im Jahre 1934 wurde sie vom autoritären Regime ins Gefängnis geworfen; es bedurfte einiger Interventionen englischer Genossenschafter, um ihre Befreiung durchzusetzen.

Nach dem Einmarsch der Armee Hitlers verließ Emmy Freundlich mit ihren beiden Töchtern Österreich für immer. Sie wandte sich zuerst nach England; 1947 ging sie nach Amerika. Während sie in London ihre Funktion als Präsidentin der Internationalen Genossenschaftlichen Frauengilde ausgeübt hatte, übernahm sie in New York die Funktion einer Beobachterin beim Wirtschafts- und Sozialrat der Vereinten Nationen. Daran, daß der Genossenschaftsinternationale diese Position zugebilligt wurde, hatte sie größten Anteil. So wie ja auch seinerzeit die Internationale Frauengilde auf ihre Initiative zustande gekommen war. In New York ging am 16. März 1948 das Leben dieser großartigen Frau zu Ende.

Valentino Pittoni
Von Triest nach Wien

Er war ein Emigrant, vom italienischen Faschismus aus seiner Heimat und Wirkungsstätte vertrieben und doch im Parteihaus der österreichischen Sozialdemokratie, in der Rechten Wienzeile in Wien, zu Hause. Er war in den späteren Nachkriegsjahren der »Administrator« der »Arbeiter-Zeitung«, wie nach alter Parteisitte der Mann an der Spitze des Zentralorgans der Sozialdemokratischen Partei Österreichs betitelt wurde. Das war ein sehr wichtiges und verantwortungsvolles Parteiamt, das einem Landesfremden anzuvertrauen bei aller internationalen Solidarität wohl ungewöhnlich erscheinen muß. Doch der hochgewachsene, großartig aussehende ernste Mann war ebensowenig ein »Fremder« in der Wiener Partei wie etwa einer der vielen, die aus Gebieten stammten, die später zur Tschechoslowakei, zu Jugoslawien oder zu einem anderen Nachfolgestaat der alten Monarchie geschlagen wurden.

Selbstverständlich hat der Umstand, daß man die Zeit

172

noch in Erinnerung hatte, in der man mit solchen »Ausländern« in einer Partei und in Fällen, wie dem von Pittoni, im selben Parlament und in derselben Parlamentsfraktion beisammen gewesen war, viel zu dem Gefühl der Zusammengehörigkeit beigetragen.

Der Friauler Pittoni, der um die Jahrhundertwende von Victor Adler für die Sozialdemokratie gewonnen worden war, hat seine politische Tätigkeit in Triest begonnen und lange Zeit weitergeführt. Er gründete dort den ersten Konsumverein; das Startkapital holte er sich aus dem Versatzamt, wo er zu diesem Zweck den bescheidenen Familienschmuck hinterlegte.

Ob sich der Vereinsladen so entwickelte, daß Pittoni den Schmuck wieder auslösen konnte, ist nicht bekannt. Daß aber aus der Gründung ein solides Unternehmen wurde, ist überliefert. Wäre es das nicht geworden, so wäre sein Schöpfer nicht 1920 in Mailand Direktor der Arbeiter-Konsumgenossenschaften geworden. In der Zeit, die zwischen den Anfängen in Triest und der Übernahme der Funktion in Mailand lag, hatte sich Pittoni einen international angesehenen Namen gemacht. Denn für ihn war die Tätigkeit in der Genossenschaftsbewegung nur die Ausgangsbasis für ein viel umfassenderes Wirken. Die Nichte Pittonis, Anita, schrieb über ihren Onkel: »Was er bekundet, ist nicht ein besonderer politischer Glaube. Nein. Sein Reden geht in eine andere Richtung: er will mir in erster Linie beibringen, von welcher Geradheit, welcher moralischen Sauberkeit diese Männer waren. Und da überkommt mich mit einemmal die Erinnerung an die Armut, in welcher unsere Familie und jene des Onkels Valentino lebten. Erst jetzt kommt mir diese wahrhafte Armut so richtig zum Bewußtsein; vorher war ich ihrer nie innegeworden. Daheim hatte nie jemand ein Wort darüber verloren, nie jemand geklagt, gerade so, als ob unser Armsein nicht zählte. Was allein zählte, war der Reichtum an Idealen, die Sauberkeit im Kampf.«

Aus jenem Reichtum schöpfte Pittoni die Kraft zu seinem Werk, das nicht nur im Aufbau der Triestiner Konsumgenossenschaften, sondern auch im Aufbau der ganzen Triestiner Sozialdemokratie bestand. Ein Zeitgenosse bezeichnete Pittonis Haltung als »marxistischen Humanismus«. Die Parteiorganisation, die unter seiner Führung entstand, fügte sich ohne Schwierigkeit in die gesamtösterreichische ein, denn sie bekannte sich zu denselben Prinzipien und Organisationsmethoden wie diese. Sie war eng mit den Gewerkschaften verknüpft, betrieb eine intensive Bildungsarbeit und beruhte auf der bis zum heutigen Tag für die österreichische Partei typischen Kleinarbeit, die auch dem einfachen Arbeiter die Möglichkeit gibt, vom ersten Tag seiner Mitgliedschaft an in der Bewegung zu wirken.

Auf diese Weise konnte es gelingen, die Arbeiter im italienischen Teil des Habsburgerstaates in die gemeinsame Bewegung einzugliedern, sie zu Internationalisten zu erziehen und sie davor zu bewahren, Nachläufer des italienischen Nationalismus in diesen Gebieten zu werden. Das gab ihnen aber auch die Möglichkeit, sich mit ihren slowenischen Klassengenossen im Hinterland von Triest zu verbünden. So konnten sich die Triester Sozialisten gleichzeitig für ein italienisches und ein slowenisches Schulwesen dort einsetzen, wo ein solches am Platze war.

Als Internationalist bewährte sich Pittoni auch 1908 nach der Annexion Bosniens und der Herzegowina durch Österreich-Ungarn, als er, der inzwischen in den Reichsrat, das Parlament der Monarchie, entsandt worden war, in einer Rede darauf aufmerksam machte, daß das Reich, das ohnedies mit nationalen Problemen mehr als genug belastet war, sich noch ein besonders schwieriges aufgeladen habe. Er schloß seine Rede mit der grundsätzlichen Erklärung:

»Die sozialdemokratische Arbeiterpartei in Österreich hält an ihrem Prinzip fest, daß nur den Völkern selbst das Recht der Bestimmung ihres eigenen Schicksals zusteht, und sie wird ... mit allen Kräften dahin wirken, daß durch die Demokratisierung des Staates die Vorbedingungen zu einem wirklichen Selbstbestimmungsrecht der Völker geschaffen werden.«

Pittoni begnügte sich aber keineswegs mit solchen Erklärungen, sondern versuchte vielmehr Vertreter der Völker, die in dem Raume aufeinanderstießen, in dem er zu wirken hatte, zusammenzubringen, um in Diskussionen gegenseitiges Verständnis und Zusammenarbeit zu erzielen. Im Mai 1905 fand auch in Triest eine erste Aussprache zwischen

Vertretern der österreichischen und der italienischen sozial-demokratischen Partei statt.

Welchen Wert beide Teile dem Versuch beilegten, geht daraus hervor, daß sowohl die Österreicher wie die Italiener durch führende Männer vertreten waren. Für die Österreicher war neben Wienern, Ungarn, Tschechen und Triestern auch ein Slowene erschienen.

Der Ausbruch des Ersten Weltkrieges bedeutete für Pittoni eine bittere Enttäuschung. Ende August 1914 wurde das von ihm geleitete Wochenblatt »Lavoratore« eine Tageszeitung. In diesem schrieb er, als Italien in den Krieg eintrat, daß damit die letzte Hoffnung, die Hoffnung, daß Italien zum Friedensstifter werden könnte, zusammengebrochen war.

Als nach dem Krieg die Triester Sozialdemokratie von der österreichischen losgelöst und an die italienische angeschlossen wurde, verlor Pittoni sehr bald seinen Einfluß auf sie. Sie wurde in die innerparteilichen Auseinandersetzungen hineingerissen und von der »Linken« erobert, die die Nähe der Kommunisten suchte. Das veranlaßte Pittoni, nach Mailand zu übersiedeln. Zwei Jahre später gab es den »Marsch auf Rom« der Faschisten und die Machtergreifung Mussolinis. Nun mußte Pittoni die Heimat verlassen und emigrierte nach Wien. Sein Freund Ellenbogen nannte es eine Heimkehr.

Jedenfalls hat er in dem Jahrzehnt, das ihm noch beschieden war, hier Großartiges geleistet. Wie Ellenbogen in seinem Nachruf feststellte, hat er den schwierigen »Übergang von den alten patriarchalischen Formen des Parteibetriebes zu den Erfordernissen eines modernen Zeitungsbetriebes« vollzogen. Dieser hat damals mit der »Arbeiter-Zeitung«, dem »Kleinen Blatt«, der »Unzufriedenen« (jetzt »Die Frau«), der »Bunten Woche«, dem »Kuckuck« und dem »Rundfunk für Alle« einen publizistischen Erfolg nach dem anderen erzielt. Trotz Wirtschaftskrise und politischem Druck.

Pittoni ist am 11. April 1933 im 61. Lebensjahr dahingeschieden.

Karl Leuthner,
Liberaler und Sozialist

Der österreichischen sozialistischen Bewegung haben sich schon sehr frühzeitig Persönlichkeiten angeschlossen, die in einem Lande mit einer starken liberalen Partei, wie es sie zum Beispiel in England gab, eher zu einer solchen als zur Arbeiterbewegung gefunden hätten. Zu dieser Gruppe von liberalen Sozialisten gehörte der am 12. Oktober 1869 im mährischen Padechau als Sohn eines Bergbauingenieurs geborene Karl Leuthner.

Leuthner ging in Brünn ins Gymnasium und studierte in Wien die Rechte. Sowohl an der Mittel- wie an der Hochschule sowie in seiner gemischtsprachigen Heimat kam er mit dem österreichischen Nationalitätenproblem in Berührung. In deutschen Landen war der Liberalismus, die politische Ideologie aufsteigender Bürgerschichten, vom Beginn an sowohl mit demokratischen wie mit nationalen Auffassungen verbunden. Sowohl bei Engelbert Pernerstorfer, dem Jugendfreund Victor Adlers, wie bei dem ihm geistesverwandten Karl Leuthner ist diese Verbindung sehr deutlich. Beide unterschieden sich aber in einem wesentlichen Punkt von anderen Liberalen: In ihrer Einschätzung der sozialen oder, wie man damals sagte, der Arbeiterfrage.

Wie sehr die sozialen Probleme seiner Zeit dem Studenten Leuthner am Herzen lagen, geht daraus hervor, daß er nicht nur die Schriften von Marx und Lassalle las, sondern auch am 14. März 1893 in den Wiener Sophiensälen eine Gedenkrede für den zehn Jahre vorher verstorbenen Begründer des wissenschaftlichen Sozialismus hielt.

Diese Rede für Karl Marx hatte, wie Heinz Brantl in »Werk und Widerhall« berichtet, eine für die damaligen Zustände typische Folge. Karl Leuthner, der als Reserveleutnant der österreichischen Kavallerie angehörte, wurde von einem Ehrenrat der Armee seiner Charge verlustig erklärt und als »gewöhnlicher Soldat« zu einem Infanterieregiment versetzt. Er hatte sich durch sein Bekenntnis zur Sozialdemokratie der Ehre, ein österreichischer Offizier zu sein, verlustig gemacht.

Hat Leuthner die Degradierung gekränkt, geärgert oder hat er sie nicht besonders ernst genommen? Nun, ihn dürfte diese grobe Verletzung der Gedanken- und Meinungsfreiheit, die gerade einem Liberalen besonders teuer sind, in der Auffassung bestärkt haben, daß sein Platz bei den Arbeitern, in der Sozialdemokratie sei. Und so sehen wir ihn zwei Jahre später, am 1. Jänner 1895, als die »Arbeiter-Zeitung« ihr tägliches Erscheinen begann, an einem Redaktionsschreibtisch des Blattes. Er blieb mehr als 38 Jahre in der Redaktion der »Arbeiter-Zeitung«, nämlich bis zum 12. Feber 1934. Er hat aber in dieser langen Zeit der Sozialdemokratischen Partei keineswegs nur mit seiner Feder gedient. Denn er war nicht nur ein glänzender Stilist, sondern auch ein blendender Redner. Er konnte alle Register ziehen. Mit seinem feurigen Temperament war er imstande, jede Massenversammlung in Begeisterung zu versetzen. Niemals verfiel er in billige Demagogie. Das hatte er aus zweierlei Gründen nicht nötig: Er glaubte an das, was er sagte, und er sagte nur, was er glaubte. Auch verschmolzen für ihn, wie für viele frühe Sozialisten, politische Propaganda mit Aufklärung und Volksbildung zu einer Einheit.

Um bilden zu können, muß man selbst gebildet sein. Und das war Leuthner. Er hatte seine Gymnasialzeit gut genützt und baute nun auf dieser soliden Grundlage auf. Er studierte an und außerhalb der Universität und erweiterte sein Wissen ständig. Sein beachtenswertes Gedächtnis ermöglichte es ihm, sein enormes Wissen auch in plötzlich losbrechenden Debatten einzusetzen. So brachte er alle Voraussetzungen mit, um als Redakteur, Versammlungsredner, Referent in Bildungsveranstaltungen und auch als Parlamentarier zu wirken.

Bei den zweiten Wahlen, die nach dem gleichen, allgemeinen und direkten Wahlrecht 1911 in Österreich abgehalten wurden, zog er denn auch in das Parlament ein.

Als Redakteur der »Arbeiter-Zeitung« hatte er sich neben literarischen, geistes- und religionswissenschaftlichen Fragen mehr und mehr mit außenpolitischen und militärischen Problemen beschäftigt. Beide hingen damals ja noch augenfälliger als heute miteinander zusammen. Außenpolitik war bis zum Ersten Weltkrieg im wesentlichen europäische Politik. Europäische Politik konnte zu dieser Zeit nämlich gleichgesetzt werden mit Weltpolitik, denn die entscheidenden Mächte waren fünf europäische Großstaaten: Österreich-Ungarn, das Deutsche Reich, das zaristische Rußland, die Republik Frankreich und das Königreich England.

In der Periode zwischen dem deutsch-französischen Krieg (1870/71) und dem Ersten Weltkrieg zerfielen diese Großmächte in zwei deutlich voneinander getrennte Lager. Zuerst hatte der deutsche Reichskanzler Bismarck versucht, die drei Kaiserreiche — Deutschland, Österreich-Ungarn und Rußland — unter einen Hut, oder besser gesagt; unter einen Helm, zu bringen. In Wien sah man aber schon in den frühen siebziger Jahren in Rußland den Feind, den man auf dem Schlachtfelde besiegen müsse, und beriet über Kriegspläne gegen das Zarenreich.

Unter dem Kaiser Wilhelm II. kam es dann zu einer Umorientierung der deutschen Außenpolitik und 1879 zu einem Zweibundvertrag zwischen Deutschland und Österreich-Ungarn. Im Jahre 1882 wurde dieser durch die Einbeziehung Italiens zu einem Dreibund erweitert. Im Westen antworteten Frankreich und England auf diese Entwicklung 1904 mit einem Bündnis, und als dieses 1907 durch den Beitritt Rußlands zu einem respektgebietenden Machtblock wurde, mußte man nicht viel Phantasie haben, um sich vorstellen zu können, was auf den alten Kontinent zukam.

Das war also der Hintergrund, vor dem der außenpolitische Redakteur der »Arbeiter-Zeitung« und Reichsratsabgeordnete Karl Leuthner zu handeln hatte. Er tat es mit Temperament und Brillanz und nicht zuletzt mit gründlicher Sachkenntnis. Als schon 1913, also vor dem Attentat von Sarajewo, Kriegshetzer Österreich zu einem Überfall auf Serbien drängten, hat Leuthner sein Bestes getan, um sowohl von der Parlamentstribüne wie in der »Arbeiter-Zeitung« den Widerstand der österreichischen Sozialdemokratie gegen das in der gegebenen europäischen Lage doppelt gefährliche Abenteuer klarzumachen. Ein Jahr später stürzte sich die Doppelmonarchie dann doch in das selbstmörderische Unternehmen.

Nach dem Krieg setzte Leuthner seine Hoffnung auf den von allen Parteien des Nationalrats der Republik beschlossenen Anschluß an Deutschland. Dieser Anschluß schien ihm, wie vielen anderen, als der einzige Ausweg aus einer schier verfahrenen Lage und außerdem als die Vollziehung eines Zieles der Revolution von 1848. Daß es nicht dazu kam, hat Leuthner tief gekränkt.

Er stellte aber, so wie in der Zeit der Monarchie, auch in der Ersten Republik seinen Mann. Dem Bündnis von Thron und Altar, der dem Habsburgerreiche seit der Zeit der Gegenreformation seinen Stempel aufgedrückt hatte, folgte in der Ersten Republik die enge, viel zu enge Verbindung zwischen der Kirche und der christlichsozialen Partei.

Der Faschismus hat Leuthner schließlich aus dem Parlament und aus der Redaktionsstube vertrieben. Er verbrachte die wenigen Jahre, die ihm noch verblieben, in der Einsamkeit der »inneren Emigration«, die sein Tod am 8. Mai 1944 beendete.

Hans Resel,
ein Niederösterreicher in Graz

Die Steirer sind »Fremden« gegenüber oft mißtrauisch.
Er muß also eine ganz besondere Persönlichkeit gewesen
sein, der Schneidergeselle Hans Resel aus der St. Pöltner
Gegend, dem es gelungen ist, der Arbeiterbewegung in der
Steiermark eine solide Grundlage zu schaffen. Zur Welt
kam er am 17. September 1861 in Hafnerbach in Niederösterreich als Sohn eines armen Tischlermeisters, der sich
mühselig mit Reparaturarbeiten fortbrachte. Trost fand der
Vater Resels in Büchern, in denen die Geschichte der Großen Französischen Revolution von 1789 und der europäischen Revolutionen von 1848 geschildert wurde. Allerdings hielt er dies geheim, denn wäre es ruchbar geworden,
hätten ihm die Mächtigen im Dorf — der Graf Monte-
cuccoli, dessen Verwalter und der Pfarrer — den kärglichen
Verdienst noch kärglicher gemacht.

In der zweiklassigen Schule für Bauernkinder fiel der
kleine Hans durch seine Begabung auf. Der Pfarrer wollte

es ihm ermöglichen, Geistlicher zu werden. Der Bub scheint sich aber, wohl durch den Einfluß des rebellisch gestimmten Vaters, als kleiner Freigeist aufgeführt zu haben. Jedenfalls wurde aus dem Plan nichts, und der Hans kam mit elfeinhalb Jahren in St. Pölten zu einem Schneider in die Lehre. Seine Arbeitszeit belief sich damals nicht selten auf 16 bis 18 Stunden im Tage.

Nach der Lehre ging Resel zunächst, wie es damals üblich war, auf die Walz. Im Jahre 1882 mußte er zum Militär einrücken. Auch dort hat er sich nicht immer so unterwürfig benommen, wie das von ihm erwartet wurde, so daß er des öfteren mit dem Arrest Bekanntschaft machte. Noch während seiner Militärdienstzeit kam Resel mit sozialistisch gesinnten Arbeitern zusammen und trat, nachdem er abgerüstet hatte, dem St. Pöltner Arbeiter-Geselligkeits-Verein bei, der eine Organisation der »Radikalen« war.

Schon drei Monate später war er Obmannstellvertreter des Vereins, und 1886 machte er als Einberufer der ersten St. Pöltner Volksversammlung von sich reden.

Obwohl Radikaler, verstand Resel, daß die Einigung der gespaltenen österreichischen Arbeiterbewegung eine Notwendigkeit war, und so beteiligte er sich denn an der Vorbereitung des Hainfelder Parteitages. Da er, von früheren Gelegenheiten her, den zuständigen Bezirkshauptmann, den Grafen Auersperg, kannte, begleitete er Victor Adler zu der Unterredung mit dem hohen Herrn, von deren Ausgang es abhing, ob der Parteitag abgehalten werden konnte oder nicht.

Nach dem Parteitag übernahm es Resel, nach Graz zu gehen, um in diesem letzten Stützpunkt der Radikalen, die nicht bereit waren, sich mit der Einigung abzufinden, den Gedanken von Hainfeld durchzusetzen.

So trat denn Resel 1889 bei dem Grazer Schneidermeister Herbst in der Annenstraße als Geselle ein. Er blieb es jedoch nicht lange, denn bereits im nächsten Jahr war die Grazer Parteiorganisation so weit, daß an die Herausgabe einer eigenen Zeitung gedacht werden konnte. Am 9. Juli 1890 erschien die erste Nummer des Blattes, das bis zum 12. Feber 1934 mit dem Titel »Arbeiterwille« erschienen ist. Vorerst kam dieser alle 14 Tage heraus, seine Redaktion bestand aus — Hans Resel. Dieser saß nun abwechselnd in der Redaktion, einem Kellerlokal, das gleichzeitig als Verwaltung, Vertrieb und Redakteurswohnung diente, oder im Arrest. Er wurde nicht nur wegen des Zeitungsinhalts eingesperrt, auch wegen Versammlungsreden, die von der hohen Obrigkeit als aufreizend empfunden wurden. Dafür, daß auch beschlagnahmte Nummern der Zeitung zu den Lesern kamen, sorgten die Vertrauensleute der Partei. Sie konnten fast immer den größten Teil der Auflage vor dem Zugriff der Polizei retten, nicht aber deren Redakteur, der sich in der Haft ein schweres Magenleiden zuzog. Kein Wunder, daß der durch viele Hungerjahre geschwächte Magen Resels durch die derbe Gefängniskost völlig ruiniert wurde.

Wirkten die Reden Resels auf die Behörde aufreizend, so wirkten sie auf die Arbeiter aufmunternd. Er war kein besonders guter Redner, er hatte aber etwas zu sagen. Nicht zum wenigsten deshalb, weil er, wie sein Vater, ein großer Leser war. Man frägt sich, woher Menschen wie er, bei überlanger Arbeitszeit und bei einer umfangreichen Parteitätigkeit, noch die Zeit fanden, zu lesen und an ihrer Bildung zu arbeiten. Die Arreststrafen mögen als die damalige Form des »Bildungsurlaubs« geholfen haben; wie das auch sei, Resel fand die Zeit.

Dieser Mann war aber nicht nur ein Redner, dem man gerne zuhörte, er war auch ein begabter Organisator. So hat er den Arbeiterfortbildungsverein, den er vorgefunden hatte, zur ersten Gewerkschaftsorganisation der Land- und Forstarbeiter umgewandelt. Im Nachruf, den ihm die Wiener Arbeiter-Zeitung am Tage nach seinem Tode, am 8. November 1928, widmete, heißt es, daß es überhaupt nicht leicht eine gewerkschaftliche Organisation in der Steiermark geben wird, bei deren Geburt Resel nicht Pate stand. Er hat sie alle in der grünen Mark erweckt, die Eisenbahner, die Metall- und die Bergarbeiter.

Im Jahre 1897 hat Resel einen großen persönlichen Triumph gefeiert, der gleichzeitig — wie konnte es auch anders sein — ein schöner Erfolg für die Sozialdemokratische Partei war. Er war nämlich bei den Reichsratswahlen, bei denen in diesem Jahr zum erstenmal auch in einer allgemeinen Kurie gewählt wurde, im Grazer Wahlkreis erfolgreich.

Sein Gegenkandidat war ein Theologieprofessor. Resel war damals der einzige Sozialdemokrat im Gebiet der heutigen Republik Österreich, der einen Parlamentssitz hatte. Vier Jahre später hat er das Mandat verloren, er eroberte es aber 1905 in der Landgemeindekurie, in der nur Bauern wählten, wieder. In den Grazer Gemeinderat gelangte er im Wahlkörper der Gewerbetreibenden, im steirischen Landtag besetzte er 1904 eines der beiden sozialdemokratischen Mandate, die in der allgemeinen Kurie von der Partei erobert wurden. Daß er in so verschiedenen Wahlkörpern Erfolg hatte, beweist, welch großes Ansehen Resel im Lande genoß.

Dieses Ansehen hat er in den Umsturztagen nach dem Ersten Weltkrieg voll genutzt. Der ehemalige »Radikale« war wohl in seinem Element, als der steirische Wohlfahrtsausschuß — eine Bezeichnung, die in der Großen Französischen Revolution aufkam —, dem er angehörte, den steirischen Statthalter Graf Clary ablöste. Als Obmann des Wehrausschusses verfügte Resel über die militärische Macht im Lande und er nützte sie, als der Stadtkommandant von Graz, General Lukas, eine zweideutige Haltung einnahm. An der Spitze einer Gruppe bewaffneter Wehrmänner erschien Resel im Stadtkommando und zwang den General zum Rücktritt.

In der Ersten Republik hat Hans Resel in der steirischen Landesregierung das land- und forstwirtschaftliche Referat verwaltet. Selbstverständlich hatte er daneben auch wichtige Parteifunktionen inne. Er blieb aber auch bis zuletzt mit der Zeitung, die er gegründet hatte und die inzwischen längst ein Tagblatt geworden war, mit dem »Arbeiterwillen«, verbunden. Dafür zeugt der Umstand, daß er es knapp vor seinem Tode übernommen hat, für das Blatt einen Artikel zum 12. November, dem damaligen Staatsfeiertag, zu schreiben. Er konnte gerade noch die ersten Zeilen verfassen, denn er ist am 7. November 1928 gestorben. Es ist ihm dabei aber gelungen, schon im ersten Satz dieses unvollendeten Artikels zusammenzufassen, was die Sozialisten seiner Generation in ihrer Jugend gedacht, gefühlt und erhofft haben, darum soll dieser Satz als letzter hieher gesetzt werden. »Wir alle schwärmten von der Revolution und träumten von der Republik.«

Reinhard Machold,
ein Opfer des Bildungsprivilegs

In das große Ehrenbuch der österreichischen Arbeiterbewegung ist der Name Reinhard Machold als der eines führenden Vertrauensmannes der steirischen Arbeiterbewegung eingetragen, zur Welt ist er aber am 11. November 1879 in der schlesischen Stadt Bielitz gekommen. Sein Vater, ein Kapellmeister und Musiklehrer, wollte auch aus dem Sohn einen Musiker machen und sorgte dafür, daß er das Flötenspielen und Geigen erlernte. Weiter lernen sollte der Reinhard dann bei seinem älteren Bruder, der es bereits zum Konzertmeister am Deutschen Theater in Kronstadt gebracht hatte. Es fehlte aber für den jungen Machold an der notwendigen finanziellen Unterstützung aus dem Elternhaus — kein Wunder, denn Reinhards Eltern hatten zwölf Kinder —, und so mußte der junge Mensch sich um einen anderen Beruf umschauen. So wurde er denn Schriftsetzer. Nur insofern zog er aus seinem Umgang mit der Musik beruflichen Nutzen, als er auch das Notensetzen in seinen Lehrgang einbezog.

Opfer des Bildungsprivilegs — und als solches hat sich Machold bis an das Ende seines an Leistungen und Erfolgen reichen Lebens empfunden — werden häufig Rebellen. Der junge Reinhard trat auch sofort nach Beendigung seiner Lehrzeit der Buchdruckergewerkschaft bei und geriet bald in einen Konflikt. In diesem ging es darum, die Verwendung von Frauen zu gesundheitsschädlichen Arbeiten in den Druckereien zu unterbinden. Es mag ein Zufall gewesen sein, daß sein erstes Hervortreten auf dem Gebiet des Gesundheitswesens lag, doch dünkt es uns fast wie ein Symbol; hat er sich doch in späteren Jahren als leitender Krankenkassenfunktionär und als Sanitätsreferent in der Steirischen Landesregierung verdient gemacht und wurde dafür schließlich von der Grazer Universität mit dem Ehrendoktorat ausgezeichnet. Doch bis dahin hatte er noch einen langen Weg zurückzulegen.

Zunächst einmal mußte er die Heimat verlassen, weil er die Aufmerksamkeit der Polizei auf sich gezogen hatte. Dies deshalb, weil er zu auffällig für die Beteiligung an der 1.-Mai-Demonstration geworben hatte.

In Graz fand er Beschäftigung, außerdem gefiel es ihm in der steirischen Landeshauptstadt. Auch hier kümmerte er sich, kaum warm geworden, um die Interessen seiner Kollegen und wurde ziemlich rasch Grazer Gehilfenobmann sowie Obmann der steirischen Landesorganisation der Buchdruckergewerkschaft. Im Jahr 1908 wurde er Obmannstellvertreter der Allgemeinen Steiermärkischen Kranken- und Unterstützungskasse. Ein Jahr zuvor war er schon in die Landesparteivertretung der Sozialdemokratischen Partei der Steiermark berufen worden.

Nun kam eine Funktion nach der anderen: 1910 ist er stellvertretender Direktor der Parteiunternehmungen, 1911 Grazer Gemeinderat, 1912 Stadtrat, 1916 Direktor der steirischen Konsumgenossenschaften. Die Funktionen in der Gemeinde verlor er aber, weil konservative Gemeindevertreter durch die Niederlegung ihrer Mandate den Gemeinderat, der gegen ihren Willen die Kommunalisierung der Gas- und Elektrizitätsversorgung beschlossen hatte, knapp vor Ausbruch des Ersten Weltkrieges lahmlegten. Während des Krieges war die wohl wichtigste aber auch schwierigste seiner Aufgaben die Leitung des steirischen Konsumverbandes.

Am Ende des großen Ringens hatte Machold aber noch ganz andere Probleme zu bewältigen. Die alte Donaumonarchie stand erkennbar vor ihrem Zusammenbruch. Was sollte nun kommen? Die steirischen Sozialdemokraten setzten einen revolutionären Akt: sie schufen gemeinsam mit Persönlichkeiten aus anderen Lagern einen Wohlfahrtsausschuß, der ein aus zwölf Personen bestehendes Exekutivkomitee bestimmte, das Reinhard Machold zum Obmann wählte. Noch gab es aber den kaiserlichen Statthalter Clary von Aldringen. Das Doppelregime dauerte jedoch nicht lange. Aldringen war klug genug, die Mitglieder des Wohlfahrtsausschusses, dessen an die Große Französische Revolution anklingender Titel einem Aristokraten wohl einige Schauer über den Rücken jagen konnte, nicht einfach verhaften zu lassen, sondern sich mit ihnen zusammenzusetzen. Zu mitternächtlicher Stunde trat er dann zurück und räumte den Männern der neuen Zeit das Feld.

Nun wurden Arbeiterräte gewählt und eine Arbeiter- und Studentenwehr geschaffen, die vor allem verhindern sollte, daß die durch Graz von der Front in ihre Heimatländer zurückflutenden Truppen in der Stadt Unheil anrichteten. Keine leichte Aufgabe, zumal auch ungarische und tschechische Abteilungen mit ihren Waffen durchkamen.

Ende 1918 trat eine Provisorische Landesversammlung zusammen, die dem Leiter des Konsumverbandes gerne eines der schwierigsten Ämter übertrug, das damals zu vergeben war: die Leitung des Landesernährungsdirektoriums. Als dann am 11. Mai 1919 ein Landtag gewählt wurde, zu dessen Mitgliedern Machold selbstverständlich gehörte (ebenso wie er genauso selbstverständlich einen Sitz in der Landesregierung erhielt), übernahm er das Landessanitätsreferat, auf dessen Führung er durch seine langjährige leitende Tätigkeit bei der Krankenkasse ausgezeichnet vorbereitet war. Er blieb aber weiter der Krankenkasse treu, und am 1. Mai 1928 wurde er zum Direktor der Kreiskrankenkasse berufen.

Machold hatte sich in so vielen Bereichen bewährt und so sehr das Vertrauen seiner Freunde erworben, daß er 1925 zum Obmann der Sozialdemokratischen Partei der Steiermark und im Dezember 1930 zum Ersten Landeshauptmannstellvertreter gewählt wurde. Es war eine stürmische Zeit, in welcher der ehemalige Buchdrucker diese Positionen einnahm, war doch die Steiermark eine der Hochburgen der faschistischen Bewegung in Österreich. Hier zog der reaktionäre Intrigant Rintelen, Landeshauptmann und Professor, seine Fäden, hier finanzierten und organisierten die Herren von der privaten Alpinen Montangesellschaft eine der radikalsten Heimwehrgruppen. Hier gab es öfter als in jedem anderen Bundesland Aufmärsche Uniformierter, Überfälle auf Arbeiterversammlungen, blutige Zusammenstöße und schließlich auch einen Heimwehrputsch.

So kam es denn, daß die Situation in der Steiermark im Feber 1934 besonders gespannt war. Machold tauchte nach der Verkündung des Standrechtes unter, stellte sich aber nach dessen Aufhebung den Behörden. Die nächsten Stationen seines Lebensweges waren Anhaltelager. Und dann wurde Machold aus Graz — ausgewiesen; der alte Polizeistaat war wieder zum Leben erwacht.

Während der Zeit, in der Österreich ein Bestandteil des Dritten Reiches war, hat Machold die Verbindung mit engen Freunden aus der Partei aufrechterhalten. Die große Verhaftungswelle nach dem Attentat auf Hitler im Jahre 1944 schwemmte auch ihn in den Kerker.

Die Wiederauferstehung der österreichischen Demokratie fand in der Steiermark am 8. Mai 1945 im Kaufmännischen Sanatorium in Eggenberg, einem Zentrum der Widerstandsbewegung, statt, wo sich Vertreter der alten Parteien zusammenfanden. Als sowjetische Truppen Graz besetzten, fanden sie dort schon eine Landesregierung, mit Machold als Landeshauptmann an der Spitze, vor. Auch die Führung der Sozialistischen Partei in der Steiermark übernahm er wieder. In der Landespolitik ist der zum führenden steirischen Politiker gewordene Schlesier bis zum Jänner 1954, zuletzt als Landeshauptmannstellvertreter, geblieben, an der Spitze der sozialistischen Landesorganisation bis 1960. Am 6. Feber 1961 ging dieses an Arbeit, Kämpfen und Erfolgen reiche Leben, in dem es aber auch an Not und Bedrückung nicht gefehlt hatte, zu Ende.

Vinzenz Muchitsch
Ein Bäckergeselle
wird Sozialpolitiker

So wie der erste sozialdemokratische Bürgermeister von Wien, Jakob Reumann, war auch der erste Arbeitervertrauensmann auf dem Bürgermeisterstuhl der Landeshauptstadt Graz, Vinzenz Muchitsch, ein Mann, der aus der Arbeiterschaft kam. Während jedoch der Wiener das seitdem ausgestorbene Handwerk eines Meerschaumdrechslers ausgeübt hatte, stand der Grazer während seiner Jugend in einer Bäckerstube. Zur Welt gekommen ist Muchitsch allerdings nicht in der steirischen Hauptstadt, sondern in Sankt Leonhard im Kreis Marburg; das Handwerk hat er aber in Graz erlernt. Am selben Tag, an dem er »freigesprochen« wurde, an dem also aus dem Lehrling ein Gehilfe geworden war, trat er seiner Gewerkschaft bei.

Die Verhältnisse, unter denen die Bäcker damals lebten und arbeiteten, waren so elend, daß die durchschnittliche Lebenserwartung eines solchen Arbeiters zwischen 35 und 40 Jahren lag. Die Arbeitszeit war — wie bei allen anderen

Arbeitern zu dieser Zeit — überlang und zog sich überdies durch die Nachtstunden.

Gegen diese Verhältnisse rebellierten einige von den Bäckergesellen. Sie gehörten zu den radikalsten Gruppen der jungen Arbeiterbewegung. In Graz fanden diese in Muchitsch einen Wortführer nach ihrem Herzen und wählten ihn, obwohl er einer der Jüngsten war, zum Obmann des Gehilfenausschusses. Der junge Mensch hatte Ideen: eine davon war, gemeinsam mit einigen couragierten Kollegen das Wagnis der Gründung einer Produktivgenossenschaft, einer Arbeiterbäckerei, zu unternehmen.

Eine wichtige Wendung trat im Leben des jungen Arbeitervertrauensmannes ein, als 1893 zwei Anarchisten vor Gericht gezogen wurden. Ihnen drohten lange Kerkerstrafen. Daß es nicht so schlimm wurde, verdankten sie einer Zeugenaussage Victor Adlers. Muchitsch wurde durch das Auftreten Adlers so tief aufgewühlt, daß er nach siebenjähriger Mitgliedschaft in einer anarchistischen Gruppe Sozialdemokrat wurde. So etwas war keine Kleinigkeit. Denn so wie Karl Marx und der Führer der Anarchisten, Bakunin, einander in der Internationale so heftig bekämpften, daß diese daran zerbrach, stritten überall, wo es eine Arbeiterbewegung gab, die Anarchisten und die marxistischen Sozialdemokraten miteinander mit verbissener Heftigkeit. Der Übergang von der einen zu der anderen Fraktion bedeutete den Bruch mit liebgewordenen Ideen und oft auch mit persönlichen Freunden.

Leicht hatte man es allerdings als Sozialdemokrat auch nicht. Muchitsch wußte das, und so wird es ihn nicht besonders überrascht haben, daß er als Dreiundzwanzigjähriger im Jahre 1895 in einen Hochverratsprozeß verwickelt und zu einer Kerkerstrafe verurteilt wurde. Drei Jahre später finden wir ihn — wieder auf freiem Fuß — auf einer Landeskonferenz der Freien Gewerkschaften der Steiermark. Bei dieser wurde er zum Sekretär der Gewerkschaftskommission, wie damals der Dachverband der Gewerkschaften Österreichs hieß, in der Steiermark gewählt.

Als Sekretär der Spitzenorganisation der Gewerkschaften des Landes mußte er nicht nur bei Arbeitskonflikten eingreifen, die damals oft recht lange dauerten und ebensoviel

Opferwillen wie Zähigkeit von den Streikenden verlangten, sondern sich auch um sozialpolitische Fragen kümmern.

Im Jahre 1903 hatte die Arbeiterbewegung andere Aufgaben für den nun schon bewährten Mann. Er wurde Administrator des steirischen sozialdemokratischen Parteiblattes »Der Arbeiterwille«. Parteiblätter hatten damals finanziell hart zu kämpfen; der Verkaufspreis mußte niedrig gehalten werden, und Inserate gab es wenige. Selbst wenn die Blätter der Arbeiterbewegung bei den möglichen Inserenten nicht aus politischen Gründen höchst unbeliebt gewesen wären, hatten diese wenig Grund, bei deren wenig kaufkräftigen Lesern für ihre Waren zu werben. Dazu kam noch, daß eine dem Unterhaltungsbedürfnis der Menschen aus den unteren Volksschichten geradezu genial angepaßte, billige populäre Presse mit ihren Massenauflagen der sozialdemokratischen Parteipresse schwere Konkurrenz machte.

Gegen Zeitungen, wie die damalige »Kronenzeitung« oder das »Illustrierte Extrablatt«, die ihre Mordsgeschichten sogar illustriert darboten, kamen die Blätter der Arbeiterbewegung einfach nicht auf. Ihre Redaktionen mußten täglich das Kunststück vollbringen, hochseriöse Informationen allgemeinverständlich darzubieten, vom aktuellen Anlaß zum Grundsätzlichen vorzustoßen, aufzuklären, zu agitieren, zu bilden und zu erziehen.

Wer ein solches Blatt zu verwalten hatte, der mußte jeden Kreuzer dreimal umdrehen, bevor er ihn ausgab, der mußte sich jeden Monat Sorgen machen, ob er wohl das Geld für die Gehälter aufbringen werde. Damals ist Muchitsch einer jener Sparmeister geworden, wie sie für die Bewegung zu dieser Zeit typisch waren. Er war einer von jenen, die den »Arbeitergroschen« heilig hielten.

In dem Jahr, als Muchitsch die administrative Führung des »Arbeiterwille« übernahm, eroberte er auch einen Sitz im Grazer Gemeinderat. Den gab er auf, als er 1907, also bei den ersten Parlamentswahlen, die auf dem Boden des gleichen Wahlrechtes stattfanden, in den Reichsrat Österreich-Ungarns als Abgeordneter einzog. Sein dringendstes Anliegen als Parlamentarier war ein Bäckereiarbeiter-Schutzgesetz. Er hatte die Zustände in den Backstuben nicht vergessen und brachte 1908 einen Entwurf für ein solches Gesetz ein. Elf Jahre später, als die Monarchie bereits von der Ersten Republik abgelöst worden war, hatte er die Genugtuung, den Bericht für eine Gesetzesvorlage im Parlament erstatten zu können, die die Abschaffung der Nachtarbeit der Bäcker zum Ziele hatte.

Wie viele andere Vertrauensmänner der Arbeiterschaft, hat auch Muchitsch das Seine zur Entwicklung der österreichischen Sozialversicherungsinstitute beigetragen. Eine weitgehende Reform der Krankenkassen in den ersten Jahren des Jahrhunderts geht auf ihn zurück.

Im Jahre 1919 wurde Muchitsch zum Bürgermeister der Stadt Graz berufen, er hat in dieser Funktion in der steirischen Hauptstadt ein beispielhaftes Reformwerk durchgeführt. Kommunale Wohnbauten, neue Brücken, frisch gepflasterte Straßen, die Durchführung der Kanalisierung, die bisher gefehlt hatte, Schulzahnkliniken und vieles andere zeigten nun den Grazern, wie Sozialdemokraten verwalten. Für die städtischen Arbeiter führte der Gemeinderat unter der Führung von Muchitsch eine Alters- und Invalidenversorgung ein, eine Vorläuferin der Pensionsversicherung der Arbeiter, die es damals noch nicht gab.

Leider mußte Muchitsch, wie so viele andere, die ihr Leben der Arbeiterbewegung gewidmet hatten, seine letzten Jahre in grauer Düsternis verbringen. Krank und gebrochen siechte er nach dem Feber 1934 dahin. Er mußte sein Lebenswerk als vernichtet ansehen, und es war ihm nicht vergönnt, die Auferstehung der österreichischen Demokratie und der Arbeiterbewegung zu erleben. Die tiefe Nacht des Faschismus lag über Europa, als am 7. September 1942 sein müdes Herz zu schlagen aufhörte.

Ludwig Leser,
Baumeister des Burgenlandes

Ludwig Leser gehörte zu jenen Sozialdemokraten, die in der Ersten Republik das politische Bild der österreichischen Bundesländer prägten. Doch die ihm gestellte historische Aufgabe unterschied sich in einer wichtigen Beziehung von der, die den Landespolitikern in den anderen Bundesländern gestellt war. In diesen handelte es sich (wenn man Wien ausnimmt, das in der Ersten Republik so wie in der Zweiten Bundesland und Gemeinde zugleich war und ist) darum, ein ehemaliges Kronland der Monarchie in ein Bundesland der Republik umzuwandeln. Jedes von diesen hatte in der Monarchie wie in der Republik dasselbe Verwaltungszentrum, dieselbe Hauptstadt. Beamte und anderes Personal, Verwaltungseinrichtungen und Amtssitze konnten übernommen werden. Sogar die Bilder an den Wänden blieben vielfach hängen.

Dort, wo Ludwig Leser als Landeshauptmannstellvertreter zu wirken hatte, im jüngsten österreichischen Bundesland, im Burgenland, war das anders. Denn dieses Gebiet hatte vor allem einmal nicht zur österreichischen Reichshälfte gehört, sondern zur ungarischen, obwohl die Mehrheit seiner Bewohner deutsch sprach und nicht ungarisch. Es war kein Kronland mit einer langen eigenen Geschichte, sondern nur ein Landstrich, der »Westungarn« genannt wurde. Die politischen Verhältnisse in Ungarn unterschieden sich sehr wesentlich von denen in Österreich. Es gab dort kein allgemeines, gleiches und direktes Wahlrecht. Die herrschende Klasse war die Hocharistokratie, die vom niederen Adel, der Gentry, unterstützt wurde. Im Gegensatz zu Österreich, wo in der Agrarwirtschaft der bäuerliche Landbesitz vorherrschte, war Ungarns Boden weitgehend im Besitz der Aristokratie. Deshalb waren die Bauern von Westungarn zumeist Kleinhäusler, die auf den Gütern der Großgrundbesitzer ihren Lebensunterhalt verdienen oder, weil es dort für sie alle nicht genügend Beschäftigung gab, in der Fremde Arbeit suchen mußten. Besonders geschätzt wurden die burgenländischen Bauarbeiter, die viel zur Schaffung der Wiener Ringstraße beigetragen haben.

Wie Unterrichtsminister Sinowatz in seinem Beitrag über Ludwig Leser in »Werk und Widerhall« berichtet, ist Ludwig Leser in einem der Industrieorte des Landes, in Neufeld an der Leitha, am 11. August 1890 zur Welt gekommen. Dort hat er als der heranwachsende Sohn eines Industrieangestellten die doppelte Bedrückung der Bewohner des ungarischen Grenzlandes kennengelernt. Die Herrennation Ungarns, die Magyaren, war im damaligen Ungarn, zu dem eine Anzahl von anderen Völkern bewohnte Gebiete gehörten, wie eben das Burgenland, die Slowakei, Siebenbürgen, Kroatien, das Banat, eine Minorität. Diese versuchte durch eine grobschlächtige Magyarisierungspolitik zur Mehrheit zu werden. Zur nationalen kam die soziale Bedrückung der armen Bauern und der Arbeiter.

Der junge Ludwig Leser schloß sich nach dem Ersten Weltkrieg, nachdem er in seine Heimat zurückgekommen war und dort eine Anstellung gefunden hatte, der Sozialdemokratie an. Er hat an dieser politischen Entscheidung auch in der kurzen Periode der ungarischen Rätediktatur festgehalten.

Der jetzt in New York lebende Arzt und langjährige Freund Lesers, Richard Berczeller, schilderte in einem Aufsatz in der »Zukunft« (Heft 13—14, Juli 1973) sehr lebendig, wie er den späteren ersten Vertrauensmann der burgenländischen Sozialdemokraten kennenlernte. Damals, in der Zeit der Rätediktatur, strömten der gut organisierten Sozialdemokratie Ödenburgs auch viele junge Menschen — Lehrlinge und Mittelschüler — zu. Da das Bildungswesen der Organisation nicht gerade glänzend entwickelt war, verlangten die jungen Leute stürmisch nach einem Parteilehrer, der ihnen erklären könnte, was hinter den Worten, wie Marxismus, Klassenkampf, Bourgeoisie, Proletariat, Solidarität, die jetzt plötzlich im allgemeinen Sprachschatz auftauchten, eigentlich stecke. Und eines Tages kam er, der Parteilehrer. »Ein dünner junger Mann«, beschreibt ihn Berczeller, »der nicht viel älter als wir aussah...« Er faszinierte die jugendliche Zuhörerschaft mit einem Vortrag über die Große Französische Revolution.

Das Gebiet erhielt von der der Rätediktatur vorhergegangenen demokratischen Karolyi-Regierung eine gewisse Autonomie, vor allem in kultureller, weniger in politischer Beziehung. Leser wurde zum »Gaukommissar« ernannt und benutzte diese Funktion dazu, bei den Bewohnern des Gebietes ein auf die Region konzentriertes Bewußtsein, ein burgenländisches also, zu entwickeln. Sinowatz drückt das in dem Satz aus: »Er wußte, daß in diesem namenlosen Landstrich vorerst die eigenen Gemeinsamkeiten des Erlebens zum konkreten Bewußtseinsinhalt werden müssen.«

Nach dem Zusammenbruch der Räteherrschaft wanderte Leser zunächst einmal auf ein Jahr ins Zuchthaus. Dann gelang es ihm, der weißgardistischen Horthyregierung zu entkommen und nach Österreich zu flüchten, wo er zunächst in einem Erholungsheim der Krankenkasse untergebracht wurde. Dort zeigte es sich, daß ihm das Gefängnisleben einen Herzfehler beschert hatte. In Baden wurde er bald der Mittelpunkt der burgenländischen sozialdemokratischen Emigration.

Nachdem das Burgenland endlich bei Österreich war, erschien es höchst fraglich, ob die Sozialdemokraten in dem neuen Bundesland viel zu sagen haben würden. Denn Ödenburg mit seiner erstklassigen sozialdemokratischen Organisation war nicht dabei, und von den Bauern und Landarbeitern der Dörfer versprachen sich die Sozialdemokraten nicht viel. Leser und seine Freunde versuchten das unmöglich Scheinende. Der junge, dünne, noch kranke Mensch sprach während des Wahlkampfes für den Landtag in Hunderten von Versammlungen und — das Unwahrscheinliche geschah. Die Sozialdemokraten erhielten an die vierzig Prozent der Landtagsmandate, das waren 12 Sitze. Und Ludwig Leser wurde Landeshauptmannstellvertreter des neuen österreichischen Bundeslandes. Alles war neu an diesem: die Zusammenfassung der Region zu einem Land, ja sogar dessen Name, der uns heutzutage so selbstverständlich von der Zunge geht wie etwa Tirol oder Steiermark. Und da keine zu übernehmende Landesverwaltung vorhanden war, mußte eben eine geschaffen werden. Diese Aufgabe fiel Leser zu. In der Zeit von 1922 bis 1934 gab es im Burgenland fünf verschiedene bürgerliche Landeshauptleute. Sie alle aber hatten denselben Stellvertreter; es ist also nicht verwunderlich, daß dieser zweite Mann der Landeshierarchie in Wahrheit der erste war.

Nach 1934 mußte er die Heimat verlassen, in die er Mitte 1945 wieder zurückkehrte. Am 30. Oktober 1946 hat er sie wieder verlassen, diesmal für immer ...

Robert Preußler
Von Gablonz nach Salzburg

Am 15. Juni 1886 standen in Prag 30 Arbeiter aus Gablonz vor Gericht, die von der hohen Obrigkeit für so gefährlich gehalten worden waren, daß man sie aus ihrer Heimat in Ketten in Böhmens Hauptstadt gebracht hatte. Der jüngste unter ihnen war der 19jährige Robert Preußler.

Sein und seiner Freunde Vergehen? Sie waren Sozialisten und hatten einen von den Behörden verbotenen Arbeiterbildungsverein neu gebildet. Dem Angeklagten Preußler wurde zudem noch vorgeworfen, daß er mit ins Ausland gegangenen Sozialisten Verbindung aufgenommen, viele deutsche und tschechische sozialistische Schriften gelesen, Bilder von Lassalle, Liebknecht und Bebel in Versammlungen hergezeigt und sogar sozialistische Gedichte verfaßt hatte. Sechs Monate Haft und dauernde Ausweisung aus Prag schienen dem Gericht eine angemessene Strafe für solch grauenhafte Untaten.

Dieser junge Mann, am 26. August 1866 in Antoniwald im

Isergebirge als Sohn des Gründers eines Arbeiterbildungsvereins zur Welt gekommen, hatte nach der Schule das Glasbläserhandwerk erlernt.

Den Glasbläsern ging es zu dieser Zeit ebenso schlecht, wenn nicht schlechter als den anderen Arbeitern des Habsburgerstaates. Ihre schwere Arbeit dauerte 14 bis 16 Stunden am Tag, ihre Berufskrankheit war die Tuberkulose. Kein Wunder, daß sie sich gegen ihr schweres Los empörten und sich zu Organisationen zusammenschlossen.

Robert Preußler war einer der Gründer der ersten Glasarbeiterorganisation und deren Zeitschrift »Der Glasarbeiter«. Diese konnte sich aber nur ein paar Monate halten. Dabei dürfte aber auch der Staatsanwalt mitgewirkt haben, der dem »Glasarbeiter« seine Aufmerksamkeit schon von der ersten Nummer an zugewandt hatte.

Einen gewaltigen Sprung vorwärts machte die sozialdemokratische Bewegung in den deutschen Gebieten Böhmens nach dem Einigungsparteitag von Hainfeld. Deutschböhmen wurde im Verlauf der Jahre zu einer der Hochburgen der Sozialdemokratie und blieb das auch bis zur Katastrophe des tschechoslowakischen Staates nach dem schändlichen Abkommen von München. Einer von denen, die zu dem Aufschwung beigetragen haben, war Robert Preußler. Es gelang sogar, für Victor Adler 1905 in Reichenberg einen Sitz im damaligen Reichsrat zu erobern, obwohl noch das Kurienwahlrecht bestand.

Das Schreiben von Gedichten hatte ihm der Staatsanwalt nicht abgewöhnen können. Sie wurden nun in einer Heimatzeitschrift »Rübezahl« veröffentlicht. Daneben schrieb Preußler aber auch Artikel, die Victor Adler veranlaßten, den Vorkämpfer der Glasarbeiter nach Wien einzuladen. In der Reichshauptstadt arbeitete Preußler an der »ArbeiterZeitung« mit und war als Redakteur von gewerkschaftlichen Fachblättern tätig. Er war aber auch als Organisator geschätzt; die niederösterreichischen Gewerkschafter wählten ihn deshalb zu ihrem Landesvertrauensmann.

Preußler blieb aber nur ein paar Jahre auf diesem Posten. Personalkrisen in der Bewegung, in der die gewerkschaftliche und die politische Organisation so eng zusammenhingen, daß Victor Adler sie mit siamesischen Zwillingen verglich, hat es auch damals schon gegeben. Jedenfalls verlor die Salzburger sozialdemokratische Landesorganisation ihren Parteisekretär und Redakteur. Die Salzburger suchten einen Ersatz, und Victor Adler empfahl ihnen Robert Preußler. Am 7. August 1904 wurde er in der Bischofsstadt in einer Volksversammlung vorgestellt, und von da an blieb sein Name mit Salzburg verbunden. So fest wurde diese Verbindung schließlich, daß später die meisten seinen Namen nur noch in Zusammenhang mit Salzburg kannten. Er wurde ein Salzburger, so wie Sever und Pölzer, deren Wiegen auch woanders gestanden waren, zu echten Wiener Vertrauensmännern geworden waren.

Die Sozialdemokratie war schon damals eine »offene« Bewegung. Wäre dem nicht so gewesen, so hätte der ehemalige Glasarbeiter nicht in liberalen, jedoch echt überparteilichen Organisationen mitwirken können, wie es der Salzburger Volksbildungsverein, die »Freie Schule« und die »Ernst-Häckel-Gesellschaft« waren. Er hätte sich auch nicht an der Gründung des freiheitlichen Hochschulvereins beteiligen können.

Es lag im Wesen dieses Mannes, aber auch im Wesen der Bewegung, die er als ihr Vertrauensmann vertrat, daß er neben der politischen Agitation noch genug Zeit für kulturelle Betätigung fand. Er brachte die Arbeiter in Konzerte und ins Theater, er las ihnen im großen Kurhaussaal aus dem »Faust« vor und veranstaltete Vortragsabende, für die er auswärtige Wissenschafter und Dichter nach Salzburg einlud.

Kenner der Geschichte der österreichischen Arbeiterbewegung wissen, daß diese kulturelle Seite der Bewegung damals auch in Wien und überall, wo sie sich sonst regte, entwickelt wurde. Sie war keine Salzburger Besonderheit, sie mußte aber in den engeren Verhältnissen der kleineren Stadt besonderes Aufsehen und bei Gut-, wenn auch Andersgesinnten, Respekt erregen. Sie lag auf derselben Linie wie die Gründung der »Arbeiter-Symphoniekonzerte«, der Volksbühnebestrebungen sowie der Aufbauarbeit an der Wiener Volksbildung durch Sozialdemokraten, wie Ludo Hartmann, Josef David, Otto König und Josef Luitpold Stern.

Wie stark die Partei damals bei alledem politisch in Salzburg geworden war, zeigte sich während des Wahlrechtskampfes. Für ein gerechtes Gemeindewahlrecht demonstrierten vor dem Salzburger Rathaus im September 1905 3000 Teilnehmer. Und am denkwürdigen 28. November, an dem in Wien unabsehbare Massen auf dem Ring für das allgemeine, gleiche und direkte Wahlrecht demonstrierten, haben es in Salzburg, das damals 35.000 Einwohner zählte, auf dem Mozartplatz 10.000 getan.

Zwei Jahre später haben die Salzburger Arbeiter einen Fackelzug veranstaltet und Preußler mit Blumen überschüttet, als es gelungen war, für ihn und Josef Proksch Mandate der vierten Kurie des Salzburger Landtages zu erobern.

Nach dem Zusammenbruch der Monarchie wurde Robert Preußler der erste sozialdemokratische Landeshauptmannstellvertreter von Salzburg. Daneben hat er auch zeitweise dem Nationalrat und dem Bundesrat angehört. In der schweren Zeit der Wirtschaftskrise und der ständigen reaktionären Bedrohung hat Robert Preußler mit Besonnenheit und Weisheit in der Landespolitik gewirkt. Salzburg war ein Land der Zusammenarbeit, der christlichsoziale Landeshauptmann Rehrl ein überzeugter Demokrat. Gemeinsam mit ihm war es möglich, wirtschaftliche Projekte zu verwirklichen, wie große Straßenbauten, durch die Arbeit beschafft wurde, und sich dem Faschismus entgegenzustemmen. Auch die Pflege seiner kulturellen Bestrebungen setzte Preußler in dieser schweren Zeit fort und half, die Salzburger Festspiele ins Leben zu rufen.

Am 12. Feber 1934 wurde auch Robert Preußler seiner öffentlichen Funktionen beraubt und eingesperrt. Die Auferstehung Österreichs und der Sozialdemokratie hat er nicht mehr erlebt. Am 16. Feber 1942 hat sein reiches Leben in Salzburg geendet.

Josef Holzhammer,
ein Pionier in Tirol

Auf dem Hainfelder Parteitag sprach über Forderungen, die die österreichische Arbeiterschaft auf dem Gebiet des Schulwesens zu stellen hatte, ein Maschinenschlosser aus Tirol, der 38jährige Josef Holzhammer. Seine Rede entsprach der Überzeugung, die er seit jeher gehabt und vertreten hatte, daß nämlich die Allgemeinbildung gehoben werden müsse, damit die Arbeiter in den Stand gesetzt würden, ihre Klasseninteressen zu verstehen und zu vertreten.

Er selber verstand, wie aus dem Bericht über ihn hervorgeht, den Robert Kummer für den Sammelband »Werk und Widerhall« geschrieben hat, die Nöte seiner Klassenbrüder sehr wohl. Darauf war es zurückzuführen, daß elf Jahre vor Hainfeld, nämlich am 4. November 1877, die Allgemeine Arbeiter-Kranken- und Invaliden-Unterstützungskasse für Tirol und Vorarlberg ihre Gründungsversammlung abhalten konnte. Der damals bei der Südbahngesellschaft arbeitende Holzhammer hatte durch seine Aufklärungsarbeit dazu beigetragen, daß dieses Ereignis stattfinden konnte.

Unter den heutigen Verhältnissen mag uns die Zahl der Menschen, die sich zum Beitritt zu dem neuen Verein entschlossen (es waren ganze 77) lächerlich gering vorkommen. Es war aber ein wichtiger Anfang. Holzhammer war zuerst Obmannstellvertreter der jungen Organisation, ein Jahr später wurde er zu ihrem Rechnungsführer gewählt. Als dann am 1. August 1889 das 1. Krankenversicherungsgesetz in Kraft trat, brauchte man sich um Mitgliederwerbung nicht mehr zu kümmern, denn jetzt gab es ja die Versicherungspflicht.

Natürlich beschränkte sich Holzhammer nicht auf die Krankenversicherung. Das wußte die Polizei sehr gut, und sie war in seiner bescheidenen Wohnung sehr oft zu Gast, allerdings ungebeten. Hausdurchsuchungen bei Arbeitern, die für die Sozialdemokratie warben, waren damals und auch später durchaus keine Seltenheit. Ich erinnere mich selbst an den Vater einer meiner Schulkollegen, der auch ein Eisenbahner war und der über den Ehebetten statt der damals üblichen Heiligen- oder Verwandtenbilder Porträts von Karl Marx und Friedrich Engels hängen hatte. Der hat bei so einer Hausdurchsuchung auf die Frage, wer die beiden denn eigentlich wären, die schlagfertige und durchaus wahrheitsgemäße Antwort gegeben: »Zwei alte deutsche Gelehrte.«

So ungefähr wie diesen Wiener Eisenbahnervertrauensmann mag man sich auch Holzhammer vorstellen. Denn, um damals den Nachstellungen der hohen Behörde zu entkommen, mußte man schon einigen Mutterwitz und bei der Verbreitung von Parteiliteratur Ideen haben. Die hatte Holzhammer auch; er und seine Kollegen führten die verpönten Flugschriften der »Roten« auf ihren Lokomotiven überallhin, wo es im Land Tirol eine Station gab, in der man sie weitergeben konnte. So wie Holzhammer damals, so haben ja auch in der Zeit des Austro-Faschismus Eisenbahner die illegalen Schriften der Sozialisten transportiert.

In Tirol hatten die Pioniere der Arbeiterbewegung einen besonders harten Boden zu bearbeiten. Die Polizei beobachtete jede Bewegung von Arbeiterorganisationen mit Argwohn und fand bald einen Grund, um einzuschreiten. So wurde 1875 der Innsbrucker Arbeiterbildungsverein mit der längst üblich gewordenen Begründung aufgelöst: »Wegen Überschreitung des statutengemäßen Wirkungskreises.« An seine Stelle trat sehr bald der »Allgemeine Arbeiterverein in Innsbruck«. Denn die Vorkämpfer der Arbeiterbewegung waren ebenso eifrig im Gründen, wie die Behörden im Auflösen. Heute haben die allermeisten Vertrauensleute der sozialistischen Bewegung nur eine sehr ungenaue Vorstellung vom Vereinsgesetz, damals war dessen Kenntnis für die Organisatoren der Arbeiterschaft unentbehrlich. Denn nach einem Wort von Friedrich Engels kam ja die Arbeiterbewegung auf dem Boden der Legalität, also der Gesetzlichkeit, am besten weiter. Wollte man aber die Möglichkeiten ausnützen, die einem die Legalität bot, dann mußte man sie auch kennen. Diese Kenntnisse halfen im Ringen mit den Behörden, sie halfen aber nicht gegen den Gesinnungsterror der Unternehmer. Eines Tages wurde Holzhammer bedeutet, daß er entweder mit der Werbung für seine Anschauungen aufhören oder seinen Arbeitsplatz aufgeben müsse. Nun, die Aufklärungstätigkeit hat Holzhammer nicht aufgegeben.

Sie trug reiche Früchte. Im Dezember 1892 machten sich die Tiroler Sozialdemokraten ein schönes Weihnachtsgeschenk, indem sie die erste Nummer eines eigenen Blattes, das »Volkszeitung« hieß, herausbrachten. In dieser ersten Ausgabe ihres Organs griffen sie die Innsbrucker Statthalterei scharf an. Diese hatte einige Wochen vorher die Gründung eines »Politischen Vereines für Tirol« verboten, weil dieser nach seinen Statuten der Verbreitung sozialdemokratischer Grundsätze dienen sollte. In Wien und in anderen Teilen der Monarchie war ein solches Unterfangen erlaubt, in Tirol damals aber nicht.

Wieder stellte es sich heraus, daß die sozialdemokratischen Wortführer das Gesetz gut genug kannten, um einer rechtsverdreherischen Obrigkeit auf die Finger klopfen zu können. Wie weit sozialdemokratische Grundsätze damals im »Heiligen Land Tirol« schon verbreitet waren, zeigte sich im darauffolgenden Jahr am 1. Mai, als in Innsbruck zur Maifeier 1200 Teilnehmer erschienen. Kurze Zeit später gab es schon eine Landeskonferenz der Sozialdemokratischen Partei, bei der ein Statut beschlossen und eine Parteivertretung gewählt wurde. An deren Spitze stand Josef Holzhammer als Obmann.

So wie die Tiroler Sozialdemokraten dem Aufruf der Partei zur Maifeier folgten, was noch viele Jahre später so manchem die Entlassung eintrug, so folgten sie auch der Aufforderung, für das allgemeine, gleiche und direkte Wahlrecht zu kämpfen. Viertausend Innsbrucker haben am 18. Juni 1893 an einer Demonstration für dieses Recht teilgenommen, bei der Holzhammer sprach.

So wie überall stellte die Sozialdemokratie auch in Tirol bei Wahlen, die nach dem Privilegien-(Kurien-)Wahlrecht abgehalten wurden, Zählkandidaten auf. Deshalb kandidierte Holzhammer auch bei der Reichsratswahl vom 7. Jänner 1901 außer in Innsbruck in sämtlichen Wahlkreisen des Landes. Natürlich erfolglos. In Innsbruck setzte sich die Partei für den freiheitlichen Kandidaten ein und trug dadurch dazu bei, daß ein besonders reaktionärer Klerikaler in der Landeshauptstadt geschlagen wurde.

Holzhammer, der im ersten Wahlkreis (Innsbruck-Stadt) aufgestellt worden war, unterlag gegen denselben Freiheitlichen, einen Dr. Erler, den die Sozialdemokraten vordem unterstützt hatten. So kam es, daß Holzhammer erst 1908 bei einer Nachwahl ins Parlament entsendet wurde, in dem er aber nur eine Wahlperiode hindurch verblieb.

Josef Holzhammer hat sich selbstverständlich auch im Alter weiter um die Partei gekümmert und ihr seinen Rat nicht versagt. Sein 70. Geburtstag wurde entsprechend gefeiert. Dann aber mußte er die Vernichtung der österreichischen Demokratie und die Herrschaft des braunen Faschismus erleben. Mitten im Zweiten Weltkrieg, 1942, ist er aus dem Leben geschieden.

Franz Domes,
Führer der Metallarbeiter

Wie viele andere Arbeiterführer kam auch Franz Domes aus einem armen Haus, obwohl sich sein Vater, ein Schlossergehilfe, selbständig gemacht hatte und so aus der Arbeiterklasse in die unterste Schichte des Bürgertums übergegangen war. Doch hatte zu dieser Zeit das Handwerk längst keinen »goldenen Boden« mehr.

Was der Vater war, wurde auch der Franz, der am 25. Juni 1863 als zweiter Sohn des Ehepaares Domes zur Welt gekommen war, also Schlosser, und zwar sollte er das Handwerk in der Werkstatt seines Vaters erlernen, die von fünf Uhr früh bis zehn Uhr abends in Betrieb war. Damit war der Franz aber gar nicht einverstanden, er ging immer wieder durch und versuchte, bei anderen Meistern fertigzulernen. Nach der Freisprechung im Jahr 1879 ging der junge Schlossergehilfe, wie das damals üblich war, auf die Walz und kam so vom Vater los, mit dem er zerfallen war. Es scheint aber, daß er gescheit genug war, schon frühzeitig zu erkennen, daß die gesellschaftlichen Verhältnisse und nicht so sehr der Vater am Elend seiner Jugend schuld waren. Denn 1883 wurde er als »Anarchist« verhaftet, jedoch bald wieder freigelassen. Er war schon seit seiner Freisprechung — 1879 — Mitglied des »Allgemeinen Arbeitervereins« und später der »Union« der Metallarbeiter. In der Sozialdemokratischen Partei gehörte er zum linken Flügel.

Im Oktober 1885 mußte der junge Arbeiter zum Militär, bei dem er drei Jahre verbrachte; man steckte ihn zur Festungsartillerie in Olmütz. Nachdem er 1888 wieder nach Wien zurückgekehrt war, fand er als Schlosser im Wiener Artilleriearsenal Beschäftigung. Im März 1895 warf man ihn dort hinaus, weil er sich von einem Meister nicht alles gefallen ließ. Zwei Wochen später übernahm er die Verwaltung des Fachblattes des Metallarbeiterverbandes, an dessen Gründung er sechs Jahre vorher beteiligt gewesen war, und 1898 die Leitung des Sekretariats.

Einer besonders schweren Aufgabe sah sich der Metallarbeiterverband und damit sein Sekretär im Ersten Weltkrieg gegenüber. Die Arbeit der Metallarbeiter war nun ganz sichtbar nicht nur für die Unternehmer, sondern für den Staat direkt von größter Bedeutung. Und der Staat suchte sich diese Arbeit mit militärischen Methoden zu sichern. Hier griff Domes ein, und er verstand es, die Militärs zu beeindrucken. Gemeinsam mit dem Sekretär der Gewerkschaftskommission (wie die Spitzenorganisation der österreichischen Gewerkschaften damals hieß), Anton Hueber, mußte er immer wieder im Kriegsministerium intervenieren.

Als das große Morden endlich aufhörte, trat Domes als Vorsitzender an die Spitze des Metallarbeiterverbandes. Diese Aufgabe hätte allein schon genug zu tun gegeben. Es ergaben sich aber aus ihr weitere Funktionen, die ebenfalls voll ausgefüllt werden mußten. Zunächst einmal war da die Gewerkschaftskommission, dann das Parlament der Republik.

Als 1920 die Arbeiterkammern als gesetzliche Interessenvertretungen geschaffen wurden, mußte der Metallarbeiterobmann auch in dieser Einrichtung eine Aufgabe übernehmen: Er wurde Präsident der Wiener Kammer.

Von dieser Wiener Arbeiterkammer ging nun die Idee zu einer Körperschaft aus, die man als Vorläuferin unserer heutigen Paritätischen Kommission ansehen könnte. Damals nannte man das »Industriekonferenz«. Domes versuchte, Vertreter der Regierung, der Arbeiterorganisationen und der Unternehmer um einen Tisch zu versammeln. Der Versuch mißlang, die Zeit war für eine solche Zusammenarbeit einfach nicht reif. Die Gegensätze wurden nicht am Beratungstisch, sondern in voller Härte in den Betrieben und auf der Straße ausgetragen.

Heute wird ebensooft wie unrichtig behauptet, daß die junge Republik Österreich ein Staat war, den »keiner wollte«. Wie so viele Vereinfachungen ist auch diese im Grund falsch. Wohl ist es richtig, daß auch die Arbeiterschaft damals nach dem Anschluß an das nach der Niederlage der Mittelmächte im Krieg entstandene republikanische und demokratische Deutschland strebte, einfach deshalb, weil sich die in einem Großstaat aufgewachsenen Menschen das Weiterleben in einem ohnmächtigen kleinen Land nicht vorstellen konnten.

Die furchtbaren wirtschaftlichen Verhältnisse, die verheerende Inflation und die ihr nachfolgenden entsetzlichen Wirtschaftskrisen, in der Hunderttausende ohne Arbeit waren, schienen ihnen recht zu geben. Trotzdem aber hingen die Massen der Arbeiter mit Hingabe am neuen Österreich und waren bereit, alles für die gewonnene Freiheit und die Republik einzusetzen. Es hatte einen tiefen Sinn, daß die österreichische Arbeiterschaft ihre Selbstschutzorganisation »Republikanischer Schutzbund« nannte. Es gilt sonst als die höchste patriotische Tugend, bereit zu sein, mit der Waffe in der Hand für den Staat zu kämpfen. Nun, die Männer des Republikanischen Schutzbundes waren zu diesem höchsten Einsatz für die Republik bereit. Wie kommt man angesichts dieses Tatbestandes dazu, ihnen den Patriotismus abzusprechen und ihn ausgerechnet den Hochverrätern zuzuschreiben, die kein anderes Ziel hatten, als die junge Republik zu erwürgen? Was hat diese starke Bindung der vordem tatsächlich staatsfeindlichen Arbeiterschaft an die Republik bewirkt? Die Antwort darauf ist, daß Gewerkschaftsführer wie Domes im neuen Österreich eine sozialpolitische Gesetzgebung durchsetzten, die zwar nicht alle, aber sehr viele jahrzehntelange Forderungen der Arbeiterschaft erfüllte. Franz Domes hatte an dem großen Reformwerk einen gediegenen Anteil.

In seinem engeren Arbeitsbereich als Führer und Vertreter der Metallarbeiter erwuchs ihm eine besonders schwere Aufgabe. Denn die österreichische Eisen- und Stahlindustrie mit ihrer Arbeiterschaft litt in der Wirtschaftskrise in einem für die heutige Generation unvorstellbaren Maß. Die Alpine Montangesellschaft ging infolgedessen bald in ausländische Hände über; zuerst in italienische und dann in deutsche. Das hieß für die Gewerkschaft, daß sie einem Unternehmertum von besonderer Härte und Skrupellosigkeit gegenüberstand. Die deutschen Stahlherren setzten im Kampf gegen die Gewerkschaft, die niederzuzwingen und zu vernichten ihr Ziel war, ihre wirtschaftliche Macht in jeder Beziehung ein. So wie die Schwerindustrie in Deutschland die Rechtsparteien finanzierte, tat sie es auch in Österreich.

Es war also kein Wunder, daß in der Obersteiermark der radikalste und bestorganisierte Teil der faschistischen Heimwehr entstand. In den ersten Jahren der Republik, in denen sich die Reaktion noch nicht ans Tageslicht wagte, trugen die Kommunisten Unruhe in die obersteirischen Betriebe. Die Wirtschaftskrise ermöglichte es dann den Unternehmern, unbequeme Arbeiter aus den Werkstätten und Werkswohnungen zu werfen. An ihre Stelle traten gefügigere Leute. Das war das Milieu, in dem damals Gewerkschaftsfunktionäre und sozialdemokratische Vertrauensmänner zu kämpfen hatten. Heute ist der Mißbrauch wirtschaftlicher Macht für reaktionäre Umtriebe, für die gerade die stahlerzeugende Industrie überall anfällig ist, in Österreich glücklicherweise durch die Verstaatlichung endgültig unterbunden.

Franz Domes konnte von einer solchen Wendung der Dinge vielleicht träumen. Er hat weder sie noch die Niederringung der Ersten Republik durch den Faschismus erlebt. Denn am 10. Juli 1930 hat ihn eine Lungenentzündung aus dem Leben gerissen.

Karl Pick,
Pionier der Angestelltenbewegung

In Österreich hat die Angestelltenbewegung verhältnismäßig früh begonnen und sich, zum Unterschied von der Entwicklung in anderen Ländern, bereits in ihren Anfängen mit der Arbeiterbewegung verbunden. Während es anderswo manche Angestelltengewerkschaften bis heute vermeiden, zusammen mit den Berufsorganisationen der Arbeiter Gewerkschaftsbünde zu bilden, ist die Gemeinsamkeit von Arbeitern und Angestellten im Österreichischen Gewerkschaftsbund seit vielen Jahrzehnten eine traditionelle Selbstverständlichkeit. Daher haben in Österreich große Gruppen der Angestelltenschaft schon sehr frühzeitig zu den Sozialisten gefunden. Schon in der Monarchie war die Sozialdemokratische Partei in Österreich keineswegs nur eine Organisation der Arbeiter, sondern auch der Angestellten.

Einer von denen, die viel zu dieser engen Gemeinsamkeit beigetragen haben, war Karl Pick. Zu Hause, in Böhmen, war er als Gymnasiast ein Jungtscheche, also ein tschechischer Nationalist gewesen. In Wien trat der 25 Jahre alte Buchhalter im Jahre 1892 dem »Verein der kaufmännischen Angestellten« bei. Diese Entscheidung bestimmte seinen weiteren Lebensweg. Denn der junge Pick war ein guter Redner und ein ausgezeichneter Organisator. Außerdem hatte er Courage und Einfälle. Das waren die Eigenschaften, die einer brauchte, um aus einem kleinen Verein von Außenseitern eine kraftvolle Organisation zu machen. Und noch etwas hatte Karl Pick: Humor. Hätte es damals, in den neunziger Jahren, schon den »Orden gegen den tierischen Ernst« gegeben, Pick hätte ihn sich verdient.

So wie die Arbeiter, begannen auch die Angestellten schon in der Frühzeit ihrer Bewegung den Kampf um die Verkürzung der Arbeitszeit. Bei den Handlungsgehilfen, den Commis, wie man sie damals nannte, ging es zuerst einmal um die Sonntagsruhe und die 19-Uhr-Ladensperre. Wie sagt doch der Commis Weinberl in Nestroys »Einen Jux will er sich machen« zum Lehrling Christopherl:

»Der Commis hat auch Stunden, wo er sich auf ein Zukkerfaß lahnt und in süße Träumereien versinkt; da fallt es ihm dann wie ein Fünfundzwanzigpfundgewicht aufs Herz, daß er von Jugend auf an's G'wölb gefesselt war, wie ein Blassel an die Hütten. Wenn man nur aus unkompletten Makulaturbüchern etwas vom Weltleben weiß, wenn man den Sonnenaufgang nur vom Bodenfenster, die Abendröte nur aus Erzählungen der Kundschaften kennt, da bleibt eine Leere im Innern.«

Diese Zeilen des großen Satirikers hätten den kaufmännischen Angestellten der Jahrhundertwende geradezu als Motto dienen können. Wie kam man aber zur Verwirklichung »der süßen Träumereien«, wie kämpfte man darum? Die kaufmännischen Angestellten mit Pick an der Spitze fanden in der Straßendemonstration ein wirksames Kampfmittel. Sie zogen vor die Läden und blockierten die Eingänge, sie sammelten Unterschriften und riefen die organisierte Arbeiterschaft dazu auf, Geschäfte zu boykottieren, die zu lange offen hielten. Da man die Erfahrung machen mußte, daß die Polizei Ansammlungen schlecht gekleideter Leute in vornehmen Geschäftsstraßen zu früh bemerkte und zerstreute, verfiel Pick auf einen Trick, der Freunde und Gegner zum Lachen, Lächeln und Schmunzeln brachte. Eines Tages marschierte ein Zug sichtlich ehrbarer Herren in Gehrock und Zylinder durch die Innere Stadt Wiens bis zur Mariahilfer Straße und demonstrierte dort gegen ein Kaufhaus, das zu lange offen hielt. Die vornehme Kleidung hatten sich die Gewerkschafter bei Kleiderverleihern verschafft.

Für Karl Pick war die Zugehörigkeit der Angestellten zur Bewegung aller arbeitenden Menschen eine Selbstverständlichkeit. So schrieb er in einem Flugblatt:

»Die Arbeitgeber verstehen es, die Handlungsgehilfen mit raffinierten Mitteln von der lapidaren Wahrheit fernzuhalten, daß ihr Platz in den Reihen der arbeitenden Menschen ist und daß, wenn sie befreit sein wollen von der herrschenden, geist- und körpervernichtenden Lohnsklaverei, sie sich gleich den anderen Arbeitern organisieren müssen, um als Organisierte einer für alle und alle für einen einstehen zu können.«

Das war nicht die Sprache des Standesdünkels, an die man damals in den Reihen der Angestellten nur zu sehr gewohnt war, das war die Sprache eines Sozialisten. Und so war es denn auch selbstverständlich, daß Karl Pick, der Pionier der österreichischen Angestelltenbewegung, auch seinen Platz in der Sozialdemokratischen Partei fand. Einer seiner Kampfgefährten, Friedrich Austerlitz, ist denn auch sehr früh in die Redaktion der »Arbeiter-Zeitung« eingetreten und hat das Blatt dann jahrzehntelang als Chefredakteur geführt.

In der Sozialdemokratischen Partei erwarb sich Pick durch seine Rednergabe, durch die Schlagfertigkeit, mit der er Zwischenrufer in Versammlungen abzufertigen verstand, und durch seinen Witz Ansehen und Beliebtheit.

Die enge Verbindung zwischen der Sozialdemokratischen Partei und der Angestelltengewerkschaft brachte reiche Früchte. Das Angestelltengesetz des Jahres 1910 wird als Picks ureigenste Schöpfung bezeichnet. Es ist bekannt, daß die Angestellten viel früher als die Arbeiter eine Pensionsversicherung erreichen konnten. Mag beim Bürgertum auch der Gedanke mitgespielt haben, die Angestellten durch die sozialpolitische Besserstellung von der Arbeiterschaft abzuspalten, so ist gerade das durch die Tätigkeit von Männern, wie Karl Pick einer war, nicht gelungen. Im Gegenteil, die Angestellten wurden zu Bahnbrechern; was man ihnen zugestanden hatte, zeigte deutlich die sozialpolitischen Entwicklungsmöglichkeiten, konnte man daher wohl eine gewisse Zeit, jedoch nicht für immer den Arbeitern vorenthalten.

In einer Beziehung ist ihnen ein Durchbruch gelungen, der weit über den Kreis der Angestellten, ja über Österreich hinaus Bedeutung gewinnen sollte. Nach dem Ausbruch des Ersten Weltkrieges war es der Zentralverein der kaufmännischen Angestellten, der verlangte, daß den Familien der Eingerückten die Wohnung gesichert werden müsse. Durch eine kaiserliche Verordnung wurde diese Forderung erfüllt. So ist der Mieterschutz entstanden, der erste Schritt zu einer völligen Neuorientierung auf dem Gebiete des Wohnungswesens war getan.

Die ersten Jahre der Ersten Republik waren für die Sozialpolitiker Erntejahre. Selbstverständlich wurde in dieser Zeit auch Wichtiges für die Angestellten erzielt, um so mehr, als Karl Pick während der ganzen Lebenszeit der Ersten Republik Mitglied des Nationalrates war. Das wichtigste Ergebnis seiner Mitwirkung an der Gesetzgebung war die Umwandlung des Handlungsgehilfengesetzes in das Angestelltengesetz, ein Gesetzeswerk, das die Stellung nicht nur der Handelsangestellten, deren Vertreter Karl Pick unmittelbar gewesen ist, sondern aller Angestellten bis zum heutigen Tage bestimmt.

Wie bei so vielen Pionieren der österreichischen Sozialdemokratie waren auch bei Pick die letzten Jahre seines Lebens und sein Sterben durch das faschistische Grauen überschattet. Im Feber 1934 teilte er eine Zelle im Wiener Landesgericht mit Ellenbogen, Renner und Seitz. 1938, als die deutsche Armee Österreich besetzte, war Karl Pick schwer krank und lebensmüde. Man schaffte den einsamen, halbblinden Mann in das Kaufmännische Spital, das er einst in besseren Tagen mitgegründet hatte. Dort aber verweigerte man ihm, dem Juden, ein Bett im Krankensaal, er mußte in einem Gang liegen. Und dort ist er gestorben.

Ludo Hartmann,
Gelehrter und Volksbildner

»Ludo Moritz Hartmann ist heute gestorben. Mit tiefer Erschütterung, mit jähem Wehgefühl, das einer warmen, innigen Liebe entspringt, wird die Arbeiterschaft Wiens, wird das gesamte deutsch-österreichische Proletariat die Nachricht vernehmen. Freilich, nicht wir allein haben ihn verloren. Die deutsche Wissenschaft trauert um den hervorragenden Geschichtsschreiber ...«

Mit diesen Worten teilte am 15. November 1924 die »Arbeiter-Zeitung« ihren Lesern die Kunde vom Ableben des Universitätsprofessors und ehemaligen Botschafters Österreichs in Berlin mit.

Wer war nun dieser Mann, dem solche Anerkennung vom Zentralorgan der Sozialdemokratischen Partei Österreichs zuteil wurde? Welchen Platz hat er in der österreichischen Arbeiterbewegung eingenommen?

Er war kein Organisator und weder ein politischer noch ein gewerkschaftlicher Arbeiterführer. Er war auch kein

Diplomat, sondern nur einer, der in einer besonderen Mission in einem ganz bestimmten Geschichtsabschnitt und mit einem bestimmten Auftrag in die Hauptstadt der jungen deutschen Republik entsandt wurde.

Ludo Hartmann war der bemerkenswerte Sohn eines ebenso bemerkenswerten Vaters, nämlich des Publizisten Moritz Hartmann. Dieser hat Revolutionslyrik geschrieben und 1848 am Wiener und am Badischen Aufstand teilgenommen. Moritz Hartmann ist dann auch Mitglied der Deutschen Nationalversammlung gewesen, an deren linkem Flügel er stand. In Paris hat er mit Heine, Béranger und Musset verkehrt. Die Mutter Ludos war eine berühmte Schauspielerin. Nachdem die Familie nach Wien zurückgekehrt war, wo Moritz Hartmann als Redakteur wirkte, besuchte Ludo hier das Gymnasium und studierte nachher Geschichte. Sein Lehrer und großes Vorbild war der Berliner Historiker Mommsen. Nachdem Ludo in Berlin und Straßburg studiert hatte, lehrte er an der Wiener Universität als Privatdozent Geschichte des römischen Altertums. Außerdem arbeitete er an einer Geschichte Italiens.

Im Verlaufe seiner historischen Studien wurde Ludo Hartmann ein Anhänger der materialistischen Geschichtsauffassung, also Marxist, und schloß sich auch der österreichischen Sozialdemokratie an. Da er seiner Überzeugung gemäß überdies noch konfessionslos wurde, konnte er trotz des großen internationalen Ansehens, dessen er sich als Gelehrter erfreute, in Wien nicht Professor werden. Er blieb, solange die österreichisch-ungarische Monarchie bestand, ein »ewiger Privatdozent«.

Als Politiker hat er auch nicht gerade rasch Karriere gemacht. 1911 kandidierte er erfolglos für die Sozialdemokratie in der Josefstadt. Die große Wende kam für ihn erst 1919. Er zog nun in den Nationalrat ein, konnte sich aber diesem kaum widmen. Zuerst einmal sicherte er, in Durchführung eines Auftrages, den ihm noch Victor Adler erteilt hatte, wichtige Akten im Haus-, Hof- und Staatsarchiv. Es ging darum, zu verhindern, daß durch die Beseitigung bestimmter Akten die Ursachen des Kriegsausbruchs verschleiert wurden. Nachdem diese Aufgabe bewältigt war, schickte ihn die Regierung als Botschafter nach Berlin. Es war dies die Zeit, in der die Vollendung der Revolution von 1848 durch den Anschluß der österreichischen Republik an die deutsche erhofft wurde. Der Gedanke war in Österreich nicht sehr populär und, wie sich Hartmann überzeugen mußte, in Deutschland auch nicht.

Ludo Hartmann blieb bis zum Zusammenbruch der österreichischen Koalitionsregierung im Jahre 1920 in Berlin. Nach seiner Rückkehr nahm er sein Lehramt an der Universität wieder auf, jetzt aber endlich als ordentlicher Professor.

Ludo Hartmann war einer von jenen, die die Teilnahme des ganzen Volkes und nicht nur einer privilegierten Schicht am kulturellen Leben wollten. Er wollte auch das höhere Wissen jenen zugänglich machen, denen ihre Armut den in unserer Gesellschaft normalen Weg zu ihm verlegt hatte. Um Mittel- und Hochschulbildung auch Arbeitern zugänglich zu machen, gründete er zunächst an der Wiener Universität »Volkstümliche Universitätskurse«. Doch diese genügten auf die Dauer nicht. Um mehr bieten zu können, schuf Hartmann im Jahre 1901 »Das Volksheim«. Ursprünglich wurde diese Abendvolkshochschule auf dem Urban-Loritz-Platz abgehalten. Vier Jahre später übersiedelte sie in ein eigenes Haus am Koflerpark, jetzt kennt man diese Stelle in Wien als Ludo-Hartmann-Platz. Es war keineswegs leicht gewesen, die neue Bildungsstätte gegen den Widerstand feindseliger konservativer Mächte und Behörden zu schaffen. Wie kleinlich die Gegner dieser Volksbildungsanstalt waren, geht aus dem Umstand hervor, daß sie nicht Volkshochschule heißen durfte. Sie ist trotzdem als schlichtes »Volksheim« populär genug geworden.

Mit der Gründung des Volksheimes war es natürlich nicht getan. Es mußte Geld für seinen Betrieb herbeigeschafft werden. Ludo Hartmann verstand sich auch darauf. Es mußten anstelle von Einzelvorträgen und kurzen Serien längere Kurse und Seminare gesetzt werden. Es kann auch nicht leicht gewesen sein, geeignete Lehrer zu finden. Dabei wuchs der Bedarf an solchen rasch an, denn nach dem Mutterhaus gab es bald Tochterinstitute in Margareten, in der Leopoldstadt, auf der Landstraße und in Simmering. Heute verfügt Wien bereits über ein ganzes Netz von solchen Einrichtungen, jetzt haben diese aber auch die Billigung und Unterstützung von Staat und Gemeinde.

Ein paar Jahre nach der Gründung des »Volksheims« wurde Hartmann in die allgemeine Schulpolitik hineingezogen. Im Herbst 1904 beschloß der Niederösterreichische Landtag, der damals auch für Wien zuständig war, auf Betreiben der Christlichsozialen Partei Schulgesetze, durch die die Ortsschulräte praktisch unter die Aufsicht der Ortspfarrer gestellt wurden. Der Zentralverein der Wiener Lehrerschaft, der sich dem widersetzte, suchte für seinen Abwehrkampf gegen eine derartige Bevormundung nach Bundesgenossen, und er fand sie auch.

Karl Seitz, der Obmann des Zentralvereins, gewann den bekannten Demokraten Dr. Julius Ofner und Ludo Hartmann für die Sache der Lehrer. Der Erfolg war groß, am 19. März 1905 wurde im Ronachersaal der Verein »Freie Schule« gegründet, der, ursprünglich eine liberale Organisation, sich später mit den sozialdemokratischen »Kinderfreunden« vereinigte. Der Verein hat schon vor dem Ersten Weltkrieg eine Schule betrieben, die durch ihre modernen Unterrichtsmethoden berühmt wurde.

Ludo Hartmann ist nicht alt geworden, der Tod holte ihn von der Arbeit fort. Er kam im selben Augenblick, in dem ein Bote des »Volksheims« dessen Gründer ein Schriftstück zur Kenntnisnahme und Entscheidung überreichte ...

Therese Schlesinger, Vorbild und Lehrerin

Sie ist für viele Frauen, deren Namen im großen Geschichtsbuch der österreichischen Arbeiterbewegung eingetragen sind, Vorbild und Lehrerin gewesen. Marianne Pollak und Käthe Leichter haben zu diesem Kreis um Therese
Schlesinger gehört. Einer Frau, die aus einem wohlhabenden Wiener Bürgerhaus kam und die, wie es uns Marianne
Pollak in einem Gedenkartikel in der »Frau« überliefert
hat, über ihre Beziehung zur Arbeiterbewegung sagte:

»Es war eine unendliche Bereicherung, die mein geistiges
und seelisches Leben durch meine Zugehörigkeit zur Sozialdemokratie erfahren hat. Sie hat es mir möglich gemacht,
mich über die Armseligkeit eines persönlichen Interessen-
kreises emporzuheben, meine schwachen Kräfte dadurch zu
stärken, daß ich sie in den Dienst einer frei erwählten Sache
stellen durfte, innerlich zu reifen, Erfahrungen zu sammeln,
mir den Blick zu schärfen für Welt und Menschen und doch
den Idealen meiner Jugend treu zu bleiben.«

Therese Schlesinger hat mit diesen Sätzen nicht nur für sich gesprochen. So wie sie mochten viele der jungen Menschen aus gutbürgerlichem Hause gedacht und gefühlt haben, die, gleich ihr, in der Frühzeit der Arbeiterbewegung an der Seite der um ihr Menschenrecht kämpfenden Proletarier standen. Bei Therese Schlesinger kam allerdings dazu, daß sie sich mit der Position, die in ihrer Zeit die Frauen in der bürgerlichen Gesellschaft innehatten, nicht abfinden mochte. Doch das war bei anderen ebenso, ohne daß diese den Weg von der Frauenbewegung zur Arbeiterbewegung fanden.

Warum Therese Schlesinger, die am 6. Juni 1863 als Tochter des Wiener Papierfabrikanten Eckstein zur Welt kam, sich in der Frauenbewegung betätigte, ist nicht schwer zu erraten. Ihre Brüder konnten studieren, wie das in wohlhabenden Bürgerfamilien damals selbstverständlich war. Einer von ihnen, Gustav Eckstein, machte sich übrigens als Austro-Marxist einen Namen. Einem Mädchen war aber damals das Studium verwehrt. Deshalb absolvierte sie bloß die beiden Pflichtschulen — die Volks- und die darauffolgende Bürgerschule — und lernte dann zu Hause weiter. Geschichte und Literatur waren die Fächer, die sie am meisten interessierten.

Therese Schlesinger hat in ihrem Leben sehr viel Unglück ertragen müssen: Ihr Mann starb nach kurzer Ehe an Tuberkulose, sie selber litt nach der Geburt ihrer Tochter Anna zeitlebens an den Folgen eines schweren Kindbettfiebers, und das Kind erkrankte ebenfalls. Nachdem — nach einigen Jahren — das Ärgste vorbei war, begann sie sich am öffentlichen Leben zu beteiligen. Sie trat dem »Allgemeinen österreichischen Frauenverein« kurz nach dessen Entstehen bei und setzte sich in seinem Rahmen für das Frauenstudium, den Arbeiterinnenschutz und das Frauenwahlrecht ein.

Im Jahre 1896 nahm sie an einer von der »Ethischen Gesellschaft« in Wien veranstalteten Enquete über die Lage der Wiener Arbeiterinnen teil. Noch im gleichen Jahr referierte sie bei dem ersten bürgerlichen Internationalen Frauenkongreß über die Ergebnisse der Tagung. Diese Enquete hatte aber eine noch viel einschneidendere Folge für die Entwicklung von Therese Schlesinger. Sie lernte in einer Kommission der Konferenz vier Menschen kennen, die auf sie tiefen Eindruck gemacht haben müssen: Victor Adler, Engelbert Pernerstorfer und die sozialdemokratischen Frauenführerinnen Adelheid Popp und Anna Boschek. Adelheid Popp forderte sie auf, in einer Arbeiterinnenversammlung zu sprechen. Es blieb nicht bei der einen Rede. Ein Jahr später entschloß sich Therese Schlesinger, der Sozialdemokratischen Partei beizutreten und in ihr aktiv mitzuarbeiten. Sie sprach in Gewerkschafts- und Frauenversammlungen. Daneben arbeitete sie an der Parteipresse mit, sie hatte ja schon publizistische Erfahrungen, da sie vordem schon für die Zeitung »Volksstimme« des Demokraten Kronawetter geschrieben hatte. Parallel dazu machte sie sich mit dem Ideengut der sozialistischen Bewegung bekannt. Sie ließ sich in Kursen das Parteiprogramm erklären und las systematisch die schon damals recht umfangreiche Parteiliteratur. Sie schreckte dabei auch vor den schwierigsten Werken nicht zurück. Sie gestand freimütig, daß ihr das Lesen des »Kapital« von Karl Marx buchstäblich Kopfschmerzen bereitet habe, sie hat trotzdem darin weiter gelesen, bis sie damit fertig war. Auf diese Weise hat sie ihre umfangreiche Bildung um den Marxismus erweitert, was sie zur idealen Referentin und Lehrerin machte. Das hat aber die sonst gefühlvolle und eher weiche Persönlichkeit dieser Frau auch unnachgiebig hart gemacht, wenn es um Gesinnungsfragen ging.

Die Sozialdemokratische Partei und die sozialistische Frauenbewegung haben die Qualitäten von Therese Schlesinger bald erkannt und auch zu nutzen gewußt. Als das Frauenreichskomitee der Sozialdemokratischen Partei gegründet wurde, hat man Therese Schlesinger sofort in diese Körperschaft berufen, ebenso in den Parteivorstand.

Die enge Freundschaft, die sie mit vielen führenden Parteigenossen verband, wurde nach dem Ausbruch des Ersten Weltkrieges auf eine besonders harte Probe gestellt. Therese Schlesinger gehörte zu jenen, die ein scharfes und klares Auftreten der Partei gegen den Krieg verlangten. Als sich um Friedrich Adler die sogenannte »Kriegslinke« scharte, war sie dabei. Und nach dem Attentat von Friedrich

Adler auf den Ministerpräsidenten Graf Stürgkh trat sie vorbehaltlos für ihn ein.

Als das große Morden endlich vorbei war und anstelle der alten Habsburgermonarchie die junge Republik trat, haben die Sozialdemokraten neben dem Achtstundentag und vielen anderen Forderungen der Arbeiterbewegung auch eine große Zahl von Anliegen der Vorkämpferinnen für die Frauenrechte durchgesetzt. Nun gab es auf einmal das aktive und passive Wahlrecht der Frauen, und auch der Zugang zu akademischen Berufen wurde ihnen geöffnet. Es war da geradezu selbstverständlich, daß damals neben Frauen, die aus der Arbeiterschaft kamen, wie Adelheid Popp und Gabriele Proft, auch die Frau aus bürgerlichem Hause, die schon vor der Jahrhundertwende zur Sozialdemokratie gestoßen war, Therese Schlesinger, als Mitglied der sozialdemokratischen Fraktion in den Nationalrat der Republik einzog. Sie hat in dieser gesetzgebenden Körperschaft bis 1923 gewirkt. Von da an bis zum Jahre 1930 war sie Mitglied des Bundesrates.

In ihrer Wohnung in der Liniengasse in Mariahilf wurde sie fast jeden Tag von jüngeren Genossen und Genossinnen besucht, die sich mit ihr aussprachen oder an den zwanglosen Diskussionen teilnahmen, die sich mit Therese Schlesinger im Mittelpunkt entwickelten. Sie hat junge Menschen gerne um sich gehabt, ist aber ihnen gegenüber niemals in Kritiklosigkeit verfallen. Sie konnte auch sehr scharf werden, wenn sie es für notwendig hielt.

Die letzte große Leistung von Therese Schlesinger war ihre Mitarbeit am Linzer Programm. Für dieses hat sie nach langen Diskussionen jene Punkte formuliert, in denen Frauenfragen behandelt wurden.

Der braune Faschismus hat die alt gewordene Kämpferin für die Frauen-, Arbeiter- und Menschenrechte aus ihrer Geburtsstadt vertrieben. Sie fand in Frankreich, in Blois, ein Asyl, in dem sie einen Tag vor ihrem 77. Geburtstag und sechs Tage vor dem Einmarsch der Deutschen in Paris gestorben ist.

August Forstner
Ein Kutscher
im Parlament

Man nannte ihn den »Gustl«, und wenn eine Versammlung mit ihm als Redner angekündigt war, mußte man sich
um den Besuch nicht sorgen. Denn der August Forstner war
ein Redner besonderer Art; er konnte mit dem »Wiene-
rischen« umgehen wie kein anderer und war schlagfertig
wie wenige. Die Schlagfertigkeit machte ihn zu einem der
bekanntesten Zwischenrufer im österreichischen Parlament.
Wenn etwa ein Deutschnationaler (der, wie die Mehrzahl
seiner Fraktionskollegen, mit einem Reststimmenmandat in
den Nationalrat der Ersten Republik gekommen war) in
einer heftigen Debatte Zwischenrufe machte, so rief ihm
Forstner mit dröhnender Stimme zu: »Sö, san S' ganz stad,
Sö parlamentarische Mißgeburt, Sö Reststimmenkrüppl!«
Und da lachten nicht nur die Abgeordneten auf den Bänken
der Sozialdemokraten.

Dabei hatte es der Gustl Forstner, dem immer was Lusti-
ges einfiel, als Kind und als junger Mensch gar nicht leicht

gehabt. Einem anderen hätte sein Jugendschicksal möglicherweise fürs ganze Leben den Humor geraubt. Nicht
aber dem August Forstner, der am 29. Juli 1876 im Wiener
Bezirk Margareten als Sohn eines kleinen Fuhrwerksunter-
nehmers zur Welt kam. Sein Vater war ein Fiakereigentü-
mer, der den Buben schon im Stall arbeiten ließ, als dieser
noch die Volksschule besuchte. Die Bürgerschule, so hieß
die heutige Hauptschule damals, konnte er nicht vollenden,
weil der Vater beim Oberschulrat um die Freistellung des
Buben ansuchte, was er damit begründete, daß er den Sohn
für die Arbeit brauche. Und so ein Ansuchen wurde damals
prompt bewilligt.

Hatte der Gustl ein paar Stunden frei, dann trieb er sich
auf dem alten Linienwall herum, der heute durch den Mar-
garetengürtel ersetzt ist. Dort stieß er auf heimliche Versammlungen radikaler junger Arbeiter. So kam der junge
Forstner zum erstenmal mit sozialistischen Ideen in Berührung. Als die Polizei von den heimlichen Zusammenkünften
erfuhr, gab es einige Verhaftungen und schwere Kerkerstrafen für die »Rädelsführer«. Einer der jungen Menschen,
mit denen Forstner damals Freundschaft schloß, war Franz
Schuhmeier.

Einen so großen Eindruck machte das, was er bei den Zusammenkünften auf dem Linienwall gehört hatte, auf den
Gustl, daß er, als er vierzehn Jahre alt geworden war, dem
Arbeiterbildungsverein auf der Gumpendorfer Straße bei-
trat. Er holte sich aus dessen Bibliothek Bücher und ging
auch zu Vorträgen. Leider kam ihm eines Tages der Vater
drauf, wie er einen Teil der kargen Freizeit verbrachte, und
zwang ihn, aus dem Bildungsverein wieder auszutreten.

Nachdem der junge Mensch seinen 16. Geburtstag gefeiert hatte, hielt ihn der Vater für reif genug, sich auf den
Kutschbock zu schwingen. Gustav Forstner wurde Fiaker.
Das paßte ihm nicht. Dem Vater wieder paßte es nicht, daß
der jugendliche Kutscher beim Warten auf dem Standplatz
Bücher las. Der Konflikt zwischen Vater und Sohn sollte
aber noch ärger werden. Denn im Jahre 1896 trat der junge
Forstner wieder einem Verein bei, nun war es der Fachverein der Fuhrwerksgehilfen. Die kleine Organisation ging zu
dieser Zeit durch eine Krise. Sie hatte gerade ihren Obmann

Schmid, der gemaßregelt worden war, verloren und war am Auseinanderfallen. Forstner bemühte sich, die Mitglieder zusammenzuhalten, mußte aber bald einsehen, daß dies verlorene Liebesmühe war. Auf den Rat Huebers gründete er eine neue Organisation, einen Kutscherverein, der Fiaker-, Einspänner- und Lohnfuhrwerks-Kutscher umfassen sollte. Da diese Organisation auch nicht gedeihen wollte, gründete Forstner wieder eine neue: am 22. April 1898 entstand der Verein für Kutscher und Hilfsarbeiter. Forstner sah bald, daß er mit Versammlungen nicht weiterkam, und ging deshalb unter die Zeitungsgründer. Das Kutscherfachblatt, das er schuf, nannte er »Die Peitsche«. Das Kapital dazu kam aus dem Versatzamt, in das Forstner seine goldene Taschenuhr getragen hatte. Sein alter Bekannter vom Linienwall, Schuhmeier, sowie der Organisator der Buchdrucker, Höger, führten ihn in die Kunst des Zeitungsmachens ein. Sein Redaktionsschreibtisch war der Kutschbock. Wo immer er mit seinem »Zeugl« stand, auf dem Graben oder sonstwo, vertauschte er die Peitsche mit dem Bleistift und schrieb und redigierte. »Die Peitsche« war schuld daran, daß es schließlich zum endgültigen Bruch mit dem Vater und Arbeitgeber kam. Eine Nummer des Blattes paßte der hohen Obrigkeit nicht, und so schickte sie denn ihre Häscher aus, um sie zu beschlagnahmen. Doch die Polizisten suchten vergeblich im väterlichen Hause nach Zeitungsexemplaren und Manuskripten. Forstner hatte die ganze Auflage, sehr groß war sie ja nicht, in den Hohlräumen unter den Sitzen in seinem Zweispänner verborgen. Und auf einem dieser Sitze saß gerade zu der Zeit, in der die »Geheimen« vergeblich nach der »Peitsche« suchten, seine Exzellenz, der Herr Ministerpräsident, und Innenminister Graf Franz Thun.

So weit, so gut. Aber als der Gustl an diesem Tag mit dem Zeugl nach Hause kam, gab es mit dem Vater einen Mordskrach. Es war der letzte Auftritt, den die beiden miteinander hatten. Denn der alte Forstner war wahrscheinlich ein typischer Wiener Kleinbürger, ein richtiger »Bürger vom Grund«. Er jagte den Gustl einfach aus dem Haus. Er hat ihn auch enterbt.

Der väterliche Fluch hat dem August Forstner nicht geschadet. Er sah sich jetzt aller Rücksicht, die er bisher des

Vaters wegen hatte nehmen müssen, enthoben und arbeitete nun mit aller Kraft an der Errichtung einer schlagkräftigen, ganz Österreich umfassenden Gewerkschaftsorganisation für seine Leute. Ende 1903 war es soweit: Die bestehenden kleinen lokalen Vereine von Kutschern und Geschäftsdienern schlossen sich zum Verband der Handels-, Transport- und Verkehrsarbeiter zusammen. Forstner wurde zweiter Verbandsobmann und blieb Redakteur des Fachblattes. Vom Kutschbock ist er schon ein Jahr vorher gestiegen. Er tat es nicht ungern, als Mitarbeiter der Krankenkasse hatte er nun viel mehr Bewegungsfreiheit für seine organisatorische und agitatorische Arbeit. Im Jahre 1905 wurde er Sekretär der Gehilfenkrankenkasse der Fuhrwerksarbeiter.

Nun war es auch Zeit für ihn, in die Politik einzugreifen. Im Jahre 1906 wurde er im Wahlkampf für das erste nach dem allgemeinen, gleichen und direkten Wahlrecht zu wählende Parlament dem berühmt-berüchtigten Mechaniker Ernst Schneider gegenübergestellt. Der Mechaniker Schneider war einer der Organisatoren der Wiener Antisemiten, ein Vorstadtdemagog, wie er im Büchel steht. In dem typischen Wiener, dem blitzgescheiten, volkstümlich redenden August Forstner hatte die Sozialdemokratie den richtigen Kämpfer gegen den Führer der Antisemiten gefunden. Da im ersten Wahlkampf keine Entscheidung fiel, kam es zu einer Stichwahl. Der Wahlkampf wurde so heftig und dabei so originell geführt, daß er weit über die Grenzen der Monarchie Aufsehen erregte. Es gelang Forstner, den Antisemitenführer mit vierundvierzig Stimmen Vorsprung zu schlagen und in den Reichsrat einzuziehen.

Inzwischen war er schon erster Obmann des von ihm geschaffenen Gewerkschaftsverbandes geworden und hatte als solcher in großen und schweren Streikkämpfen erhebliche Erfolge für die Wiener Schwerfuhrwerkskutscher, die Kohlenarbeiter der Nordbahn, die Kai- und Speditionsarbeiter erzielt. Als Reichsratsabgeordneter setzte er die gesetzliche Kranken- und Unfallversicherung für Seeleute durch.

August Forstner ist bis 1934 Parlamentsabgeordneter geblieben. Mitten im Grauen des Faschismus und des Zweiten Weltkriegs, am 14. Feber 1941, ist er in Wimpassing aus dem Leben geschieden.

Käthe Leichter
Von den Faschisten
ermordet

Sie war eine der großen Hoffnungen der sozialistischen Bewegung Österreichs. Sie ist all jenen, die sie gekannt haben, in Erinnerung geblieben als ein großartiger, verständnisvoller Mensch, als vielseitige Wissenschafterin, aktive Kämpferin und als eine musisch hochbegabte Persönlichkeit. Der blindwütige deutsche Faschismus hat sie aus einem reichen Leben und Wirken herausgerissen, weg von ihrem Gatten und ihren Kindern, weg von der sozialistischen Bewegung, in der sie schon Beträchtliches geleistet hatte und der sie noch viel hätte geben können.

Käthe Leichter — ihr Mädchenname war Marianne Käthe Pick — kam am 20. August 1895 in Wien als Tochter eines materiell gutgestellten Akademikers zur Welt. Sie studierte in Wien und Heidelberg Staatswissenschaften, ihren Doktortitel hat sie 1918 erworben. Obwohl sie ihre Prüfungen mit Auszeichnung bestand, hat sie sich nie einseitig auf ihr Fach beschränkt. Sie beschäftigte sich aus Liebe zum Wissen neben ihren eigentlichen Studien noch mit Philosophie, Geschichte und Kunstgeschichte. Trotzdem fand sie noch genügend Zeit für Musik und Kletterpartien in den Bergen.

Zum Sozialismus kam Käthe Leichter aus Protest gegen den Ersten Weltkrieg und durch die Wissenschaft. Sie setzte sich gründlich mit dem Marxismus auseinander, beschäftigte sich aber auch mit dem Syndikalismus und dem utopischen Sozialismus.

Ihr großes politisches Jugenderlebnis aber war, wie für so viele ihrer Generation, im Jahr 1916 die Rede, die Friedrich Adler vor dem Wiener Ausnahmegericht hielt, vor das ihn sein Attentat auf Graf Stürgkh, den österreichischen Ministerpräsidenten, gebracht hatte. Das war »die große Wendung« in ihrem Leben, berichtete ihr Gatte Otto Leichter. Es war eine Zeit der »großen Wende« für viele. Das grauenhafte Gemetzel des Ersten Weltkrieges hatte sie tief aufgewühlt, die Tat Friedrich Adlers ihnen den Weg zur Arbeiterbewegung gewiesen. Wer aber auf diese Weise den Weg fand, der betrat ihn von links. Die Studentin Käthe Pick wurde bald als Sozialistin und Kriegsgegnerin bekannt. Deshalb verbot ihr das »Generalkommando« in Heidelberg nach einer Unterbrechung ihres Aufenthaltes in dieser Stadt die Rückkehr; 1918 konnte sie dann aber doch ihre letzten Prüfungen ablegen.

In der Zwischenzeit war aber ihr Weg zum Sozialismus zum Scheideweg geworden. Sie hatte in Österreich den Jännerstreik des Jahres 1918 erlebt und vordem den Ausbruch der russischen Revolution von 1917. Nun kam die Zeit, in der Lenin und die Seinen die Methode der systematischen Spaltung der sozialistischen Bewegung, die in Rußland den Bolschewiki zur Macht verholfen hatte, auch auf die internationale sozialistische Arbeiterbewegung anwendeten. Wer damals zu den »linken Radikalen« gehörte, mußte wählen zwischen der Sozialdemokratie und der sich bildenden Kommunistischen Partei. Käthe Leichter entschied sich für die Einheit, sie blieb in der Sozialdemokratie. Innerhalb der großen Partei der österreichischen Arbeiterschaft blieb sie aber immer eine selbständige Denkerin, die ihre Meinung stets sehr klar auszudrücken verstand.

Ihre berufliche Laufbahn begann im Finanzministerium,

in das sie der erste österreichische Finanzminister, Joseph Schumpeter, geholt hatte. Das war eine klare Anerkennung ihres Wissens und ihrer Fähigkeiten, denn Schumpeter war als Professor der Nationalökonomie eine weit über die Grenzen Österreichs bekannte Leuchte seiner Wissenschaft, dessen Name auch in unserer Zeit noch mit Hochachtung genannt wird. Gleichzeitig war Käthe Leichter noch Mitarbeiterin eines anderen großen Denkers: Sie arbeitete in dem von Otto Bauer geleiteten Büro der Sozialisierungskommission, schließlich wurde sie auch Bauers Sekretärin. Es ist kennzeichnend für ihre geistige Unabhängigkeit, daß sie bei aller Anerkennung der Größe des Genies Otto Bauer nie mit ihrem Urteil zurückhielt, wenn sie in einer Frage mit der von ihm vertretenen Politik nicht einverstanden war.

Die Frucht der Arbeit der österreichischen Sozialisierungskommission waren die »Gemeinwirtschaftlichen Anstalten«, die einem Zentralverband der Gemeinwirtschaft angehörten. Käthe Leichter arbeitete dort eine Zeitlang und hat in der Studie »Die Erfahrung des österreichischen Sozialisierungsversuchs« dessen Ergebnisse dargestellt.

Im Jahr 1924 wurde ihr das Referat für Frauenarbeit in der Wiener Arbeiterkammer übertragen. Sechs Jahre später erschien ihr »Handbuch für Frauenarbeit«, dem 1932 die Zusammenfassung der Berichte von 1320 Industriearbeiterinnen über ihr Leben unter dem Titel »So leben wir« folgte.

Inzwischen hatte die an derart wichtiger Stelle Tätige geheiratet und zwei Kinder zur Welt gebracht. Es fehlte ihr also keineswegs an Aufgaben. Für sie war es aber undenkbar, nicht mitten im Leben der Partei, im politischen Geschehen zu stehen. Sie war eine besonders bei der Jugend beliebte Referentin, sie stellte sich aber auch der Bezirksorganisation ihres Wohnbezirkes (Wien-Innere Stadt) zur Verfügung. Hier war sie ganz selbstverständlich Vorsitzende des Bezirksbildungsausschusses, kümmerte sich um die Jugend und übernahm schließlich den Vorsitz im Bezirksfrauenkomitee. Im Bezirksvorstand gehörte sie dem Präsidium an. Dazu kam dann noch die Mitgliedschaft im Wiener Frauenkomitee und im Zentralfrauenkomitee.

Wie allem demokratischen Leben machte der Austrofaschismus auch diesem Wirken ein jähes Ende. In der illegalen Partei der »Revolutionären Sozialisten« betätigte sich Käthe Leichter zunächst in der politischen Bildungsarbeit und übernahm dann den Nachrichtendienst der Bewegung.

Eine Verkettung von Umständen fügte es, daß diese großartige Frau dem deutschen Faschismus nicht entkommen konnte. Otto Leichter, den die SA am Morgen nach dem Einmarsch der deutschen Armee in Österreich zu verhaften versuchte, gelang es, über die Grenze zu kommen. Käthe Leichter blieb bei den beiden Kindern. Sie hoffte, mit diesen legal ausreisen zu können. Es war eine trügerische Hoffnung. Am 31. Mai 1938 wollte sie auf einem anderen Weg das Land verlassen. Was dann geschah, erzählt Otto Leichter in dem schon erwähnten Aufsatz so: »... als sie schließlich über die Grenze zu gehen bereit war, rief sie noch bei der Mutter an. Die Gestapo war schon in der Wohnung der Mutter und drohte, sie als Geisel zu nehmen, wenn Käthe sich nicht selbst stellen würde. So ließ sie sich aus Verantwortungsgefühl für ihre Mutter verhaften...«

Zuerst kam eine anderthalb Jahre lange Haft im Landesgericht. Dort brachte sie die ungeheure moralische Kraft auf, Lebenserinnerungen niederzuschreiben und ihren Mitgefangenen Unterricht in Sprachen und wissenschaftlichem Sozialismus zu erteilen. In den Erinnerungen schildert sie ihre Herkunft, gibt ein Bild von der kulturerfüllten Atmosphäre des jüdisch-bürgerlichen Elternhauses, in dem sie aufgewachsen ist. Sie erzählt von ihren Studien, Konzertbesuchen und Raxpartien, von ihrer Arbeit in einem Wiener Kinderhort.

Vom Landesgericht brachte man Käthe Leichter ins Frauenkonzentrationslager Ravensbrück. Dort hat man sie im Feber 1942 im 46. Lebensjahr ermordet.

Alexander Eifler,
Soldat und Märtyrer

Er war sein ganzes Leben ein Soldat und starb als Märtyrer der österreichischen Arbeiterbewegung in einem Konzentrationslager. So gingen die braunen Faschisten mit einem Frontkämpfer um, der den Ersten Weltkrieg auf dem russischen und dem italienischen Kriegsschauplatz mitgemacht hatte und dabei verwundet worden war.

Eifler kam aus einer österreichischen Soldatenfamilie und wurde der Tradition des Vaterhauses entsprechend auch Soldat. Als er im Jahre 1914 an die Ostfront ging, war er gerade vier Jahre Offizier. Nachdem er von einer Verwundung genesen war, schickte man ihn an die italienische Front und dann kurz vor dem Ende des großen Mordens wieder nach dem Osten.

Wie so viele andere österreichische Berufsoffiziere stand auch Eifler nach dem großen Morden vor dem Nichts. Die Mehrzahl seiner Kollegen, politisch unerfahren wie sie waren, machten die Sozialdemokratie und die Arbeiterschaft für ihr persönliches Schicksal verantwortlich. Die Folge war, daß sie bald das Rückgrat reaktionärer paramilitärischer Vereinigungen wie der »Frontkämpfer« und der »Heimwehren« bildeten.

Eifler ging einen anderen Weg. Er muß sich an der Front zu den Männern, die er zu kommandieren hatte, in einer besonderen Art verhalten haben. Denn es war, wie er später selbst erzählte, einer von diesen Männern, der ihn aufforderte, der Volkswehr beizutreten. So kam er zu dem Infanteriebataillon, das im Wiener Arsenal lag. Im Arsenal lagerten damals in ziemlichen Mengen Waffen aus den Beständen der österreichisch-ungarischen Armee. Der tschechoslowakische Nachbarstaat hätte gerne einen Teil dieser Bestände an sich gebracht. Um eine Verlagerung in das Ausland, aber auch um den Mißbrauch dieser Bestände im Lande zu verhindern, wurden sie sorgfältig bewacht. Über die Einlagerung und die Bewachung der Waffen gab es ein Parteiabkommen zwischen den Sozialdemokraten und den Christlichsozialen. Später haben die Christlichsozialen, als sie sich stark genug fühlten, das Abkommen gebrochen, was zu einer sehr ernsten innenpolitischen Krise führte.

Nach dem Zusammenbruch der sozialdemokratisch-christlichsozialen Koalition in der Ersten Republik und der Umwandlung der Volkswehr in das Bundesheer war jeder Offizier, der den Sozialdemokraten nahestand, im Heeresministerium höchst unbeliebt und wurde entsprechend behandelt. Der christlichsoziale Minister, dem das Heerwesen der jungen Republik anvertraut war, sah seine Aufgabe darin, aus der Armee ein verläßliches Instrument der konservativ-reaktionären Kreise des Landes zu machen. Republikaner, Demokraten, Sozialdemokraten wurden zurück- oder, wie es General Körner erging, ganz hinausgedrängt. Eifler, ein Truppenoffizier mit Fronterfahrung, wurde von der Truppe weg in die Abteilung für Zivilberufsausbildung versetzt. Da verhängnisvollerweise der Ersten Republik durch den Friedensvertrag die Aufstellung einer Armee der allgemeinen Wehrpflicht oder einer Miliz nach Schweizer Muster, wie sie die Sozialdemokraten anstrebten, verwehrt und die Bildung einer Söldnerarmee aufgezwungen worden war, konnte Carl Vaugoin, ein christlichsozialer Politiker, der die

Praktiken österreichisch-konservativer Personalpolitik im kleinen Finger hatte, als Heeresminister die bewaffnete Macht mit der Zeit völlig ummodeln und aus ihr eine bewaffnete reaktionäre Parteigarde machen.

In derselben Zeit, in der die Christlichsozialen den Charakter der Armee in ihrem Sinn veränderten, wuchsen in ganz Mitteleuropa reaktionäre Banden aus dem Boden. In Italien nannten sich die Banditen, die Arbeiterversammlungen sprengten und Arbeiterheime verwüsteten, Faschisten. In Deutschland rotteten sich sofort nach dem Umsturz ehemalige Offiziere, Unteroffiziere und Soldaten zu Freischärler- und Mördergruppen zusammen. Diese reaktionären Bewegungen griffen auch nach Österreich über. Hier nannten sich die paramilitärischen Verbände »Frontkämpferbund«, »Heimwehren«, »Ostara« und ähnlich.

Aber wie immer sie sich bezeichneten, eines war ihnen und den später auftretenden Formationen der braun gefärbten Konterrevolution gemeinsam: der abgrundtiefe Haß gegen die Demokratie und die Arbeiterbewegung.

Angesichts dieser Entwicklung bildete die österreichische Sozialdemokratie ihre bewährten Ordnergruppen zum »Republikanischen Schutzbund« um, der sich nun in militärischen Formationen uniformiert bei Straßendemonstrationen und Versammlungen zeigte.

Daß der Schutzbund so auftrat, hatte seinen guten politischen Grund: Mit ihm wollte die Sozialdemokratische Partei den reaktionären Gegner davon abhalten, die Demokratie zu sprengen. Wie Otto Leichter in seinem unmittelbar nach dem 12. Feber 1934 geschriebenen Buch »Österreich 1934 — Die Geschichte einer Konterrevolution« ausführt, meinte die Sozialdemokratie, daß eine Politik des Warnens und des Drohens mit den äußersten Möglichkeiten genügen würde, um die Demokratie zu sichern.

So wie die Volkswehr war auch der Schutzbund ursprünglich eine Zusammenfassung von ehemaligen Frontsoldaten, die aus der Arbeiterschaft kamen. Die Führer der einzelnen Abteilungen waren ehemalige Unteroffiziere und Reserveoffiziere; Berufsoffiziere waren im Schutzbund selbstredend eine Seltenheit. Obmann der Organisation war Julius Deutsch, Sekretär Karl Heinz, der vordem Sekretär des Arbeiterrates gewesen war. Als Stabschef wurde Alexander Eifler eingesetzt.

Am 31. März 1933 holte die Regierung zu einem entscheidenden Schlag aus: Sie verbot den Schutzbund. Er lebte aber in der Form von »Ordnergruppen« illegal weiter. Anfang Feber 1934 wurden alle Schutzbundführer, deren die Polizei habhaft werden konnte, darunter auch Alexander Eifler, verhaftet. Zwei Monate nach den Feberkämpfen fand der große Schutzbundprozeß statt. Unter den 21 Angeklagten war auch Eifler. Mannhaft bekannte er sich zu seiner Tätigkeit, aufrecht nahm er das Urteil — 15 Jahre schweren Kerkers — hin.

Der Austrofaschismus konnte aber dieses Urteil gegen Männer, deren ganze Schuld darin bestand, daß sie versucht hatten, die demokratische Republik zu schützen, nicht aufrechterhalten. Die Haltung der österreichischen Sozialdemokratie, ihre Aufbauleistungen in Wien, ihre demokratische Gesinnung hatten einer Reihe von hervorragenden ausländischen Journalisten, die in Wien als Korrespondenten führender ausländischer Blätter arbeiteten, tiefen Respekt eingeflößt. Vor allem muß da der großartige Korrespondent der »New York Times«, Gedye, genannt werden. Diese Männer riefen durch ihre Berichte aus Wien in der Weltpresse Stürme der Entrüstung hervor.

1935 gab die Regierung dem auf sie ausgeübten Druck nach und entließ die verurteilten Schutzbündler, unter ihnen auch Eifler, im Rahmen einer Weihnachtsamnestie aus der Haft. Eifler war aber nun vollkommen mittellos, denn man hatte ihm die Offizierspension entzogen. Er brachte sich mühselig fort, bis ihn am 16. März 1938 die braunen Faschisten wieder einkerkerten. Er wurde zuerst ins Konzentrationslager Dachau und dann in das von Flossenburg verschleppt. Im Jahre 1940 überstellte man den bis auf die Knochen Abgemagerten wieder nach Dachau. Dort wurde er im Dezember 1944 in den Krankenbau gebracht, wo er in der Nacht vom 1. zum 2. Jänner 1945 starb.

Alfred Magaziner,

Jahrgang 1902, kam in München zur Welt, war aber immer österreichischer Staatsbürger. Verheiratet, keine Kinder. Er besuchte in Wien die Volks- und Bürgerschule, danach war er Lehrling bei einem Mechaniker und in einer Buchhandlung. Sein erlernter Beruf ist der Buchhandel. Seine Verbundenheit mit der Arbeiterbewegung reicht, dank der Existenz der »Kinderfreunde«, bis in die Monarchie zurück. Er hat in der sozialistischen Jugendorganisation eine Reihe von Funktionen bekleidet und war einige Jahre Sekretär der Bezirksorganisation Wien-Innere Stadt der Sozialdemokratischen Partei. Nachdem ein Roman von ihm in Deutschland veröffentlicht wurde, ist er Journalist geworden und schrieb Kurzgeschichten, die im ganzen deutschen Sprachraum veröffentlicht wurden. 1933 war er Redakteur der »Sozialdemokratischen Korrespondenz«. Während der »bitteren Jahre« hat er in Jugoslawien und England als Emigrant gelebt und als Journalist gearbeitet.

1947 zurückgekehrt, wurde er zunächst Redakteur beim »Kleinen Blatt«, später Chefredakteur der »Weltpresse« sowie Redakteur der »Arbeiter-Zeitung« und schließlich Geschäftsführender Redakteur der »Zukunft«.